MINERVA
政治学叢書 4

比較政治学

スティーブン・R・リード 著

ミネルヴァ書房

刊行の趣意

「MINERVA政治学叢書」は二一世紀の初頭に、人間が生きているかぎり存在する政治の諸特徴を多面的に描こうとするものである。

政治とは、人間の強欲をどのように制御するかの仕組みである。政治学的にいえば、諸価値の配分についての規範や規則を形成し、それを権威的に実行するための諸措置である。ロシアでは「誰が誰を〔支配するか〕」と言い、米国では「誰が何を手にするか――そして何時、如何に」と言う。人間は結局のところ強欲の動物であり、強情な存在である。それだからこそ、暴力は政治の最も重要な要素であり続けたのである。政治を出来うるかぎり非暴力的にするためには暴力を脇に置きながら、暴力を飼い馴らさなければならない。そのために、一方で暴力を公的な言葉で正当化すると同時に、他方でその存在を利用しなければならない。このことは政治の仕組みの違いにかかわらずである。

古代ギリシャに短期間生まれ、その後長い間無視され、近代になって急速に地球的規模で優勢な政治的仕組みとなった民主主義についてもこのことは変わらない。民主主義は対抗エリートが交代で権力を握る仕組みとシュンペーターは言う。民主主義は人民の参加を拡大し、人民代表の競争を公平に行う仕組みだとダールは言う。そうすることによって人間の強欲と強情をいくらか文明化しようというのである。二一世紀初頭、民主主義は世界を席捲したかにみえる。国連加盟国一九一のうち、一二一が民主主義国とされる。

本叢書は、人間の強欲と強情をどのように制御するかについての学問である政治学が達成したものを平易明快に解説し、より深い理解とより鋭い説明への堅固な手掛かりを与えることを目指している。グローバリゼーションが世界各地に浸透し、民主主義が世界を席捲している二一世紀初頭に時代の要請に沿ったものにしようと本叢書は企画された。

二〇〇六年一月

編集委員

はじめに

日本流のテキストは一般に「階段」の発想をとる。そこではまず、最初の段階を、誰もが知らなければならない第一歩と設定し、一段一段と階段を上がるように進んでいくこととなる。階段をどこまで上ったかが、自分の到達したレベルとなる。

テキストの発想

これに対して本書は、アメリカ流に「地図」の発想をとる。すなわち、そこには当該分野の知識が様々示されるが、それに順番やレベルをつけない。それよりもまず知識の全体像を提示し、テーマを多く紹介する。そしてテキストを利用して勉強している学生が特定のテーマについて興味がわいたら、さらにその方面の勉強が続けられるように次の道を案内する。このようにアメリカ流のテキストは、地図のように全体像と道案内を提供するのである。

階段発想のテキストでは、学生にすべて暗記させるべく、必要以上の知識を載せない。一方、地図発想のテキストは、学生の興味を引く確率を高めるために、必ずしも暗記しなくてもよい知識であっても多く載せる。というわけで、皆さんは、本書で示されている知識の量に驚くかもしれないが、全部を覚える必要はないので、心配しないで楽しく読んでほしい。また最新の参考文献も示しているので、興味がわいたら、さらに勉強を続けてもらいたい。

本書の目的は比較政治学の「地図」を提供することであるが、比較政治学の現状を見せる「写真」だけではなく、比較政治学の発展のありさまを見せる「動画」もできるだけ付け加える。写真よりも動画という発想は、いったん覚えたらいつまでも「正解」と信じてよい知識だけではなく、比較政治学の過去と将来を見せることによって、既に反証された仮説も、信頼できる仮説も、現時点で有力とされている仮説も、まだ解けていない問題も提示するということである。本書で学んだ学生の中から、いつか比較政治学者になり、その問題を解決してくれる研究者の卵が生まれることを期待している。

選んだテーマ　第一に知らなければならないことを設定しない以上、その代わりに、本書で扱うテーマを選ばなければならない。このテキストで選んだテーマは、先進国の民主主義（政党、選挙）と三つの政策（移民対策、宗教と政治、政治腐敗と政治改革）である。そしてその理論を利用して、三つの国（イギリス、ドイツ、イタリア）の民主主義を分析する。

テーマの選択基準は二つある。すなわち、(1)このテーマは、比較政治学の中で最も進んでいる分野の一つであること。選挙研究は政治学全体の中で最も進んでいる分野であると思われるし、西欧の政党についての研究も進んでいる。政策研究はそれより遅れているが、最近いくつかの研究に前進が見えてきた。よって、このテキストでは、比較政治学の最も進んだ面を見せることを目指す。そして、(2)日本人読者にとって、このテーマが日本の政治の理解に役立つこと。日本に似ている国といえば、実は西欧にある。西欧の政治を理解することで、日本の政治との共通点と相違点の双方が理解されるであろう。

本書を計画するにあたっての、もう一つの選択は、理論を重視すべきか、事例研究を重視すべきか、ということであった。これは比較政治学がいつも悩んでいる問題である。理論が分からなければ、事例研究は、単にイギリスの政党、ドイツの政党、イタリアの政党の説明を並べるような、無意味な「観光」に終わる。しかし逆に、事例がある程度分からなければ、理論は、意味不明で抽象的な知識に終わる。日本の政治についてであれば、読者にある程度の知識があると考えてよいかもしれないが、日本人の読者がイギリス政治について知識を十分持っているという前提は成り立たないであろう。そこでこのテキストで選んだ道は、最初に各分野の理論を紹介してから、その理論を利用して、三つの国の事例を紹介するやり方である。

選んだ国は、イギリス、ドイツ、イタリアで、その理由はまた三つある。すなわち、(1)この三つの国についての研究が多いこと。資料・分析には事欠かない。(2)後で詳しく説明するように、西欧各国の戦後政治史は「自然実験」にあたること。戦後の初期状況は似ていたので、比較分析が行いやすい。(3)西欧の中でも、この三つの国が日本に最も似ている国と思われること。イギリスは、日本と同様に島国で、大陸との関係において似た歴史がある。様々な面で、イギリスは日本の民主主義の手本であった。日本ではなぜ選挙期間が短いのかと聞かれたら、イギリスの選挙期間が短いからと答えてよい。ドイツも戦前と戦後を通じて、工業化と政治発展において、日本と共通点が多い。第二次世界大戦後占領された敗戦国でもあるし、戦後経済の高度成長という奇跡にも共通点が多い。イタリアは、敗戦国でもあるが、それよりも日本と同様に一党優位体制、政治腐敗、そして政治改革による選挙制度を並立制に切り替えたことが共通している。

政策についての研究は選挙についての研究ほど進んでいないが、この一〇年間、評価できる発展を見せてきた。選挙が民主主義のインプットとすれば、政策はそのアウトプットにあたる。国民の要求を政府に入力して、政府が政策を出力する。政治学のテキストとして、両方を紹介しなければならないと考え、本書では政策を三つ選んだ。その選択基準は二つある。すなわち、(1)研究が進んでおり、(2)選挙に影響を与える政策であること。その結果、宗教と政治、移民対策、および政治腐敗を選んだ。宗教と政治の関係で、西欧で最も成功した政党が宗教政党である。宗教問題は西欧の歴史を大きく左右しただけではなく、現在に至るまで影響力を保っているし、イスラムの扱いについての問題のように新しい問題も生じている。そして、西欧各国の最も悩んでいる問題の一つが、移民問題である。その最も目立つ現れは右翼政党の躍進である。一方、政治腐敗に長く悩んできたのはイタリアであるが、九〇年代以降、西欧各国において汚職事件が増加している。汚職事件が発生すれば、与党の票が減るだけではなく、国民の政治不信が強まる。この三つの政策は選挙を大きく左右する場合が多い。

先に示した三つの基準に加えて、この三つの政策が民主主義にとって特に難しい問題であることも、私がこれらを選択した理由である。例えば、移民問題は有権者の「無権者」に対する政策である。移民は居住国の国籍がないため、選挙権を持たない「無権者」となるので、国政には移民の意見を反映する必要がない。もし国籍を持っていても、移民は少数民族であり、大多数の有権者に負ける。よって移民問題については、民主主義が理論通りに機能しない恐れがある。

同様に、宗教と政治が絡むと、国民が感情的になり、対立が解決しにくくなる可能性がある。宗教が絶対的な立場を主張すると、民主主義に必要な妥協が行われず、民主主義が理論通りに機能しない恐れがある。

そして政治腐敗は、民主主義の歪みを示している。民主主義においては政府が有権者の票によって動かなければならないが、政治腐敗が進んでいれば、票を無視して、金で動く恐れがある。

というわけで、ここで取り上げる三つの政策は民主主義にとって難しい問題であるがゆえに、民主主義を理解するために勉強する価値のあるテーマであると思われる。

比較政治学とは何か

比較政治学は複数の国の政治を比較する学問である。比較政治学は、国際関係論や地域研究と同じく「外国」を研究するので、それらと一見似ているように見えるが、実際は異なる。

国際関係論にとって、国はアクターである。そこでは、国とは他の国に対して協力したり、対立したりして、行動する「単位」である。しかし、比較政治学にとって、国は政治的現象の事例である。例えば、比較政治学にとってイギリスと日本は先進民主主義の国で、イギリスと日本を比較分析すれば、民主主義をよりよく理解できるかもしれないと考えるので、研究する。日本とイギリスの国際関係を分析する価値はあまりないかもしれないが、イギリスの保守党と日本の自民党を比較すれば似ているところが多く、政党のことをよりよく理解することができる。

逆に、日本にとっては現在、イギリス以上に、北朝鮮のほうが外交上のかけひきを要する相手になっているので、日朝関係を分析する価値は大きいかもしれないが、北朝鮮の政治は日本の政治に似ているところがほとんどないので、比較研究する価値はあまりない。結局、国際関係論の研究者と比較政治学の研究者は話があまり合わないというわけである。

比較政治学は地域研究とも異なる。地域研究は、特定の国、または特定の地域を、全体的・総合的に理解することが目的であるが、比較政治学は国そのものを研究するのではなく、政治的現象を研究する。例えば、イギリスの地域研究であれば、イギリスの歴史、文化、地理、料理、政治、経済などを全部研究する。比較政治者は、イギリスを研究しない。イギリスで選挙、政党、移民対策、不祥事などの政治現象を研究する。

何によらず政治に関連するので、政治、経済、文化などを総合的に分析しなければならないと思うかもしれないが、実はそうでもない。例えば、経済状況は選挙結果に影響を及ぼすが、それは、選挙を研究するのであれば経済学も研究しなければならないということを意味しない。景気の悪いときに選挙をすれば与党に不利なことは確かであるが、景気がなぜ悪くなったかは、政治学の問題ではなく、経済学に任せてよい問題である。政治学者にとっては、選挙の時点での失業率、インフレ、経済成長率が分かれば、選挙を分析できる。同じように、日本の政治を理解するために日本文化を研究する場合はあるが、日本文化を全体的に理解する必要はない。例えば、茶道が分かる政治学者が、茶道が分からない政治学者よりも日本の選挙がよく解釈できるというわけではない。茶道が分からなくても、日本の政治を十分分析することはできる。

比較政治学者は政治を理解するために、地域研究者とは異なる研究をする。例えば、投票率の研究ではイギリスの地方補欠選挙の研究が大きな貢献を果たした（第2章参照）。イギリスの政治を分かるために地方の補欠選挙を分かる必要はないが、投票率の研究としては非常に貴重なデータとなった。なぜ貴重かといえば、データは多く、日程が集中していなかったので、選挙のタイミングの研究に最適であったのである。

原則として比較政治学は、国ではなく、政治的現象を研究する。しかし、その国のこと、特に歴史的背景が分からなければ、政治的現象を解釈できないという問題がある。比較政治学は広さ（できるだけ多くのケース、国にあてはめて一般論を目指す）と深さ（特定の事例を総合的に深く理解する特定論を目指す）のはざまにある。広さの極致として、地球上のすべての国について統計データを集めて分析するような研究は成功した例があまりない。しかし、イギリス研究は、イギリスのことしか分からなくては比較政治学にならない。広さを優先する分野もあるし、深さを優先する分野もあるが、最も成功している研究は、各国を専門的に研究している政治学者に同じ現象を研究させて、その結果を比較することである。例えば、あまり研究されてきていなかった政党組織を研究するために、国際的なチームを集めて、それぞれの国の政党の組織について共通の研究計画に従って研究させた（Katz & Mair, 1994）。こういうやり方で、新しい研究テーマを開拓して、多くの研究の基礎となった。比較政治学の論文の多くに「イギリスの場合」や「日本の場合」という副題が見受けられるゆえんである。

比較政治学の目標は政治科学

日本では伝統的に、外国を勉強する目的は「学ぶべきところを見つける」ことである。この発想は、明治時代以来（あるいは古代にまで遡って）、時の先進国から学ぶという目的での研究が日本政治の発展に貢献してきたし、現在に至るまで政策決定のために役立っている。しかし学ぶべきところを探すための研究は、比較政治学にはならない。最も進んでいる国の事例のみを勉強するのでは、全体像が見えず、他の国が日本から学ぶべきところが見えてこない。比較政治学は、政策のための規範的な目的よりも、因果関係究明を目指す政治科学であるので、進んでいる国だけを勉強することはできない。

政治科学について説明することは意外と難しい。ここではいくつかの事例を通じて説明しよう。例えば、第1章では「デュヴェルジェの法則」を説明する。それは、小選挙区制という選挙制度を採択すれば、二大政党制を育成するという科学的な仮説である。一九九〇年代にこの法則を信じて、イタリアも日本も二大政党制を育成するために、小選挙区制導入という大きな政治改革を実施した。このように、科学的な仮説は政策に影響を及ぼすことがある。しかし、デュヴェルジェの法則はあくまでも因果関係についての仮説にすぎない。本書では、小選挙区制を採択すれば本当に二大政党制になるか、という問題について大いに論じる。イタリアと日本における選挙結果のデータを分析して、その仮説を検証する。しかし、二大政党制は民主主義にとっていいことか、悪いことかという規範的な議論には、いっさい参加しない。かりに、二大政党制が望ましいと思えば小選挙区制を推薦するが、望ましい選挙制度について論じない。政治科学においては、「最適」、「望ましい」、「すべき」という言葉はほとんど使わない。望ましい政策を探すということには政治科学は直接関与しない。したがってこのテキストには、理想論は存在しない。

政治科学の基本はデータを集めて分析することにある。データといっても、必ずしも数字ではない。選挙の分析では数値化されたデータを統計学的に分析する研究が多く示されているが、政策の分析では数値化されたデータが少ない。歴史的な事例研究もまたデータを集めて分析する作業であり、政治科学である。数値化されたかどうかよりも、データを計画的に集めることが重要なのである。自分の仮説に有利な事例しか持ち出さないことは、議論するうえでは得策であるかもしれないが、科学ではない。データを計画的に集めることの意味は、多様な仮説に対して歪みがないということである。

歪みのないデータを集めることは非常に難しい。例えば、マスコミから得た資料にも大きな歪みがある。それは面白いことしか載せないことにある。例えば、実際にサッカーの試合を観戦しているとき、ゴールシーンは試合全体のごく一部にすぎないが、後でスポーツニュースを見れば、ゴールシーンしか見せない。そして、どんなスポーツにもつまらない圧勝の試合と面白い接戦があるが、ニュースでは面白い接戦は細かく分析して何度も見せてくれる一方、圧勝の試合についてはわずかしか取り上げない。またマスコミの見せてくれる世界は、現実世界よりも、暴力、有名人、劇的なドラマなどが多いが、科学的な分析のためには、面白くない出来事についてのデータも集めなければならない。

現代社会において、政治についての情報はマスコミに頼るところが大きい。よって、政治についての常識は歪んだデータに頼っていることになる。そこで科学のために歪んでいないデータを集めて分析すると、「常識はずれ」の結論に達する場合が多くなる。自然科学では常識はずれの結論が多いので、社会学でも常識に反する結論が出ることは当然であろう。地球が丸く、宇宙に浮いていることは、はじめて聞いたときには、信じにくい話であろう。子どもでも「上と下」は常識的に分かるものだが、科学的な概念としての「上と下」は常識的な考え方とは違う。本書を読んでいるときに、常識的に考えた「政党」や「選挙」と違う話が出てくる。マスコミで見る「宗教団体」や「政治腐敗」と違う話が出てくる。読者はそのときに疑問を感じるであろうが、その結論の「合理性」などについてではなく、その結論の「根拠」について考えてほしい。どのデータをどういうふうに分析したことによってこの結果を得たかについて考えてもらいたい。そうすれば、地球が丸いことと同様に、常識はずれかもしれないがそれでも正しい結論だと考えられるだろう。

先進国共通の戦後政治史

因果関係究明のために、最も有力な手法は実験であるが、比較政治学において実験は不可能である。実験を通して必要なデータを作成することができるが、比較政治学では、たまたま発生したデータしか集めることができない。この「観察したデータ」を分析することは難しい。実験データは仮説を一つに絞って分析できるが、観察データは複数の仮説を同時に分析しなければならない。想定し得る仮説が多く、正しい仮説を選ぶことが非常に難しいのである。たまたま出てきた「観察データ」は、「実験データ」に似ているほど役に立つといえる。「自然実験」ともいえる現象を観察できれば、科学が進む。幸いなことに、第二次世界大戦後の西欧は自然実験に近い状況を呈し、その分析によって比較政治学の研究が進んだ。

第二次世界大戦に直接参加した西欧の国々は、社会、経済、政治の破壊というゼロからの「初期状況」に立たされた。戦勝国も敗戦国もほとんど同じ状況であった。各国共通の政治課題は経済の建て直し、(再)民主化、敗戦の教訓と反省であった。この実験に「参加」した国はドイツ、イタリア、フランス、イギリス、オランダ、ベルギー、オーストリア、日本であった。日本は地理的にはアジア圏に属するので、それゆえの独自性もあるものの、大戦を通して基本的に同じ「実験」に参加したので、西欧との共通点が多い。しかし、アメリカ、カナダ、オーストラリア、ニュージーランド、アイルランド、スイス、スペインなどの先進国は、戦争による破壊を経験しなかったので同じ実験とはいえず、比較しにくい側面が多い。特にアメリカは第二次世界大戦唯一の戦勝国といってよいほど、戦争経験と戦後状況は西欧と異なるため、比較政治学にはあまり役に立たない事例である。北欧諸国のノルウェー、スウェーデン、デンマークは中間的な存在といえる。

実験に参加した国の共通点は初期状況だけではない。その後の戦後政治史においても類似した刺激を受けた。その共通の出来事は次の通りである。

(1) 戦後まもなく、アメリカの「自由圏」対ソビエトの「共産圏」の冷戦が始まった。実験としては、冷戦の始まりは早すぎた。もう少し冷戦前の政治を観察したかったが、歴史が与えてくれるのは科学的な実験データではなく、観察しかできないデータである。冷戦に伴うアメリカの強力な政治介入によって、各国の共産党は急に味方から敵に転じた。内部の敵として、連立形成から排除されたので、選挙の競争パターンが変わった。

(2) 五〇年代後半から、「自由圏」には経済の高度成長が始まった。高度成長には程度の差があったが、共通経験が多かった。日本、ドイツ、イタリアは最も速く成長し、イギリスは最も遅かったが、そのイギリスでも自国の歴史上最高の成長を経験した。高度成長が始まった時点の与党は、「この経済発展は我々与党の経済政策によるものだ」と訴えて、再選できた。しかし、一九六五年前後に戦後初の不景気が発生して、成長の責任を訴えた与党は不景気の責任をも取らなければならなくなり、政権交代が多発した。

(3) 六〇年代後半から、高度成長の問題点が目立ちはじめた。経済第一主義を否定する公害反対運動などが発生した。住民参加などにより徹底した民主主義の要求も高まった。戦後民主主義のあり方を批判する勢力が出た。

(4) 一九七四年に石油ショックが起こり、不景気が発生するだけではなく、経済運営の前提が変わってきた。従来の経済政策が効かなくなり、新保守主義などの新しい試みが流行った。

(5) 一九九〇年代から、共産圏が崩壊して、冷戦の終結などが政変を起こした。政治腐敗・政治不信が話題になった。民主主義の危機であったが、政治改革の時代ともなった。

このテキストの目的は、比較政治学の最も進んでいる側面を紹介して、日本の政治を理解するための知識を提供することにある。しかし、前述してきた一連の実験は既に終了したと思われる。西欧の各国はEUに加入して、政治の独自性が薄くなっているので、比較する価値も低くなっている。これから最も進む研究分野は「民主化」になると思われる。その理由は、前掲の実験と同じく自然実験だからである。今回は共産圏崩壊後の東欧各国の初期条件が非常に似ているし、これから共通の経験に向かうと思われる。この民主化の研究については今後の若い研究者に譲ることとして、本書においては、既に確立した比較政治学を紹介することにしよう。

より深く学ぶために

岩崎美紀子『比較政治学』岩波書店、二〇〇五年。

久米郁夫・川出良枝・田中愛治・真淵勝『政治学：Political Science：Scope and Theory』有斐閣、二〇〇三年。

河野勝・岩崎正洋『アクセス比較政治学』日本経済評論社、二〇〇二年。

比較政治学　目次

目　次

第Ⅰ部　選挙研究

政治家にとって選挙は必死（©REUTERS・SUN）

選挙研究は比較政治学の中の最も進んでいる分野と思われる。それは客観的なデータが大量に入手できるので、統計学的な分析ができるからであろう。選挙が行われるたびにデータが多くなるし、出てくるデータの多くは、得票数や議席数のように、解釈に苦しむ必要のない具体的な数字であり、統計学的な研究には都合のよい分野である。

第1章で述べる選挙と選挙制度を研究するうえでは、各国内の選挙区別の選挙結果の分析が多く用いられている。第2章で述べる有権者の投票行動については、世論調査のデータを利用して行われた研究が多い。第3章で述べる政党と政党制の分析では歴史的な研究が多くなるが、それでも科学的な研究が一応進んでいるといってよいであろう。

第1章　選挙と選挙制度

学生から「民主主義には興味があるが、選挙には興味がない」とよく言われる。それは言わば「野球には興味があるが、試合には興味がない」というような考え方である。「抽象的な話は楽しいが、具体的な話は難しい」という意味であろう。民主主義の理想論としては選挙のない理想が想像できるかもしれないが、現実的に国レベルでは選挙のない民主主義は存在しない。というわけで民主主義を科学的に研究しようとすれば、選挙の研究が中心となる。

理想論で定義づけられるような民主主義の国はこの地上にはなく、あるとすれば天国にしか存在しないので、研究のしようがない。よって比較政治学者は、民主主義の国を「最高指導者達を選挙で選ぶ国」と具体的に定義する。比較政治学からみれば、民主主義の研究テーマは、「選挙中心とした政治体制はどういう結果を生むか」であると考えてもよい。選挙の仕組みなどによって民主主義の質が左右されることを分析したり、民主主義を改善するための改革案を提案したりするので、規範的な側面がないわけでもない。しかし、比較政治学はあくまでも科学であり、目的は因果関係を明らかにすることにある。因果関係が理解されることによって、結果的に現実的な改善策が打ち出されるものと考えている。

民主主義の国では、選挙に当選することが権力獲得の不可欠な条件であり、選挙は権力への道であるといえる。他に経済的・社会的な道もあるかもしれないが、政治的権力への道は選挙である。特に議院内閣制では、最高の公共政策決定権を持つ者である総理大臣になるためには、国会議員としての長い経験が必要とされているので、政治という「商売」は繰り返して当選することにあるといってよい。ではどうすれば当選できるかといえば、選挙の仕組みと有権者の行動に左右される。選挙の仕組みとは、すなわち選挙制度である。

1　選挙制度の種類

民主主義の国では、最高の意思決定機関である国会を構成する議員は選挙で選ばれる。その具体的な手続きを選挙制度という。選挙制度によって、候補者、選挙運動、戦略の利、不利が変わってくるため、代議士、政党、民主主義の質もまた、選挙制度に左右されることになる。

小選挙区制と比例代表制

選挙制度は様々であるが、大きく分けると二つ、すなわち、小選挙区制と比例代表制がある。小選挙区制は、一定の地域（選挙区）ごとに議員を一人選ぶ仕組みである。有権者を同数ぐらいにした選挙区に分けて、有権者は候補者に投票する。得票数が最も多い候補者が当選し、他の候補者全員が落選する、簡単な仕組みである。これはもともとイギリスの選挙制度であり、長い間イギリスとイギリスの旧植民地（アメリカ、カナダ、インド、オーストラリア、ニュージーランド等）のみで採用されていた。一九九〇年代に入ってから、イタリアと日本が小選挙区制を採用したが、一方、ニュージーランドは比例代表制に切り替えた。

小選挙区制のバリエーションは多いが、主たる制度を簡単に紹介しよう。最も分かりやすいのはフランスが採用している「二回投票制」であろう。得票数の最も多い候補者が過半数を獲得しなかった場合、数週間後に再選挙する仕組みである。特定の得票率以上を獲得した候補者が決選投票の再選挙に出馬できる。またオーストラリア（下院）では、小選挙区に「移譲方式」を採用している。有権者は候補者から一人を選ぶのではなく、候補者それぞれに一、二、三……と順位を付ける。最初に順位一位の候補者の得票数を計算して、それが過半数に達せば、その候補者が当選する。過半数に達していない場合、最下位の候補者を一位とした有権者の票をその有権者ごとの次点の候補者に移譲して再計算する。これを候補者の一人が過半数（無効票を計算せずに）に達成するまで繰り返す。「二回投票制」と「移譲方式」は当選者が有権者の過半数以上の支持を得ていることを保障する目的で行われる。

一九四七年から一九九三年まで日本で採用された中選挙区制も、小選挙区制の一つと考えてよい。小選挙区制と異なるところは当選者数（選挙区の定数）しかない。例えば、三人区であれば、一位から三位までが当選し、四位以下は落選となる。さらに、アイルランドでは中選挙区に加えて移譲方式を採用している（註：イギリスでは、中選挙区制の移譲方式を「比例代表制」と呼んでいる）。

比例代表制は学者（政治学者、数学者など）が作定した、より複雑な選挙制度である。その目的は、各政党の得票率と議席率を一致させることにある。もしＡ党が有権者の二三パーセントの票を集めたのなら、Ａ党には国会の議席の二三パーセントを与えるべきだと考えた仕組みである。この制度自体には、国を選挙区に分ける必要はないが、実際には分けている国が多い。その仕組みは、各政党は候補者名簿を作成して、有権者は、候補者ではなく、政党に投票するというものである。各政党の得票率に応じて議席を配分し、その議席を名簿順に候補者に与える。例えば、議席数を一〇として、Ａ党の得票率が五〇パーセントであれば、五議席を獲得するので、Ａ党の名簿の一位から五位までの候補者が当選する。もちろん、計算は必ずしもそう簡単にはいかないので、数学者はいろいろな方程式を作っている。しかし、比例代表制の分類は、数学的な方程式よりも、名簿を「拘束」にするか「非拘束」にするかという選択にある。

拘束名簿は政党が決めた名簿の順位を投票行動によって変えない（もしくは実際上変えにくい）ものである。他方、非拘束名簿は有権者が政党を選ぶだけでなく、名簿の中の候補者をも選ぶことができるようにするものである。イタリアの非拘束名簿制選挙では、有権者は政党を選ぶ比例票と候補者を選ぶ個人票を二票投じる。比例票で各政党の議席数を決めるが、その中の当選候補者を決めるのは個人票であり、政党が決めた名簿を個人票の得票数順に並べ替えて、個人票を多く獲得した候補者から先に当選させるというものである。

小選挙区制でも、比例代表制でも様々な方式が使われているし、両制度を折衷した選挙制度を採用している国も多くなっている。これは併用制と並立制の二つの種類に分けることができる。ドイツやニュージーランドで採用されている併用制は各政党の議席数を比例で決めるものであり、小選挙区の結果が議席数にあまり影響しないので、小選挙区制を加味した比例代表制と考えてよい。一方、イタリアと日本が採用している並立制では、小選挙区制の結果が議席配分を大きく左右し、比例の結果は補完的な機能しかもたない。並立制は、比例代表制を加味した小選挙区制と考えてよい。

選挙制度の選択肢は多いが、その中から選ぶにあたって、どう比較、評価すればよいだろうか。評価基準も様々であるが、ここでは五つにまとめることにした。すなわち、⑴比例度、⑵政党本位や個人本位、⑶選挙協力を促進・抑制する機能、⑷競争を促進・抑制する機能、⑸一票の格差を決める区割りである。

選挙制度の比例度　最も議論・研究されてきた問題は、選挙制度の比例度についてである。小選挙区制が最も批判されてきた点は政党の得票率と議席率が一致せず、比例度が低いことである。より複雑な比例代表制を作った目的は比例度を高めることにあった。比例度が高ければ、小さい政党でも議席を獲得することが可能になる。比例度が高いほど小さな政党に有利となる一方、比例度が低いほど大きな政党に有利であるので、比例の問題は抽象的な理想論争にとどまらず、現実的な政党間の政治的論争にもなる。「小さな政党は比例代表制を支持するが、大きな政党は小選挙区制を支持する」という仮説に例外は稀である。

理想としては、国民から支持されていれば小さな政党にも議席を与えるべきだという論がある一方、政権担当能力のある大きな政党を育成すべきだという立場もある。小さな政党には右翼、左翼の政党と単一争点政党が多い。

「移民反対・人種差別賛成」の政党に議席を与えるべきかどうかは難しい問題である。「妊娠中絶反対」や「原発反対」など一つの政策しかない政党は圧力団体であるので、議席を与える必要がないという立場もある。さらに極端に、政権を獲得・担当できる、総合的な政策を持つ政党にしか議席を与えるべきでないという立場もある。というのは、小さな政党が多立すると政権が不安定になるという説がある。その典型的な事例は民主主義が崩壊した戦前ドイツである。戦前ドイツと戦後イタリアは比例度の高い比例代表制であった。比例度が低ければ、与党はたとえ得票率で過半数獲得できなくても、議席を過半数獲得することもできるので、連立政権を避けて、安定した単独政権ができると論じる学者もいる。他方、安定は既成政党を保護することになるので、新党が進出できるように比例度を高めたほうがよいという論もある。

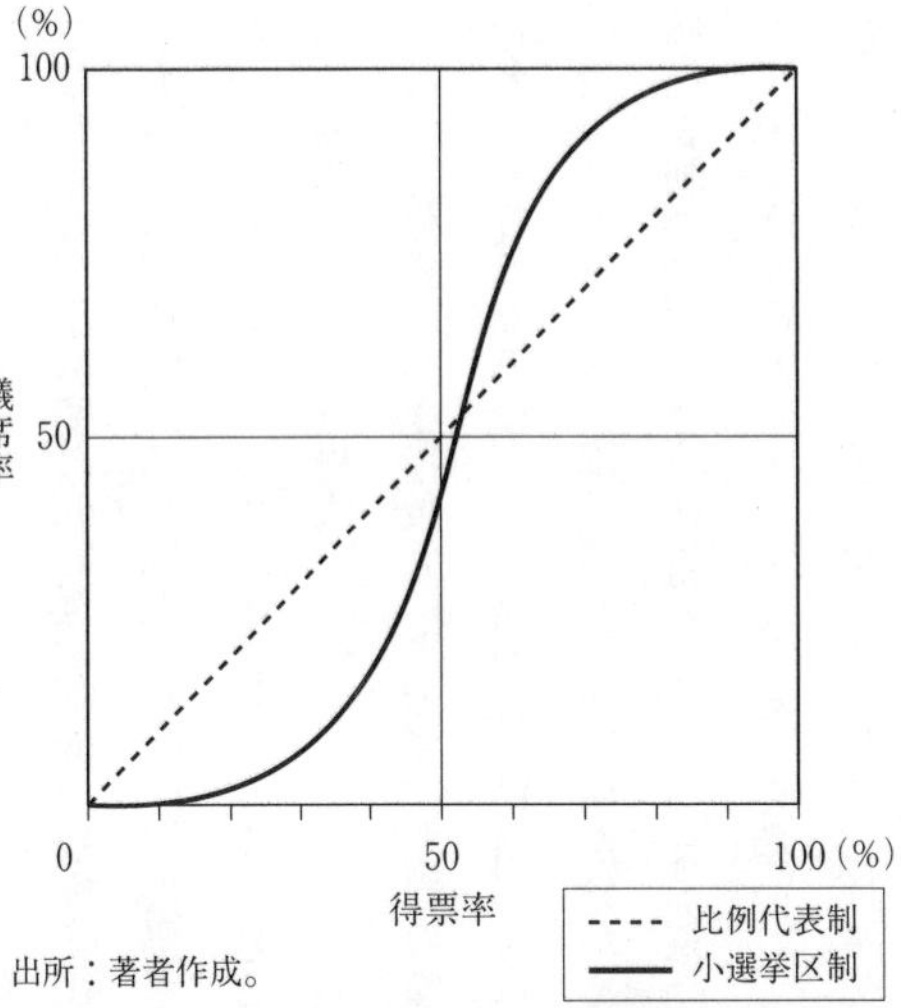

出所：著者作成。

図1－1　選挙制度の比例度

しかし、票が動かなければ議席が動かないという意味で、比例代表制が安定する傾向が強い。小選挙区制は票の小さな動きを議席の大きな動きに拡大する機能があるので、票の動きに敏感で、「応用度」が高い。その説明は図1－1の通りである。政党を二つ想定したとき、比例代表制では、得票率と議席率の関係は一致するので、四五度の一直線になる。しかし、比例度が完全でない小選挙区制では、得票率と議席率の関係がS型になる。得票率が低い政党は議席を獲得できない。得票率が〇パーセントから二〇パーセントに伸びても、議席はあまり増えない。しかし、得票率が五〇パーセント近くになれば、議席の動きが急になる。例えば、得票率が四五パーセントから五五パーセントにまで伸びれば、議席は三五パーセントから六五パーセントまで伸びることがある。このために、比例度の低い選挙制度は政権交代を促進するといってよい。

もちろん、政党が二つ以上になれば、得票率と議席率の関係はより複雑になる。この関係を一般化したのはターゲペラとシュガート（Taagepera & Shugart, 1989）である。一般的に、得票率をViとして、議席率をSiとすれば、その関係は一つの方程式で表せる。

この方程式のベキ指数pによって、曲線の傾斜度が決まる。pが1に近づくほど、四五度の一直線に近づくが、それより高くなるほど、S型曲線の傾斜が急になり、応用度が高くなる。pというパラメーターさえ分かれば、その選挙制度下の得票率と議席率の関係が分かる。ターゲペラとシュガートは、比例度を決めるのは小選挙区制や比例代表制の議席配分の仕組みよりも、各選挙区で当選する定数であると実証した。一人区では、議席率は一〇〇パーセントか〇パーセントしかありえない。二人区には、一〇〇パーセント、五〇パーセント、〇パーセントの可能性がある。定数が多くなるにつれて、議席配分の可能性が増えて、議席率が得票率と一致してくる。そこで彼らはp指数を決定する、次の方程式を提案した。

$$p=\frac{\log V^{1/M}}{\log DM}, \qquad S_i=\frac{V_i^p}{\Sigma V_i^p}$$

V＝有権者総数　D＝選挙区総数　M＝選挙区の定数

この方程式を利用して、多くの国のデータにあてはめれば、事実と合致することが確認される。さらにリード（Reed, 1996）は日本のデータを利用して、より精密に検証し、再確認した。この方程式は「ターゲペラの法則」と呼ばれる。比例度の望ましい値についての議論はいつまでも続くだろうが、その実際は科学的に把握されている。

政党本位・候補者本位

有権者は「候補者を選ぶべきか、政党を選ぶべきか」という問題についても昔から論じられてきた。一般的に、アメリカの政治学者は候補者、西欧の政治学者は政党と答えてきたが、「候補者中心」の民主主義に対する批判が最近高まってきた（Reed, 1994 ; Carey & Shugart, 1995)。候補者中心の民主主義は、より多く有権者の要求に応えるが、細かい「面倒見」的な対応や利益誘導が多く、国全体のための総合的な政策には応えにくい。そこで、よりまとまった、総合的な政策に応えうる政党本位の選挙を目指す国が多くなっている。しかし、戦前ドイツの民主主義の問題点は、比例代表制ゆえに、代表者の顔が見えないことにあったし、九〇年代の西欧各国における「政党支配」の政治体制への批判も多い。比例度についての議論と同様に、政党本位・候補者本位のバランスについての議論もいつまでも続くだろうが、科学的にいえることは、政党本位の民主主義と候補者本位の民主主義がたしかに異なることと、それぞれの選挙運動に有利に働く選挙制度が存在するということである。

例えば、拘束名簿式比例代表制では、政党本位の選挙運動しかできない。有権者は投票用紙に政党名しか書けず、候補者個人を選ぶ方法がない。こういう選挙制度を採用している国の典型的な事例はオランダとイスラエルである。

他方、個人本位の選挙運動を最も有利にする選挙制度は、中選挙区制や非拘束名簿式比例代表制である。両制度では、一つの選挙区において同一政党から複数の候補者を擁立するので、選挙運動は政党同士の戦いというよりも、むしろ同一政党の候補者同士のその政党の支持者の奪い合いとなる傾向が強い。中選挙区制を採用したのは、アイルランドと日本（一九九四年まで）で、非拘束名簿制を採用したのはイタリア（同じく一九九四年まで）である。この三つの国の共通点には、一党の長期支配、派閥政党、利益誘導中心の選挙運動、汚職問題がある。この問題を誘導したのは選挙制度だけでないであろうが、一つの政党から複数の候補者を競争させる選挙制度は望ましくないと思われる。

小選挙区制では、各政党から候補者が一名ずつ擁立されるため、政党を重視する選挙運動と候補者個人の魅力を

表1－1　比例度と政党と候補者本位の選挙制度

	比例度が高い	比例度が中	比例度が低い
政党本位	拘束名簿比例制	定数の少ない比例代表制	イギリスの小選挙区制
候補者本位	非拘束名簿比例制	中選挙区制	アメリカの小選挙区制

重視する選挙運動の両方が可能になる。小選挙区制の典型的な事例はイギリスとアメリカであるが、イギリスは政党本位、アメリカは候補者本位とそれぞれ異なっている。小選挙区制ではどちらでも可能であるので、決定要因は選挙区制にではなく、国会にある。イギリスの議院内閣制では国会内の政党の拘束力が強い（Cox, 1987）。これに対しアメリカは大統領制なので、代議士が政党に造反しても政権には影響が少なく、国会内では議員個人的な行動が多く見受けられる。

比例度と政党や候補者本位の選択肢を表1－1にまとめてみた。

選挙協力の促進・抑制

政党間の選挙協力を促進する選挙制度もあり、抑制する選挙制度もある。野党間の選挙協力が抑えられた場合、政権交代のない一党支配になりやすいので、一党支配を避けるためには選挙協力は促進すべきである（Cox, 1997）。

小選挙区制は野党協力を強制する機能を持つ。野党が競争すれば、与党・現職が漁夫の利を得て、永遠に勝ち続けるため、選挙協力は明らかに得策である。フランスの小選挙区、二回投票制は、意図的に野党協力を促進するために設けられた。第一回投票では多くの政党が競争するが、第二回投票では降りた政党の支持を受けて協力できる政党が有利になる。この制度を採用したときには、左派政党の社会党と共産党は協力できなかったため、協力できた保守政党を有利にする目的があった。しかし、社会党と共産党が学習し、選挙協力するようになった結果、政権交代を起こした。さらに、この選挙制度は目的通りの協力を促進するだけではなく、第一回投票と第二回投票の二週間の間に、昨日の敵が今日の味方になり、競争から協力へ切り替えなければならないので、非常に複雑なパターンが生まれてきた（Rochon & Pierce, 1985; Tsebelis, 1988）。

他方、野党協力を最も抑制する選挙制度は、中選挙区制であろう。中選挙区制では、野党協力をするためには、野党の一つが選挙区から降りて、自党の票と議席を犠牲にしなければならない。複数の候補者を擁立する大きな政党に派閥を促進させると同様に、野党間の競争を促進し、協力を抑える機能がある（Reed & Boland, 1999）。

競争の促進・抑制——現職の強み、指定席、無風区　選挙が接戦となり、当選者が前もって分からないことがある。しかし、候補者の一人が当選確実で、実際上競争のない「無風区」も多い。最も多く取り沙汰されてきた問題は現職の強みである。現職の再選率が九〇パーセント以上になっているイギリスとアメリカに見られるように、特に小選挙区制において問題となっている。アメリカでは候補者中心の選挙運動であるため、知名度が高く、利益誘導ができる現職の再選率が非常に高い。現職がどうせ当選するということで、強い挑戦者がなかなか出馬せず、選挙結果が投票前から既に決まっているという無風区になる傾向が強い。一方、イギリスでは同じ九〇パーセントの再選率でもその意味が違う。政党中心の選挙運動であるため、各選挙区が特定の政党の牙城となる傾向が強いのである。労働党の公認候補者なら現職でなくても当選確実という選挙区や、逆に保守党の公認候補者であれば当選確実という選挙区も多い。こういった牙城も無風区になる傾向が強い。

一般的に小選挙区制では、現職が強く無風区が多いと思われる。日本では、定数が低いほど（五人区よりも四人区、四人区よりも三人区に）、無風区が多く、現職の再選率が高かった（Reed, 1990）。このように一般に定数が低いほど、無風区が多くなると思われる。しかし、カナダとインドは例外である。両国では、政党や候補者とも地盤が弱く、選挙ごとの有権者の投票行動が不安定であり、現職は特に強くない。

比例代表制では、政党が現職の再選率を決めることになるので、あまり研究はされていない。幸いに、マトランドとスタドラー（Matland & Studlar, 2004）は再選率の比較研究を開拓した。ただし実際に研究したのは、現職の「再選率」ではなく、計算しやすい現職の「再来率」である。再来率は、現職が次期国会に再来する率を表すので、再来しなかった者について、引退、死去、落選など、その理由の如何は問わない。その結果は表1－2の通りであるが、無風区、競争の条件、現職の強みについては研究が不十分であるといわなければならない。

表1－2　現職の再来率

アメリカ	84.9
オーストラリア	80.0
ドイツ	78.7
アイルランド	76.1
イギリス	75.7
日本	74.9
スウェーデン	74.1
ニュージーランド	72.5
ベルギー	69.5
イタリア	64.5
スイス	64.3
イスラエル	63.8
オランダ	63.7
オーストリア	61.4
フランス	57.7
スペイン	56.0
カナダ	53.1

出所：Matland & Studler, 2004.

一票の格差

選挙区があれば、その区割りが問題になる。各選挙区の有権者数を同数にするのは難しいし、人口の移動により、再区割りが定期的に必要となる。各選挙区の有権者数が異なる場合、有権者の一票の重みが違ってきて、選挙区の間に格差が出る。この一票の格差について比較研究を開拓したのはサミュエルズとスナイダー（Samuels & Snyder, 2001）である。指数がゼロに近いほど格差が小さいが、表1－3に見られるように選挙区制の影響は見当たらない。すなわち、最も格差があるのは比例代表制のスペインと小選挙区制のカナダ、アメリカであり、問題のない国は並立制のイタリア、比例代表制のスウェーデン、併用制のニュージーランドである。

表1－3　一票の格差

イタリア	0.0082
スウェーデン	0.0110
ニュージーランド	0.0163
オーストラリア	0.0241
アイルランド	0.0255
ドイツ	0.0344
イギリス	0.0456
日本	0.0462
フランス	0.0695
アメリカ	0.0723
カナダ	0.0759
スペイン	0.0963

出所：Samuels & Snyder, 2001.

選挙区による一票の格差がなくても、区割りのゆがみの可能性がある。小選挙区であれば、敵の支持者を特定の選挙区に集中させる区割りにして、得票率九割以上で議席を一つ与え、逆に、味方の支持者が六割程度の選挙区を多く作る。そうすれば、敵の一議席を獲得するための得票率を高くして、味方の一議席を獲得するための得票率を低くすることができる。この不公平な区割りは、ゲリマンダー（gerrymander）という。アメリカ・マサチューセッツ州のゲリー知事の下にできた恣意的な区割りで、一つの選挙区の形がサンショウウオ（salamander）に似ていた。そこからこういったゆがんだ区割りを一般にゲリマンダーと呼ぶようになり、各国でも不公平な区割りに「〜マンダー」をつけて名づけるようになった。例えば、日本の一九五四年の鳩山一郎内閣で提案した区割りを「鳩マンダー」という。

2　選挙制度の影響

デュヴェルジェの法則　政治学の分野において最も信頼できる法則の一つに「デュヴェルジェの法則」がある（Duverger, 1954；Riker, 1986）。当初デュヴェルジェは二つの仮説を提案した。すなわち、⑴小選挙区制は二大政党制を生む、⑵比例代表制は多数政党制を生む、というものである。仮説⑴は再度にわたって確認され、法則という位置づけが可能だが、仮説⑵は確認できなかった。

たしかに比例代表制は、その政党の得票率が議席率にそのまま反映されるので、小さな政党の設立を可能にはするが、だからといって小政党を乱立させる機能があるわけではない。最も顕著な例外は比例代表制のオーストリアが二大政党制だったことであるが、併用制のドイツでも二大政党制の時代があった。このように比例代表制には政党制を変える力がない。

小選挙区制では、得票率と議席率は必ずしも一致しないので、第三党以下に不利であり、政党を二つに集約することを促進する。それでも、小選挙区制でありながら、二大政党制でない例外的な国があり、その主たる事例はカナダとインドとされてきたが、両国では各選挙区では二人の候補者の一騎打ちが多いことが分かった（Chhibber & Kollman, 2004：40）。このことからも明らかなように、デュヴェルジェの法則をはじめ、選挙制度の影響は選挙区ごとに最も強く現れ，全国集計の結果ではそう強く現れない。

カナダは小選挙区制でありながら，新民主党という第三党が存在する。しかし，政党支持を地域別で見ると，新民主党はカナダ西部で第二党，あるいは第一党の地位にある。つまり全国の選挙結果を集計して見ると三党制に見えるが，選挙区単位で見れば，当選の可能性がある候補者は二つの政党に収斂し，選挙区ごとについていえば候補者二人の一騎打ちの傾向がはっきり見える。二大政党制の典型であるイギリスにも，地域政党が存在する。小さな政党でも，特定の地域で高い支持を確保すれば，その地域における主要政党の一つになれるため，小選挙区制下でも生き残ることが可能になる。インドの政党数はカナダの三つより多く，例外性がより明確であるが，その説明は同じく各選挙区の事情にある。インドにおいても，選挙区別に見れば候補者二人の一騎打ちが多い。

カナダ・インドなどの例外を顧慮して，デュヴェルジェの法則をより強い法則に改訂できる。一般的に選挙制度の影響力は選挙区レベルで研究すべきである。よって，デュヴェルジェの法則は，「小選挙区制は二大政党制を生む」ではなく，「小選挙区の均衡状態は候補者二人の一騎打ちである」と考えたほうがいい。こう考えれば，例外は少なくなるし，残っている例外も説明しやすくなる。なお，各選挙区の一騎打ちと国会の二大政党制との関係を強くする機能は，「連携」('linkage', Cox, 1997) や「集計」(Chhibber & Kollman, 2004) という。選挙区別の研究は進んでいるが，選挙区間の連携についての研究がまだ少ない。現時点では，チッバーとコールマン (Chhibber & Kollman, 2004) の「中央集権説」が有力であるといえるだろう。有権者の関心のある政策の決定権が地方政府にあれば，連携が進むが，そうでなければ地方政党が生き残る可能性が高いというものである。

小選挙区制がなぜ二大政党制や一騎打ちを生むかは説明できる。小選挙区制が一騎打ちを生み出すメカニズムには，機械的機能と心理的機能の二つである。

機械的機能とは，第三党以下の議席率は，(よほどの支持の地域的偏向がなければ) 得票率よりも低くなるというものである。第一・二党の議席率は、得票率よりも高くなる。第三党以下の政党にとっては、選挙する見返りが少ない。第7章で見るように、一九八〇年代のイギリスでは、第一党保守党の得票率は四〇パーセント台にすぎなかったにもかかわらず、議席率は六〇パーセント近くに達した。第三党の自由党は逆に、約一〇パーセントの得票率で五パーセント弱の議席率しか得られなかった。だから得票率で多党制になっても、議席率では二大政党制になる傾向が強い。

心理的機能とは、戦略的投票行動というものである（第2章参照）。第三位の候補者を支持する有権者が、それでも当選の可能性が低い候補者に投じるのは大事な一票を無駄にすることになると考え、当選の確率が高い第一位や第二位の候補者に投じることである。例えばある選挙区において、候補者三人で、A候補が四五パーセント、B候補が四〇パーセント、C候補が一五パーセントという得票率の結果であれば、次の選挙の時、C候補の支持者は、C候補に投票しても勝算がなさそうだ、意味がないと考えて、別の候補者に投じるかもしれない。

機械的機能と心理的機能の両方の効果が再度の研究によって確認されているが、それでもデュヴェルジェの法則の説明としては不十分なため、最近ではデュヴェルジェの法則は有権者の行動よりも、むしろ政党や候補者の戦略的な行動によって生じるものであるという仮説が注目を集めている。つまり、繰り返し落選している候補者はそのうち引退を考えるであろうし、政党もそういう選挙区には候補者を立てない方がましだと思うようになるだろう。その政党は、他党や他の候補者と選挙協力をするようになり、独自の候補を立てなくなるかもしれない。そうすると結果的に、その選挙区での候補者は当選の可能性がある候補者に収斂していく、というものである。

中選挙区制における M＋1の法則

中選挙区制は小選挙区制に似ているので、デュヴェルジェの法則に相当する法則がある。それは、「中選挙区では定数（M）プラス1人の競争が均衡状態である」という「M＋1の法則」である（Reed, 1990）。言い換えると、中選挙区の均衡状態は落選者一名のみに収斂するということである。小選挙区制では、M＋1＝2になるわけで、両法則は同一の法則と考えてよい。また、Mが小さくなるほど、M＋1の均衡状態は強くなるので、デュヴェルジェの法則はM＋1の法則の最も強い事例であるともいえる。

M＋1の法則を分かりやすく事例で説明しよう。例えば、定数3の選挙区で当選に必要な得票率を考えてみよう。「三三パーセントではないか」と思う方もあるだろう。しかし、もしもそれが正しいとするならば、二人区で必要な得票率は五〇パーセント、一人区は一〇〇パーセントということになる。当然ながら一人区での当選に一〇〇パーセントの得票率は不要である。一人区では五〇パーセントより一票多ければ当選確実となる。言い換えると、一人区では次点以下にならない限り当選が決まる。三人区にあてはめると、四位以下にならない限り、上位三人に入るので、当選が確実になる。よって、三人区で当選を確実にするには二五パーセント＋一票の得票さえあればいいことになる。一般に中選挙区制では、1／(M＋1) より一票多く獲得すれば、当選する。この1／(M＋1) をドループ指数という。

中選挙区でM＋1の法則を生み出すメカニズムは、小選挙区におけるデュヴェルジェの法則と同じである。落選者が二人以上出る選挙区と全員当選する選挙区が少なくなるのだが、戦略的投票行動によって、M＋2位以下の候補者は次の選挙で票が減るか、引退する確率が高くなることによる。

中選挙区制には選挙区と国会のリンケージもある。小選挙区では、二人の一騎打ちになるとき、その二人は国会のライバル政党から立候補する傾向がある。中選挙区制でも、各候補者が異なる政党から立候補する傾向が見られるが、同一の政党から複数の候補者が立候補することもある。同一政党から複数の候補者が立候補する場合には、その候補者は異なる党内派閥から支持される傾向がある (Reed & Bolland, 1999)。よって、中選挙区制におけるリンケージは、「各候補者が異なる政党や異なる派閥から立候補する」と訂正しなければならない。

M＋1の法則は、日本 (Reed, 1990)、台湾 (Hsieh & Niemi, 1999 ; Winkler, 1999)、アイルランド (Jesse, 1999) など

の分析によって立証され、合理的選択論による数理的な証明もなされた（Cox, 1994）。Ｍ＋１の法則は、デュヴェルジェの法則と並ぶ信頼できる法則であるといえる。

並立制における デュヴェルジェの法則

九〇年代のイタリアや日本の改革派は、政権交代可能な二大政党制を目指して、デュヴェルジェの法則を信じて、小選挙区制中心である並立制を採用した。この両改革は自然実験にあたる。研究テーマは、並立制の比例区はデュヴェルジェの法則の機能を抑えるかどうか。研究は途中であるが、既に二つの結論が得られた。

その一つは、並立制では、政党が小選挙区に候補者を擁立すれば、比例区の票が伸びるということである（水崎・森、一九九八；Herron & Nishikawa, 2001；Cox & Schoppa, 2002；Reed, 2003a；Ferrara, 2004）。よって、かりに小選挙区での勝算がなくとも、候補者を擁立する動機が生じるので、並立制における均衡状態の候補者数は、単純小選挙区制のそれより多くなると思われる。しかし、小選挙区での一騎打ちへの傾向が強い（イタリアについて、Reed, 2001；Ferrara, 2004；日本について、Reed, 2003b：188-192）が、選挙区間の「連携」は遅れている。ここから並立制においては小選挙区制の機能が強く、比例代表制の機能が弱いという結論が有力であるといえよう。

デュヴェルジェの法則に対する異論

デュヴェルジェの法則とＭ＋１の法則は政治科学における数少ない信頼できる法則であるが、比較政治学界全体の合意に達しているとはいえず、異論が残っている（例えば、Gaines, 1999；Niemi & Hsieh, 2002）。異論の根拠は主に、候補者を数える指数と分析方法にある。デュヴェルジェの法則はある意味で正しいが、細部まで確定されていないのである。

3　選　挙

選挙と争点

民主主義の理想論においては、選挙は争点を問うために行われる。各政党がそれぞれ異なる政策、公約を訴え、有権者はその政策によって投票し、当選した政党や候補者は公約を守る。しかし、このような争点選挙を実現するための必要な条件は意外と厳しい。少なくとも、次の三つの条件を満たさないと争点選挙にはならない（Butler & Stokes, 1974)。

(1) ある争点について、多くの有権者が意見を持ち、ある程度の関心を持っていること。有権者が無関心であれば、その争点は票を動かせない。

(2) 争点に対する有権者の意見の分布が一方に偏っていること。意見が偏っていなければ、政党にとって有利となる立場がない。

(3) その争点に対する政党の立場が明確に異なること。有権者は政党の立場が区別できなければ、意思表明のための投票行動が判断できない。

例えば、カナダの一九八八年総選挙では、アメリカとの自由貿易圏形成について、保守党は賛成、自由党は反対という正反対の立場をとり、政策の方向づけを有権者に任せたが、それでも争点選挙にならなかった（Johnston, et al., 1992)。問題は、有権者側に、この難しい経済政策について安定した意見がなかったことにあった。結局、保守党が選挙に勝ち、自由貿易協定が結ばれたが、その結果には国民の不満が高かった。日本にも似た事例がある。一九九三年総選挙は、三八年ぶりに政権交代を起こした画期的な選挙であったが、争点選挙たるべき争点が少なかった（蒲島、一九九八)。争点のうち「農産物自由化」と「国際貢献」については、第一と第三の条件を十分満たしていなかった。そして驚くべき結果の一つとしては「政治改革」の、第一と第二の条件を満たす程度も低かった。結果として、三つの条件を満たした争点は「政権交代」だけであった。日本国民は政権交代を選んだが、政治改革を選んだとはいえない。

「争点なし選挙」は先進国に共通の悩みとなっている。問題は、第二と第三の条件が矛盾することにある。国民の意見分布が偏っている問題については、政党は立場や政策を明確にしたくないものである。有権者の多くが賛成／反対することであれば、政党にとってその立場に賛成／反対することが得策である。わざわざ少数派の立場を取る政党はなかなか出てこない。例えば、日本の一九九三年選挙では、国民の大勢が政治改革（中身が不明でありながら）を求めたと思われたため、明確に政治改革に反対する政党は見当たらなかった（この場合、本音が改革反対であったならば、「真の改革」を訴えることが得策であった）。このように自党に不利な公約を放棄して、人気の高い他党の公約を真似る傾向が目立ってきた。例えば、イギリスの一九九七年総選挙で、保守党は労働党のブレア党首を「公約泥棒」と批判した。政党から見れば、勝てる選挙であれば、争点選挙は避けるべきものなのである。

各政党のマニフェストの分析を通して争点を研究した結果でも、同様に争点選挙は珍しいという結論に達した (Budge & Hofferbert, 1990)。政党は、自党に有利な問題を重視して、他党に有利になる問題をできるだけ無視する。戦後から七〇年代までのイギリスの事例をとれば、有権者の多くは、労働党は福祉、失業対策に強く、保守党は外交、経済運営に強いと考えた。したがって、福祉が争点になれば労働党に有利、外交が争点になれば保守党に有利という状況の中で、労働党は福祉を訴えて、外交を避け、保守党は外交を訴えて、福祉を避けた。両党が同じ政策について議論することが少なく、有権者は両党の公約を比較して選ぶのではなく、その時々における争点の重要度を判断して投票することとなった。

争点選挙が成り立つときは、政党が不利な立場からも逃げられず、有利な立場とは明確に異なる公約をしなければならない場合である。例えば、与党は政権の業績について責任をとらなければならないということがある。日本の一九九三年総選挙では、自民党はいくら政治改革を訴えても、過去二回の選挙で公約しながら実現できなかったという経緯があったため、政治改革反対のイメージから逃げられなかった。

マニフェストの研究では、与党は一般に公約を守ることが分かった。例えば、イギリスにおいて与党は公約の約八割を守る。しかし、その結果は意外と解釈しにくい。問題は、守ったかどうかを確認できる公約はあまりにも微細で、選挙を左右するような公約、争点になりそうな公約ではないことにある。大きな争点についての公約は曖昧で、政策に反映されたか否かが確認できない。また、確認できる公約は国民に対する公約というより、その政党を支持する圧力団体に対する公約と解釈した方が適切であろう。

選挙運動

選挙を行うのは政党と候補者である。選挙技法の進化は、三つの時代にまとめることができる(Farrell & Webb, 2000)。テレビの普及によって選挙運動が大きく変化したので、まず、テレビ出現の前後に分けられる。インターネットにも選挙運動を変える力がありそうだが、現状ではまだ利用率が低く、票をあまり左右していないし、インターネット中心の選挙運動はまだはっきりと見えない。だがインターネットによって民主主義の意味が変わってくるかもしれないので、推測する価値はある。

表1-4で明らかなように、選挙運動は、候補者自身によるアマチュア運動から、選挙の専門家による常設専門組織の運動へと進化してきた。労働集約型の戸別訪問、後援会、ボランティアなどから、資本集約型のテレビ宣伝、世論調査へ発展してきたということもいえる。テレビの普及以前には、選挙運動では自党の支持者に必ず投票させるためのプロパガンダをしたが、テレビ普及後は、テレビを利用して、浮動票を多く獲得するための、バランスのある、全国一律のメッセージを訴えるようになった。今後インターネットが十分利用されるようになれば、選挙運動は対象を細分化したものになる可能性が高いと推測されている。

表1-4　選挙運動の三つの時代

	テレビ時代以前	テレビ時代	インターネット時代
準　備	選挙が近づいてから	党内選挙運動専任 選挙の1～2年前	選挙運動組織が常置、永続
マスコミ	政党の機関紙 宣伝・記事	宣伝の専門化 広報活動 記者会見	ダイレクトメール 特定のグループへ宣伝 インターネット
組　織	選挙区への分権 候補者中心 ボランティア中心	中央本部への集権 政党中心 選挙運動のプロ 全国共通の運動	中央指導・分散実施 契約のプロ中心 党首直系の事務
コンサルタント	政治家統制	コンサルタント	まだわからない
フィードバック	印象・戸別訪問	世論調査	多様化
運　動	演説集会 周遊	討論会 マスコミ向きの行事	まだわからない
運動の的	支持者 階級など	浮動票 有権者全員	細かく区分け 特定のグループ
コミュニケーション	プロパガンダ	メッセージ	市場調査

出所：Farrell & Webb, 2000：104.

ところで、技術が発達し、選挙資金が膨張しながら、選挙運動が選挙結果を左右しないという結果が多い。問題は、各政党が選挙運動上手になったため、互いに類似した方法を使用するようになり、結局選挙運動が選挙結果に影響を及ぼさなくなったことである。もしそうならば、選挙運動は金のかかる、効果のない芝居にすぎないのではないか、とも考えられる。しかし、選挙結果を左右することが少ないとしても、選挙運動には少なくとも二つの重要な機能がある。

選挙運動の最も大事な機能は教育であろう(Just, et al., 1996)。有権者は一般に、政治に高い関心は示さず、持っている情報の量も少ない。そのままの状態では、合理的な投票行動は不可能である。そのような有権者にとって選挙運動は、無理にでも政治について勉強させる機能を果たす。選挙運動が盛んであればあるほど、有権者の得る情報は多くなり、投票行動が合理的になる。例えば、有権者の経済情報は選挙期間中に多くなり、選挙直後に最も多く、その後一年以内に元に戻るという傾向が見られる。もう一つの機能は、投票率を高めることである。以下に紹介するように、選挙運動が熱心であればあるほど、投票率が上がる傾向が見受けられる。有権者が多く投票して、より合理的に政党・候補者を選べることに結びつくなら、選挙結果を左右しなくても、選挙運動は十分機能しているといえるであろう。

選挙運動の効果について、ケニーとマックバーネット（Kenny & McBurnett, 1994）は個人データを分析して、次の結果を得た。すなわち、

(1)　大学卒の有権者は選挙運動に影響されないが、そうでない有権者は影響される。
(2)　選挙について興味のある有権者は影響されないが、興味の薄い有権者は影響される。
(3)　政党支持の強い有権者は影響されないが、無党派層の有権者は影響される。
(4)　選挙資金が多いほど、投票する確率が高くなる。

この結果は情報論の仮説どおりである。大学卒の有権者は自分の力で選挙を分析できるので、選挙運動に頼らない。政党支持の強い有権者はあらかじめ意思決定がなされている。それ以外の有権者が、選挙運動から得た情報に頼ることになる。

選挙と金　どこの国でも、選挙に大量の金が使われている。金さえあれば選挙に勝てるのかと考えられるほど選挙資金が膨張しているが、その事実が研究されてきたのは主にデータが多いアメリカにおいてである。アメリカでは政治献金についての公開義務が進んでいるし、会計ルールも意外としっかりしているので、そのデータを一応信頼して分析できる。公開義務実態が政治と金の問題を解決しているわけではないが、研究には役立っている。

選挙に金を大量に使えば、票が伸びるかどうか、当選確率が高くなるかどうかについての研究では、最初に信じ

がたい結果を得た。候補者が選挙に使った金は、その人の得票率と相関関係がなかったのである。金をどれだけ使っても票にならないという結論には納得いかない人が多かったが、繰り返し分析しても、同じ結果が出た。この謎を解く秘訣は、現職と新人を別々に分析することであった（Jacobson, 1978）。新人候補者に限って分析すれば、予測通り、金が使われるほど得票率が上がる傾向がはっきりと見えた。しかし現職では、相関関係はマイナスであった。つまり現職は金を使うほど票が減る傾向にあった。現職と新人を一緒に分析すると、現職のマイナスと新人のプラスが相殺されていたのである。

もちろん、現職は金をたくさん使ったから票が減ったというわけではない。アメリカでは現職の再選率が非常に高く、また現職に献金をたくさんもらっている。当選確実にするために必要な政治資金の何倍も集めている。相手が弱いときには、もちろん金を使わずに十分当選できる。しかし、強い相手が出馬したり、汚職などの問題が発生したりして再選が危なくなった場合には、持っている政治資金を利用して、再選を図る。こうして危ない選挙にしか金を使わないので、現職については金と票の相関関係がマイナスとなる。したがって因果関係は金を使うほど票が減ることにあるのではなく、票が足りない場合金をたくさん使うことにある（Kenny & McBurnett, 1994）。

さらに、選挙運動にある金額以上の金を使えば、その効果が弱くなるという研究がある（川人、一九九九、五七頁；Reed, 2003b：155）。選挙資金がゼロからX万円の範囲では、金額の上昇にしたがって得票率が上がるが、X万円以上を使っても、得票率は上がらない。この結果の解釈はまだ検討中であるが、選挙運動の機能が教育中心であるとするならば、政党や候補者にとっては、選挙運動が、自分と立場について有権者に「教える」チャンスとなる。しかし、有権者は勉強する気が特になく、政党や候補者の話を聞いていないので、教えるために努力と金が必要となる。ゼロからX万円までは、その政党・候補者の訴えが有権者にあまり通じていなかったため、努力と金が教育効果に結びついたということを意味する。X万円以上を使った場合、話は既に通じているので、金額よりも訴えの中身の影響力が強かったという解釈が可能であろう。

では、観点を変えて、寄付する側、例えば圧力団体などはなぜ政党や候補者に献金するのか。

圧力団体の献金

合理的に考えて、圧力団体は味方を当選させようとしていると想定されるが、その仮説もまた、まず反証された。議会内の味方を増やそうとするとき、当選が無理な場合にせよ、確実な場合にせよ無理に献金しないものだ。すなわち、当選確実の候補者は献金しなくても当選するだろうし、当選困難な候補者に献金しても、無駄になるだけである。そのままでは落選するかもしれないが、献金すれば当選するかもしれない、当落線上の味方の候補者に献金すべきであろう。しかし実際に調べてみれば、献金を集めているのは当選確実の現職候補者である。また、味方を増やす目的であれば、強い味方にも、強い敵にも献金せず、資金を受けたら味方になりそうな代議士に献金するであろうと考えられたがそれも反証された。圧力団体の献金先は当選確実の強い味方であるケースが圧倒的に多かった。

この謎を解いたのはスナイダー（Snyder, 1992）である。圧力団体の献金の目的は、候補者の当落に影響を及ぼすことでも、議会の構成を変えることでもなく、その目的は長期的投資にあった。落選する候補者や意見を変える可能性のある候補者に献金することは無駄になるかもしれない。よって、強い味方の現職に献金する。圧力団体は、将来的に期待できる政治家を選んで毎年献金する傾向が強い。献金する金額よりも回数が重要である。現在当選回数が同じなら、若い代議士は年長の代議士よりも、献金を受けることになる。

こうして圧力団体は長期的投資をしているわけだが、その代価として何を得ているのだろうか。最初の仮説は、その議員の議会における一票を得ていると想定したが、それは反証された。金を出したら口も出せるというのは常識であるが、代議士は献金を受けたからといって圧力団体の言う通りに投票するとは限らない。多くの研究によると、数次にわたり献金を多く受けている代議士とそれほどでない代議士との間に、議会での投票行動に差異はなかった。その理由も明らかである。当落を決めるのは圧力団体ではなく、有権者である。再選第一主義であれば、選挙区の利益や有権者の立場を考慮しなければならない。というわけでたしかに圧力団体は多額の献金を行っているが、その代わりに何を得ているのかは明らかにならなかった。

この謎を解いたのは、献金と票の関係についての研究ではなく、献金と時間配分についての研究であった。代議士はたいへん忙しく、審議される法案は非常に多いので、一つの法案に影響を及ぼすための時間と努力は限られている。そして、ホールとウェイマン（Hall & Wayman, 1990）は代議士の時間配分が金によって左右されていることを実証した。代議士は献金をもらった圧力団体のために時間を使い、努力する。国会で法案を採決するための時間と努力は膨大であるので、圧力団体からみれば、一票を左右できなくても、その団体にとって有利な法案を採決されたり、不利な法案を廃案にしたりするために献金が有益な手法となる。

前掲の統計学的な研究はアメリカに限定されるが、西欧では自然実験が二回あった。この二つの事例を分析したところ、アメリカ研究と似た結論に達した。

イタリアでは、一九五三～五八年の連立政権は業績がほとんどなく、「動かない国会」と呼ばれた。財界は特に不満であったので、キリスト教民主党（キ民党）への政治献金を自由党へ回した（Kogan, 1981：76-77）。にもかかわらず、キ民党の得票率は四〇・一パーセントから四二・四パーセントまで上がったし、自由党はわずか三・〇パーセントから三・五パーセントまでしか上昇しなかった。それから財界は、与党を支持しなければならないという結論に達した。また、ドイツの一九七二年総選挙は、二極化が最も激しい選挙となった。労組は社民党のために、財界はキ民党のために全力を尽くし、一般国民も様々な形で熱心に参加した（Irving & Paterson, 1973）。投票率も九割を超えた。その結果は、社民党の勝利であった。右翼も左翼も全滅で、二大政党制が再確認された。もう一つの結果は、自民党が、社民党と連立を組んだことによって、財界からの献金がなくなり、倒産状態に近くなったにもかかわらず、自民党の得票率も伸びたことである。選挙後、財界は政権党となった自民党に再び献金を行いはじめた。以上のように、やはり、選挙は金だけではないし、圧力団体は、政策を肯定できなくても、影響力を保つために与党に献金する傾向が強い。金は権力を呼ぶというよりも、むしろ権力は金を呼ぶという傾向が強い。

4　選挙の種類

二等選挙　研究されている選挙の多くは、政権を選ぶ総選挙である。大統領制の大統領選挙と議院内閣制の総選挙（一般に、議会下院の選挙）が注目を集めるのは当然であろう。しかし、他の選挙が研究されるようになると、政権を選ばない選挙との差異が明らかになった。政権を選ぶ選挙は総選挙、そうでない選挙は二等選挙と呼ばれる。二等選挙には議会上院の選挙、補欠選挙、予備選挙、住民投票、議院内閣制の大統領選挙、ヨーロッパ議会選挙などが挙げられるが、アメリカの大統領制における議会選挙にも類似した面が多い。地方選挙は中間的である。国政が争点になっている地方選挙は二等に近いが、地方政府の「政権」を選ぶ場合は総選挙に近い。研究はまだ少ないものの、一般に二等選挙では、投票率が低い、政党支持の拘束力が弱いため結果が予測しにくく流動的、という傾向がある。そして、総選挙との差異を最も比較しやすい二等選挙である補欠選挙では、同一選挙区においてその選挙結果が次の総選挙の結果と異なることも珍しくない。

補欠選挙　代議士が死去・引退したり、何らかの理由によって当選が無効になったりすると、その選挙区選出の代議士がいなくなるため、次の総選挙を待たずにその選挙区で欠員補充の選挙を行う。比例代表制の下では普通、引退代議士が所属する政党の前回選挙でのリストにおける次点候補者が繰上げ当選となるが、候補者に直接投票する小選挙区制などの制度下では補欠選挙を行うことが一般的である。小選挙区制を導入したフランス第五共和国制では、閣僚に任命された代議士は代議士を辞めなければならないことになっており、そのままでは補欠選挙が非常に多くなることが予想された。そこで、補欠選挙を避けるため、各候補者が立候補する時点で、入閣や死去などの場合に本人に代わって代議士に任命される代理人を指名しなければならないという法律を作った。

補欠選挙の研究が最も進んでいるのがイギリスである（Cook & Ramsden, 1997）。その研究によって、共通に見られる傾向は以下のようなものである。

(1) 投票率が下がる。多くの候補者が立候補したり、全国的に注目された補欠選挙であったり、他の選挙区から運動員を動員したりしても、投票率は下がる傾向が強い。

(2) 補欠選挙の結果はその時の政権党の支持率にある程度比例するが、補欠選挙にはいくつかの特徴があるため、次の総選挙の結果を直接予測する材料にはならない。

(3) 政権党の得票が減る。イギリスでは一九二二年から九七年までに行われた補欠選挙において政権党が四勝一二六敗。一九九五年から九七年までの三一六の補欠選挙の中で政権党が得票数を伸ばしたのは一〇回にすぎない。よって補欠選挙は現政権に対する批判票を投じる格好の場となる。最近の補欠選挙の結果では、政権党支持率が世論調査で推測される数字より八パーセント低くなるという傾向がある。

(4) 総選挙では当選するのが難しい第三党でも、補欠選挙では善戦する可能性が高くなる。イギリスの自由党、地域独立運動の政党などは、補欠選挙で当選したり、善戦したりする。しかし、補欠選挙で獲得した議席は、次の総選挙で元の政党の議席に戻る傾向も強い。

(5) 政権を選ぶ選挙ではないため、候補者個人の要因が選挙結果に与える影響が強くなる。イギリスの通常の総選挙では政党支持がほとんどの選挙区の結果を決め、候補者個人の魅力、現職の強み、利益誘導などはほとんど関係しない。しかし補欠選挙では、候補者の魅力が選挙結果を左右する傾向がある。

予備選挙　普通、有権者は政党が公認した候補者の中から誰に投票するかを選ぶが、有権者の選択肢にあたる候補者を選ぶ作業をオープンにし、多くの有権者、支持者、党員を参加させれば、民主主義をより充実したものにできると思われる。この考え方に基づいて、一般党員の参加する候補者選びの予備選挙を実施している政党が国際的に多くなっているが、そのことが民主主義の改善には必ずしも結びついていない。

最初に予備選挙を実施したのはアメリカであった。当時の「革新運動」の目的は、腐敗した政党組織を弱める目的で、成功したといえる。しかし、アメリカの政党はたしかに弱くなったが、それによって民主主義が改善されたとは思われない。基本的な問題は、予備選挙の投票者は総選挙の投票者とは一致しないので、予備選挙で人気を集めた候補者が、必ずしも総選挙で人気を得られるとは限らない、ということである。予備選挙の投票率は低い傾向があるので、その政党の熱心な支持者しか投票していないことが多い。よって、予備選挙で投票する人々は、一般の有権者と意見が異なることが多い。理想論では多くの人の意見が反映されると考えられるが、結局、特殊な少数派の意見の反映となる場合が多い。

ベルギーでも予備選挙を試みた政党が、ある程度継続した後に取りやめた（De Winter, 1988）。アメリカと同様に、開かれた政党というイメージを伝えて、党員を集める目的であったが、予備選挙はある程度そのために機能したものの、問題も多かった。投票率の低下もあったが、それよりも党内対立、派閥の促進という問題があった。合理的に思われても、実施した結果は理想とは離れたものであった。

住民投票　民主主義の理想論では、有権者が直接政策を選ぶ住民投票が最適の選挙とはいえよう。しかし、予備選挙と同様に理想的に見える仕組みが必ずしも思う通りに機能するわけでない（Butler & Ranney, (Ed.) 1994）。

住民投票の強みは正当性にある。国民（または市民や住民）全員が決めたことだから、否定できないというのである。特に政治不信の時代には、住民投票は社会問題の解決につながると思われる。アメリカ各州の研究では、住民投票が多いほど、州民は「政府は私に似た人の意見を反映している」と思うようになるという結果がはっきり出ている（Hero & Tolbert, 2004）。そして、イギリスでは直接民主主義の評判は低いが、国会においてＥＵ加入問題を解決できなかったので、国民投票で決着を付けた。大きな改革を実現した住民投票は多くはないが、目立つ例（イタリアとニュージーランドの政治改革、チリと南アフリカの民主化）もある。

しかし、問題も多い。最も心配されている問題点は、投票率が低いことであろう。投票率は正当性を確かめる機能をするが、住民投票の投票率は総選挙より平均して一五ポイント低い。もう一つの心配は、有権者が合理的に投票するための情報を持っているかどうかということである。アメリカ各州で行われている住民投票では、誤った投票をする有権者は一割ぐらいであると推計されている。しかし、関心の高いテーマであったら間違いが少ないという結果も出ている。関心と投票率が高くなければ、住民投票は直接民主主義の期待に応えない。

住民投票には少数派の立場が危なくなるのではないかという心配もある。西欧で住民投票の最も多いスイスにおいて移民対策が最も厳しいことが示唆的である（投票率もアメリカに並んで非常に低い）。住民投票の中身や表現を決めるにも問題が多い。同じ社会問題について、否定しにくい表現も肯定しにくい表現も可能である。フランス第五共和国では、住民投票がド・ゴール大統領の政党や国会に対する個人的な武器に使われた。直接民主主義を促進するよりも、代議制民主主義を否定するために機能したとされている。

二〇〇〇年までに、先進国の中で全国レベルでの住民投票（国民投票）を一回も行っていない国はアメリカ、日本、イスラエル、オランダだけである。国民投票を頻繁に行うのはスイス一国のみにすぎないが、地方レベルではアメリカの州で、また近年日本の市町村においても合併問題を解決するために、よく利用されるようになった。住民投票は、他の直接民主主義の仕組みとともに、増加する傾向にある。

第2章　投票行動

第1章では選挙の主人公である有権者があまり登場しなかった。選挙結果は各有権者の投票行動を集計した結果にすぎないが、個人の投票行動の研究を可能にしたのは世論調査であった。そして、世論調査は選挙研究を変えた。世論調査の発展は投票行動の研究に大きく貢献したし、投票行動に関する最新研究は世論調査の分析を利用している。よって、投票行動について紹介する前に、その研究技術である世論調査を紹介しよう。

1　世論調査

不可欠の技術

研究技術としての世論調査は、「国民の意見を知りたければ、国民に聞けばよい」という簡単な発想に基づいているが、実施にあたって、具体的に誰に聞くのか、調査の対象をどのように選ぶのかという大きな問題がある。常識的に考えれば、平均的な人を選べばよいとか、各グループの代表的な人を（二〇代何人、三〇代何人などのように）選べばよいではないかとか思われるが、結局そのような選び方では問題を解決できない。そこで「無作為抽出」という統計学的な技術が問題を解決し、研究発展の鍵となった。無作為抽出では、有権者個々人を調査対象として選ぶ確率を同一確率にできれば、数百名にのみに質問することによって、有権者全体の意見として信頼できる推計が出てくる。当然、最初は「無作為の魔術」には、疑問が多かった。しかし、経験が積み上げられることで、学者だけでなく、政治家、政党、マスコミ、国民も信頼するようになった。世論調査を上手に利用する政党および候補者が、利用しない政党および候補者よりも、その選挙運動が有権者の関心を理解し、票を伸ばすことが再三、立証されている。世論調査は選挙運動に不可欠の技術になってきた。

一方、研究者からみれば、世論調査は投票行動を研究するための最適の技術である。それは、無作為抽出の技術の利点に加えて、世論調査に答えることと投票行動自体に共通項が多いからである。他の政治参加では、有権者の熱心度が参加率を大きく左右する（Verba, Schlozman & Brady, 1995）。例えば有権者は、熱心でなければ、デモに参加したり、政党に献金したりしないであろう。政党に献金する人や選挙運動に参加する人は他の普通の有権者よりも熱心であるといえる。しかし投票においては、世論調査と同様に、意見の強弱とは無関係に、与えられているのはどの人にも一人一票である。この意味で、投票行動の特徴は、(1)投票にかかるコストも利益も小さい、(2)参加の上限（一人一票）が決まっているから平等である、ことにある（ibid.）。

世論調査の問題点　しかし他方、世論調査は万能ではなく、問題点もある。例えば、世論調査はあくまでも個人データであるので、個人レベルの（心理学的な）仮説にはあてはまりやすいが、周りの人の影響を重視する交際効果説にはあてはまりにくい。世論調査の技術は投票行動の研究を大きく発展させたが、世論調査があてはまらない仮説についての研究は遅れているという結果も生んだ。

また無作為抽出を利用すれば、少数の回答者の分析から全体の有権者の意見が分かる半面、全体しか分からないという問題がある。例えば、厳密に言えば、男性のみや女性のみの意見が知りたい場合、男性のみからと女性のみからに分けて無作為抽出をしなければならない。そうすれば、必要な調査対象人数は倍増する。二つのグループに分けるのは大した問題でなくても、さらに細分化しようとすると、無作為の魔術が効かなくなる。

より根本的な問題は回答しない有権者の存在にある。世論調査の成否は回答数ではなく、回答率にかかっている。

無作為に選んだ人々の中からの回答率が高いほど、その結果は信頼できる。また、回答しなかった有権者は回答した有権者と同じ意見であると想定しなければならないが、回答する有権者は、しない有権者より、選挙について興味があり、投票する確率が高い。投票することと世論調査に答える行動が似ているように、棄権する有権者は調査にも答えない傾向が強い。投票行動を研究するためには、棄権した有権者を無視することも可能だが、投票率を研究するのであれば、投票者と棄権者を比較しなければならない。棄権者はあまり回答していないので、世論調査は棄権の分析にあまり適切とはいえない。

新聞などで世論調査を見る場合、回答率を確認してから、結果を評価すべきである。また、世論調査には種類があるので、解釈するときには、その調査の目的を確認したほうがよい。マスコミが実施する調査は「現在の国民全体の意見」を明らかにするためであり、政党が実施する調査は「どうすれば選挙に勝てるか」を知りたいためであり、学者が実施する調査は「投票行動の因果関係」を明らかにするためである。特定の調査は複数の目的に使えるかもしれないが、目的によって質問と解釈が異なるので、注意すべきである。特に、流行のネット調査は、誰でも何回でも自由に参加できるので、無作為の魔術が存在せず、信頼度はゼロと考えたほうがよい。

2　投票行動を説明する仮説

七つの仮説

さて、有権者はなぜ、A党やその候補者ではなく、B党やその候補者に票を入れるのであろうか。すなわち、有権者はどのようにして政党あるいは候補者を選択するのであろうか。投票行動を説明する仮説は、主に次の七つの仮説に整理できる。

(1)　候補者や政党に国政を任せるという委任投票説。

(2) 周りの人の影響によるというコンテキスト効果説。
(3) 仲間と一緒に行動するという帰属意識投票説。
(4) 個人的な意見による政策投票説。
(5) 政権選びや当選確率を考慮した戦略的投票行動説。
(6) 政権交代を起こすか起こさないかという業績評価投票説。
(7) 投票行動を情報処理として考えるオンライン投票行動説。

委任投票説

突然、この地域から代表者を一人選ばなければならないといわれたら、誰を選ぶであろうか。選挙に不慣れな有権者はその地域の偉い人（名望家）を選ぶ傾向が強い。この場合の投票行動は、自分の意見を示すというよりも、信頼できる偉い人に任すということとなる。民主主義の理想論では、この委任投票は未熟とされているが、現実的に有権者は個々人で政治を勉強するよりも、ある程度は政治の専門家に任す以外はない。

現代先進国の投票行動で委任投票に似ているのは、党首への信頼投票であろう。例えば、一九五二年から一九七二年までのアメリカ大統領選挙では、候補者を選ぶうえで最も多く挙げられた理由は、候補者の個人的な性格であった（Nie & Verba, Petrocik, 1976）。大統領選挙は、一人の最大責任者を選ぶ選挙であるので、信任投票が一応自然と思われるかもしれない。しかし、選挙運動がテレビ中心時代に移ってからは、総理大臣に直接投票しない議院内閣制でも、党首の評価によって投票する人が多くなっている。政党にとって最大のセールスポイントは首相候補者に移った。この現象を議院内閣制の「大統領化」という。大統領制の下での議員選挙において、有権者が支持する大統領候補者と同じ政党の候補者を選ぶ「便乗投票」と同様に、議院内閣制でも支持する首相候補者の所属する政党に投票するようになっている。日本での小泉ブームには、この便乗投票と大統領化が見えてきた（池田、二〇われる。

〇四)。有権者が大統領や首相に最も求めているのは「指導力」であるので、これらも委任投票と解釈できると思

コンテキスト効果＝コロンビア学派　初めて世論調査を利用して投票行動を分析したのは、社会学系のコロンビア学派であった(Lazarfield et al., 1948)。彼らは個人の心理よりも有権者の社会的環境を重視した。社会的環境の影響力を立証する研究は多い(MacAllister et al., 2001)が、この立場から世論調査を使って研究することは困難であるので、理論は期待するほど進んでいない(最も進んでいると思われるのは Huckfeldt & Sprague, 1995 である)。アメリカでは社会学系のコロンビア学派の研究よりも、心理学系のミシガン学派の研究が多いが、西欧においては社会学系が多い。

コロンビア学派のモデルでは、有権者が入手する情報には偏りがあることを前提にしている。かたや、人は自分の意見と一致する人と付き合う傾向が強く、かたや、周りの人の影響を受けやすい。後者の偏りは、イギリスを例とすれば、労働党の強い地域に住む有権者は労働党に肯定的な情報を得ることが多く、保守党の強い地域に住む有権者は保守党に肯定的な情報を得ることが多いということに見られる。社会的環境によって、有権者が得られる情報は異なる。有権者は、新しい情報を入手すると、それについて周囲と意見交換をするが、自身の意見が周囲と一致するときは、その意見は強化され、一致しない場合には、自らの意見を修正する。多数派の意見を持つ人々には、自分の意見に一致する情報が入る確率が高い。少数派の意見を持つ人々は、逆に自分の意見に反する情報が入る確率が高い。このメカニズムによって、各地域に政治的な意見を含むコミュニティの価値観が形成されるのである(Huckfeldt & Sprague, 1987)。

コロンビア学派の中心概念は「オピニオンリーダー」である。多くの有権者は政治について関心が低く、マスコミから情報を得ようとしない。しかし、より関心の高い人はマスコミの情報を自分なりに処理して周りの人々に伝

えるという、二段階流れ仮説である。コンテキスト効果には、オピニオンリーダーのメカニズムに加えて、周りの人々と意見を合わせる「意見同化」メカニズムも確認されている。しかし、最も強いメカニズムは「組織動員」であると思わせる手がかりが多い。組織動員説は、周りに労働者が多いことよりも、労働階級の帰属意識よりも、労働組合の会員であることが労働党の支持を説明できるということである。組織動員説は日本にあてはめてみれば、ネットワーク投票説になる（Flanagan, 1991）。しかし、他のコンテキスト効果と同様に、ネットワーク投票説は世論調査では分析しにくい。

帰属意識投票＝ミシガン学派　ミシガン学派は世論調査を利用して、心理学的に分析を行い、有権者個人の投票行動を意識、意見で説明する（Campbell et al., 1960）。世論調査は個人レベルのデータであるので、個人の心理を分析するために最適で、ミシガン学派は世論調査とともに発展してきた。

ミシガン学派の基本概念は「政党支持」である。有権者には日ごろ支持する政党があり、ある選挙で特別の事情から一時的に他の政党に投票することがあっても、その特別な事情がなくなると、次の選挙では再び本来の支持政党に戻るという仮説である。政党支持は、習慣として投票をするたびに強化されるはずである。たしかに、政党支持は若年層で弱く、高齢者層で強いという傾向が、どの国でも見られる。しかし仮説によると、その理由は年齢ではなく選挙の経験であるから、これを確認するためには年齢と経験が一致しない事例が必要である。コンバース（Converse, 1969）は、女性が男性より投票権を遅く獲得したという歴史的な事実を用いて、仮説通り年齢ではなく経験が理由になっていることを証明した。

この仮説はアメリカにおける多くの研究で実証されているが、ヨーロッパなどではいくつもの疑問が残されている。問題は、政党支持は投票行動が変化しても安定しているか、それとも投票行動が変化するたびに政党支持も変化するのかということである。この問題については、現在議論されており、結論は出ていない。しかし、政党に対してではなく、グループに対しての帰属意識はどこの国でも影響力が強い。例えば、階級（労働階級や中産階級など）や宗教に対する帰属意識の影響力について再三にわたって実証されてきた。実際に、有権者と候補者の共通点であれば、何であれ影響を及ぼせる。例えば、候補者が出身地から票を多く獲得することはしばしば確認されている。それは有権者が、その候補者が「我々と同じ」と感じるからであろう（Key, 1949 : 37）。日本では、同様の現象として「コネ投票」が指摘されている（Flanagan, 1968）。また、パリージとパスクィーノ（Parisi & Pasquino, 1979）はイタリアでの研究から、投票行動を三つに分けた。すなわち、帰属意識投票、意見投票、交換投票の三つである。イタリアの場合、帰属意識投票は、カトリック信徒であれば必ずキリスト教民主党に入れることなどを指す。後二者の意見投票と交換投票は次に述べる政策投票にあたる。

政策投票＝空間モデル

民主主義理論は、有権者が各政党の公約によって投票を決めることが前提である。政策投票について検証する研究が多いが、交換投票と意見投票の区別（Parisi & Pasquino, 1979）を忘れてはならない。政策による利益を受けたことによって投票する交換投票は伝統的な政策投票であり、利益誘導の選挙運動が非常に多いにもかかわらず、交換投票の研究は非常に少ない。逆に、選挙にあたって掲げられた政策についての考え方の投票行動に対する影響力には疑問が多く残っているものの、既に実行された／されなかった政策による意見投票のような政策投票行動の研究は非常に多い。この差から、世論調査の研究技術は、利益誘導型選挙よりも、個人的な意見投票を研究しやすいことが説明できるであろう。

意見投票の最新の研究は空間モデルである。ダウンズ（Downs, 1957）は経済学の空間立地論を選挙にあてはめて、投票行動の空間モデルを開拓した。空間モデルの第一段階は数理分析ができるように「政策空間」を想定して、各有権者・各政党の政策理念をその空間の中に位置づけることであり、有権者が自分なりの政策的な理想を持って、その理想的な政策に最も近い政党に投票するという仮説（近接説）や分析方法である。最初に政党が二つ、議席が

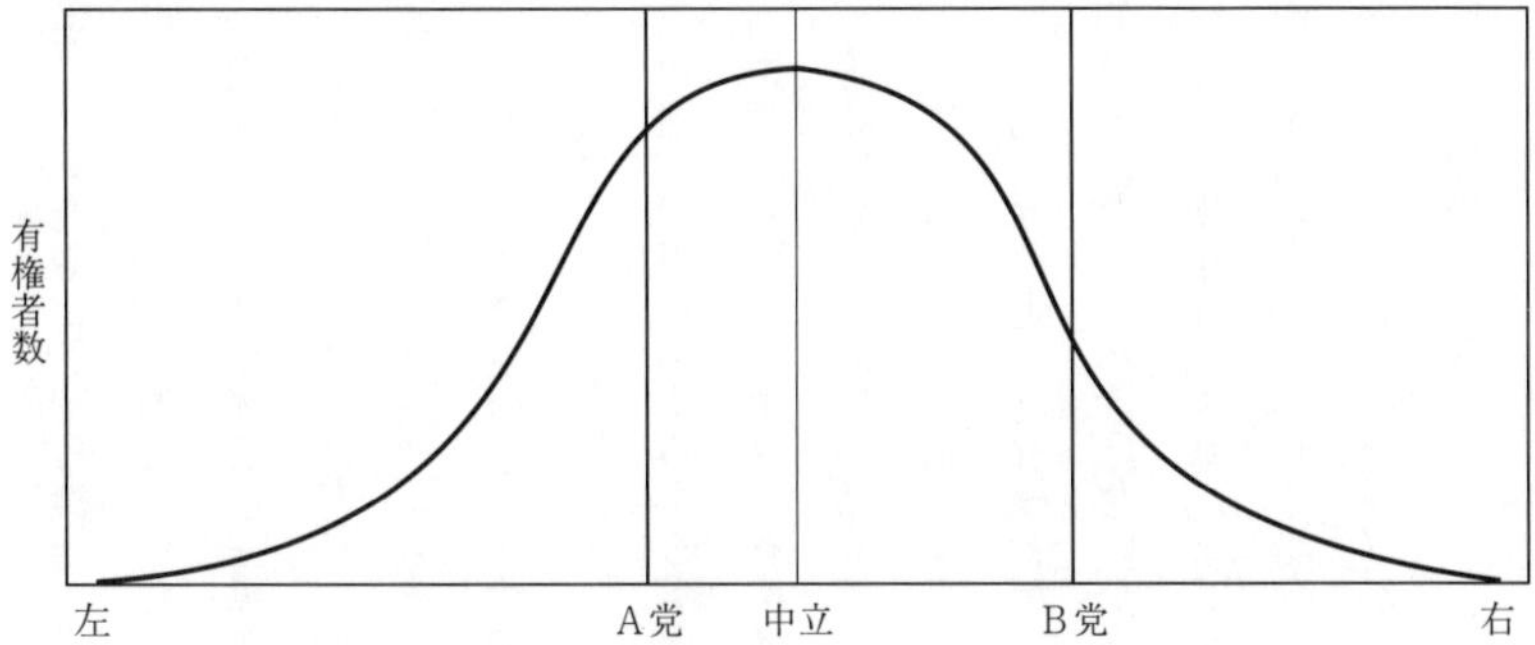

図２－１　空間モデルのダウンズ説

出所：著者作成。

一つ、政策の軸が一つという最も簡単な場合を想定する。その場合は図２－１に示している。

政策の軸は左から右へ設定する。極端な立場をとる有権者は少なく、中立の立場を取る有権者が多い。よって、より中立の立場をとる政党が勝つことになる。A党は中立より少し左派的な立場をとって、B党は中立よりかなり右派的な立場をとるとする。A党はB党より中立に近いので、A党を選ぶ有権者が多くなる。A党の立場より左の有権者は全員B党よりA党に近いので、A党に入れる。B党より右の有権者はA党よりB党に近いので、逆にB党に入れることになるが、有権者数がA党より左の立場の有権者と比べて少ない。さらに、中立の有権者の多くはB党よりもA党に近い。

(1) 空間モデルの例外

このモデルは余りにも簡単に見えるが、多様な研究に役立ってきた。しかし収斂しない場合もあるし、収斂しても必ずしも完全ではない。その例外は、理論通りの例外と理論はずれの例外に分けることができる。理論通りの例外については、理論そのものは正しいと判断されるが、理論はずれの例外が出た場合は理論自体の訂正が必要となる。

理論通りの例外とは、理論の前提条件が満たされていない場合である。空間モデルでは、世論の分布が中立の立場が多いことを前提にしているが、二極化された分布であれば、収斂するはずがない。二極化の最もはっきりした事例は北アイルランドのような民族対立の場合であろう。民族対立の中の二大政党制は政党の収斂ではなく、逆に対立を激化させる機能を果たす。二大政党はそれぞれ民族を代表しているから、ライバル政党の支持者の票を目指せない。中立的な、どちらに入れる可能性もある有権者も存在しない。競争があるとすれば、それは民族政党の内部で、より穏健的な立場をとる派とより極端な立場をとる派との間の競争ということになる。かりに二大政党がお互いに妥協をすれば、両党の極端派が伸びる可能性があるから、収斂できない（Farren & Mulvihill, 2000 : 91-94）。分極的多元制（第3章を参照）という政党制の特徴は求心力がなく、極端な立場をとることが得策である。

空間モデル理論のもう一つの前提は競争であり、競争がない場合も例外になると予想できる。バーデン（Burden, 2004）はアメリカの小選挙区制を分析して、候補者の立場と有権者の立場の間にギャップが生じる場合を調べた。予想通り、現職が圧勝する場合にはギャップが大きいという結果を得た。すなわち、候補者が立場を変えなくても当選できる場合、中立の有権者に近づく必要がないということである。

理論はずれの例外の多くは、中立の有権者を獲得することはたしかに得策であるが、他に別の得策もあるということによる。いくら強力なものであっても、その得策一つだけによって選挙行動のすべてを説明できるわけではない。例えば、選挙は有権者がすべてではない。組織も必要である。選挙で、ある立場をとるだけで、有権者が自動的にそれを知るわけはないから、その立場を有権者に伝える努力が必要である。努力してくれる者は中立的な者ではない。選挙運動を熱心にしてくれる党員を動員するための政策も必要となる。バーデン（ibid.）の分析では、党内で予備選挙が行われる場合、候補者は中立の有権者より、党の熱心な支持者を狙わなければならないので、候補者と有権者の間にギャップが生じる。予備選挙があれば、一般有権者に対するのとは別に、党員のための政策を打ち出す傾向がある。

バーデン（ibid.）にはもう一つの結果が示されている。それは「立場を変えるコスト」である。候補者の立場は

「政策理念」を訴える。だがたびたび立場を変えると、それは理念ではなく、戦略にすぎないように見える。「この候補者には理念がなく、当選するためならなんでも言う」というイメージができたら、選挙に勝てない。よって、当選の確率を最大化するために、中立の立場に収斂しない場合もある。現職の政策的なイメージは新人よりはっきりしているので、現職ほど立場を変えにくくなる。現職には強みがいろいろあるが、弱みもないわけではない。立場を変えるコストは政党にもあてはまる（Adams et al., 2004）。西欧では、政党が立場を変えるのは、そのままでは世論がはっきりと自党から離れるという場合のみである。世論が離れたので、次の選挙は危ないと感じない限り、一定の立場を続ける傾向が強い。もちろんその中で、ある程度ジグザグも見える。前回、少し左へ移った場合、次回は少し右へ移ったりする。これは党内派閥の競争の結果と思われる。

また収斂説は政策的な投票行動を前提にしているが、政策以外にも様相がある。その一つは候補者の「品質」である。品質の定義には問題が多いが、二人の候補者のうち一人がはっきりとよい候補者と思われる場合、品質の高い候補者にとって政策で戦うことは不利になる。争点なし選挙であれば、有権者が候補者の品質で選ぶことになるから、争点を避けるのが得策になる。これを明解に立証したのはアラゴネスとパルフリー（Aragones & Palfrey, 2004）である。政党レベルでも、勝てる選挙であれば、争点を避ける傾向が見える。それでもアメリカの研究によれば、有権者の大半が政策転換を望むと、一、二年以内に大統領や議会は新しい政策を打ち出している（Stimson, Mackuen & Erikson, 1995）し、複数の国のマニフェスト研究によって、何かが話題になれば、その分野の予算が増えるという結果もある（Budge & Hofferbert, 1990）。総括すると、民主主義は世論に反応しているが、反応のメカニズムはまだ明確ではないということになる。

バーデン（Burden, 2004）とアラゴネスとパルフリー（Aragones & Palfrey, 2004）などの研究は、一方では、収斂説を検証した。その影響力はたしかに候補者の行動に見られるし、中立の有権者に近い候補者はたしかに有利である。

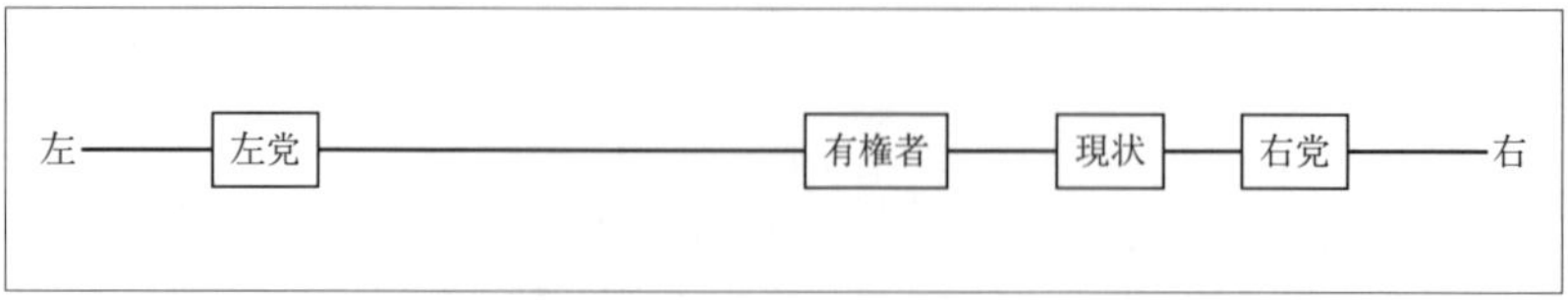

図２－２　空間モデルの方向説

他方、彼らは収斂説以外の様相もあることを立証した。政党は必ずしも争点を作ってくれない。自党に有利な政策を主張して、自党に不利な政策を避けるのである。

(2) 方向説の対案

収斂の不完全性を説明しようとした動きの中で、空間モデルの前提として「近接説」の代わりに「方向説」が提案されてきた（Rabinowitz & Macdonald, 1989)。「近接説」では、有権者は自分の最適点に最も近い政党を選ぶとする。しかし、政党が完全中立の立場をとると、曖昧な印象しか与えなく、選挙を戦えない。有権者が知りたいことは、その党が与党になれば、「現状」をどういうふうに変えるかということであろう。「現状」をモデルに入れたことによって、動体的な側面ができる。方向説は同じ空間モデルであるが、有権者は最も近い政党を選ぶのではなく、有権者が期待する政策転換の方向で選ぶという仮説である。政党の得策は曖昧な中立の立場をとるよりも、むしろはっきりした政策転換の方向を示すこととなる。

簡単に説明するために、一次元の左右空間を想定して、有権者の投票行動を考えてみよう。ここでの有権者は中立であり、「右党」の政策理念により近いから、近接説では右党を選ぶことになる。しかし、有権者は政策の現状よりある程度左へ移るべきだという立場でもあり、右党との希望方向が違うから、方向説によって、より遠い「左党」に入れる（図２-２)。

方向説は計量分析にある程度支持を得たが、大きな問題点がある。それは、分析上極端な政党を除外しなければならないことにある。図の事例で、左党が責任政党というイメージであれば、有権者が望む方向として伸びるかもしれないが、左翼政党というイメージであれば、選択肢とされないから伸びない。方向説でも、極端な立場を除けば、近接説とそう変わらない。統計学的分析では、左党が伸びればやはり方向説が正しいとするが、左党が伸びなければやはり左翼政党であるからと除外することになる。結局、仮説に反するデータを除外するというごまかしにすぎなくなる恐れがある。

近接説と方向説の激しい議論の中、両説、そしてミシガン学派の政党支持説も融合できるモデルを提案したのはメリルとグロフマン（Merrill & Grofman, 1999）であった。彼らは有権者の価値観、有権者の投票行動、政党の政策の三種類のデータによって検証した。この「融合モデル」には様々な注目すべき点があるが、最も示唆的な結果は、有権者の政策理念が動かないにもかかわらず、二大政党制に定期的な政権交代が起こることである。

(3)有権者の情報と能力の限界

空間モデルは、投票行動にミクロ経済学の合理的選択論をあてはめたモデルである。合理的選択論には、現実性の疑わしい前提が多い。有権者は本当に政策の理念を持っているか、政党の政策についての情報はあるか、政策によって投票しているかなど、多くの疑問が残っている。そして計量的分析では、合理的選択論の前提を確認できない。よって、空間モデルの前提は現実性を欠いているといわなければならない。

最も基本的な前提は、有権者が政党・候補者の選択について、優先順位を持っていることである。ブレイディとアンソラベーレ（Brady & Ansolabehere, 1989）はアメリカの世論調査を分析して、有権者の六割が合理的選択論に最低限必要な優先順位を持っていることが分かった。六割で過半数といっても、これは最低限の基準で、合理的選択論が想定している計算能力よりはるかに下回っている。

さらに、優先順位よりも、むしろ有権者の持っている情報に問題がある。情報があれば、合理的に行動する傾向があるが、その必要な情報を持っていない場合が多い。情報がなければ、政党や候補者を判断できない。特に、自分にとって最適な候補者についての情報がない場合、よりよく知っている候補者に投票するケースが多い。

アメリカでは、選挙区別の分析が進んでいる。世論調査を選挙区別に集計して各選挙区における有権者の価値観を計り、それと選出された代議士の国会内の投票行動を統計学的に分析すると、やはり相関関係が強いことが分かった。最も楽観的な結果は、有権者と当選者それぞれのイデオロギーにおける相関関係が強く、落選した候補者との相関関係は弱いことである（Erikson & Wright, 1980）。しかし、有権者と代議士それぞれの価値観における相関関係は、特定の政党が圧倒的に強い無風区で強く、競争の激しい選挙区で弱いことが明らかになった。例えば、有権者の八割が保守的な選挙区では保守的な代議士が当選する確率が高いが、保守的な有権者が全体の六割にすぎない選挙区ではその確率が低い。これでは代議士を、選挙ではなく、無作為に選んでも価値観の相関関係が出る。計算したところ、無作為の選出は投票による選出よりも代表性が強いという結果となった。代議士は選挙区を代表してはいるが、それは必ずしも民主主義が機能しているからではない。

政策はたしかに投票行動に影響する。空間モデルが予測する政党、候補者、有権者の行動は何度も立証されてきた。しかし、なぜそうなるのか、その前提となっているメカニズムを確認できない。有権者は各政党や候補者の政策を勉強し、自分の理念と比較し、距離を計算して、最も近い政党・候補者を選んでいるとは思えない。それでも空間モデルは何らかのメカニズムによって機能しているので心配ないという学者もいるし、実際上のメカニズムを知りたい学者もいる。

戦略的投票行動

ほとんどの投票行動モデルでは、有権者は最も好む政党や候補者に投票することが前提となり、当然視されているが、その例外もある。もし自分の最も支持する政党や候補者が負けると思われたら、別の勝てる政党・候補者に入れるかもしれない。例えば小選挙区で、有力なA氏、挑戦者のB氏、当選確率の低いC氏の三人が立候補している場合、C氏の支持者はC氏に票を入れても意味がないと思うかもしれない。特にA氏が大嫌いなC氏の支持者は、C氏の敗北を見越して、むしろ嫌いな候補者を落選させたほうがよいとの思いから、C氏でなくB氏に投票することがある。好き嫌いに限らず、選挙の情勢を考えて投票することを戦略的投票行動という。

一人しか当選できない小選挙区制では戦略的投票行動が多く、小選挙区制が二大政党制を生むというデュヴェルジェの法則（第1章参照）が成立する要因の一つとされている。もし有権者が自分の支持する政党・候補者を選ばず、当選確率の高い政党・候補者から選ぶとしたら、政党や候補者が事実上二人に絞られてくると予想される。そして、実証研究の結果から、戦略的な投票行動はどこの国でもあることが繰り返し立証されている（Riker, 1986）。しかし、その影響力にデュヴェルジェの法則を説明するほどのものがあるかどうかは疑われている。そこで戦略投票よりも、政党や候補者の行動の説明についての研究が始まっている。

戦略的投票行動説は、空間モデルと同様に合理的選択論であるので、その前提の現実性が疑わしい。有力政党や候補者と、当選できない泡沫政党や候補者を本当に区別ができるかといえば、できないという結果が多い。例えば、ブレとテュルジョン（Blais & Turgeon, 2004）はこの問題についてカナダの世論調査を分析して、自分の小選挙区で三位になる政党を予測できた有権者が四七パーセントにすぎないことが分かった。接戦であるほど予測しにくく、有権者の政治的な知識が多いほど予測可能となる。しかし、三位政党の支持者自身の予測が最も外れる。戦略的に投票すべき有権者は自分の支持している政党が三位になると思わない傾向が強いのである。戦略的投票行動説は再度にわたって、特に集計データによる研究で確認されているが、そのメカニズムは確認できていない。

業績評価投票　包括政党同士の競合は、与党の業績を問うこととなる。業績といえば、経済成長、インフレ、失業とする研究が多い。景気が悪ければ、与党に不利という結果が多く得られている。

集計データの研究は各国の選挙結果と経済状態を時系列で分析する。従属変数は与党の得票率の増減で、景気がよければ与党に有利、景気が悪ければ与党に不利という仮説を検証する。ほとんどどこの国でも分析結果は同様でこの仮説は支持されるが、例外もある。結果ははっきりしているが、様々な問題がある。最も大きな問題はケースの数である。時系列分析はケースが少ない場合安定しないから、各分析における信頼度が低い。だが、各分析は信頼度が低いにしても、分析総数は多いので、一応信頼できると思われる。

集計データ分析の結果をまとめると、次の通りになる。

(1)　経済状態と選挙結果には相関関係がある。

(2)　景気が悪いときは与党に不利という関係が強いが、景気がいいときは与党に有利であるという関係は弱く、場合によっては確認できない。

(3)　例外的に、相関関係が確認できない国もある。主に、イタリア、日本、ニュージーランドが例外とされてきた。イタリアの場合はキリスト教民主党 対 共産党の対立が投票行動を決めるため、他の要因があまり関係しないと説明できる。日本とニュージーランドの場合は分析できる期間がほとんど景気のいいときで、不景気を経験してみないと分析できないというものである。ただし最近、イタリアでも日本でも業績評価投票が見えてきたので（日本について、蒲島、一九九九）、一般論であると評価できるであろう。

選挙そのものは事例として少ないから分析しにくいことを顧慮して、内閣支持率や与党支持率を分析してみると、結論が似ているがより細かい仮説に言及できる。世論調査のデータが最も適切と思われるが、問題もある。一つには、有権者個人の投票行動についての仮説であるから、個人のデータがほしい。また一つには、世論調査の回答を分析すれば、誤差が非常に大きいことがわかる。特に、仮説検証のための質問は合理的で、有権者の考え方とは一致せず、「わからない」という答えが多くなる。だが幸いに、世論調査分析の結果は、選挙結果と支持率の分析結果に一致する。そして、個人データしか分析できない因果関係も理論に付け加えることができる。

ルイス－ベックとパルダム（Lewis-Beck and Paldem 2000）は主な分析結果を次のようにまとめた。

(1)　景気と選挙結果の関係は、景気と政権の支持率との関係に似ているが、後者の方の関係が強い。

(2)　景気の状況により、選挙結果の約三割が説明できる。
(3)　選挙に影響を与える経済指数は少なく、主なものとしては失業、経済成長、インフレしかない。
(4)　有権者は近視眼的で、長期的視野を持たない。
(5)　経済に関する過去の実績評価と将来への期待感の両方が選挙を左右するが、過去の影響力がやや強い。
(6)　有権者個人の経済状態と国全体の景気の両方が選挙を左右するが、後者の影響力が強い。しかし、前者の強い国もある。
(7)　不景気時の与党に対する批判票は、好景気時の与党に対する感謝票より多い。
(8)　有権者は、経済情報の量、質、情報源をあまり意識していない。
(9)　景気と選挙結果あるいは支持率との関係は一定ではない。影響の強弱や形態の変化が、現在の最も大きな研究課題である。
(10)　(9)に言う「影響の強弱」を説明する有力仮説の一つは、「支持母体説」である。例えば、左派政権（労働党、社会党など）はインフレより失業を重視するため、経済の課題が失業のときは革新政党の票が伸び、インフレのときは保守政党の票が伸びる。
(11)　(9)に言う「影響の強弱」を説明するもう一つの有力仮説は、「責任説」である。つまり、政策の責任者が明らかであるほど、景気と選挙結果の関係は強くなる。例えば、単独政権は連立政権より政策の責任者が明らかである。

批判投票も業績評価投票の一種である。批判投票はあまり研究されていないが、政治腐敗やスキャンダルがたしかに選挙に影響を及ぼすし、右翼政党が躍進するとき、その原因には移民反対などの政策面もあれば、政治腐敗や馴れ合い政治への批判という面もある（第6章参照）。

有権者の持っている情報について、矛盾するような結果が繰り返し得られている。それは、世論調査で情報についての問いに「分からない」と答えても、自分の意見と一致する候補者や政党に入れる確率が高いというものである。より広く言い換えれば、有権者の記憶にある政党や候補者についての知識と、その政党や候補者に対する評価は、あまり一致しない（Lodge et al., 1989）。しかし知識が少なくても、「正しい」選択はできる。先に見たように、投票行動は政策に左右されているが、有権者は政策についての情報が少ない。戦略的投票行動は重ねて確認されているが、有権者には第三位になる政党や候補者が分からない。最も示唆的な研究は、有権者に処理不可能なほど情報を提供したうえで投票させて、その後で情報を全部処理できる時間を与えて、もう一度投票させた模擬選挙の実験である（Lau & Redlawsk, 1997）。二回目の投票を「正しい投票行動」として、有権者が情報を全部処理できないとき、それでも正しい投票ができるのは七割と推計した。その結果は世論調査で確認されたので、信頼に足ると思われる。情報と投票行動を一致させるメカニズムは、空間モデルが想定するような、情報を覚えて投票の時点で思い出して合理的に判断することではなさそうである。オンライン投票説は、別のメカニズムを提案する。

オンライン投票行動説＝情報処理アプローチ

オンライン投票説とは、投票の時点で、政党や候補者などについての情報を思い出すのではなく、その好き嫌いの度合いのみ思い出して、最も好きな政党や候補者を選ぶというものである（Lodge et al., 1995）。その好き嫌いは、それまでに得た情報から形成されているが、もともとの情報を忘れて、好き嫌いだけ記憶に残ったものだ。この好き嫌いの度合いは、世論調査でよく使われてきた「温度計の設問」と考えてよい。その設問は総理大臣などについて、「もし好意も反感も持たない時には五〇℃としてください。もし好意的な気持ちがあれば、その強さに応じて五〇℃から一〇〇℃の間の数字を答えてください。また、もし反感を感じていれば、やはりその強さに応じて〇℃から五〇℃のどこかの数字を答えてください」というものである。オンライン投票説とは、特定の候補者についてよい情報を得た場合、その人の温度計をより温かくして、情報を忘れる。逆に、その候補者について悪い話を聞けば、温度計をより冷たくして、情報を忘れる。忘れられた情報は、こういうメカニズムによって投票行動に影響を及ぼし、感情的に見える好き嫌いでは合理的選択論が想定するメカニズムとは異なるが、想定する行動は一致する。

この温度計調整メカニズムはコンピュータのX＝X＋1方程式に似ているので、「オンライン」と呼ばれている。普通の数学ではこの方程式は成り立たないが、コンピュータでは、Xは決まった値を持つ変数ではなく、集計を保存する場所を示している。例えば、現時点でXの値を7としてX＝X＋1を実施すれば、Xの新しい値は8となる。Xという場所に、7が消えて、8が入っているので、もともとの情報を忘れたようになる。オンラインで処理すれば、大量の情報を保存することなく効率的に処理できるので、コンピュータの情報処理でも使っているし、人間の脳も使っていると思われる。合理的選択論が想定している作業が人間の能力をはるかに超えていることに対して、X＝X＋1という作業は簡単で、人間の能力で十分処理できる。合理的選択論が想定するメカニズムは確認できないが、X＝X＋1の作業については確認できている。

X＝X＋1という簡単な作業は効果的に機能する。世論調査の温度計によって、驚くべき現実的な政界の地図ができあがる（アメリカについて、Brady & Sniderman, 1985；日本について、Kabashima & Reed, 2001）。各有権者個人の記憶する知識があまりなくても、合理的な投票行動・選挙結果ができるのである。

オンライン投票行動説は世論の動きを説明できる。一般的に、世論は安定してあまり動かないが、世論を動かせるのはやはり政治的情報を提供するマスコミである（Page, Shapiro & Dempsey, 1987）。その報道に専門家の発言があれば、特に影響力が強い。人気のある大統領は努力すれば、争点について世論を五～一〇ポイント動かせるが、事件、政治家の発言などが直接影響するのではなく、マスコミを通して影響するという結論となっている。コロンビア学派の研究の多くは、オンライン投票説にあてはめることができる。

オンライン投票行動説には他の仮説を統合する可能性が含まれている。情報はプラスとマイナスに分けねばならないが、情報の内容は自由であるので、委任投票説が想定するようにその候補者や党首の魅力や指導力でもよいし、コンテキスト効果説が想定する知り合いの評価でも、帰属意識投票説が想定する有権者との共通のアイデンティティでも、空間モデルが想定する政策理念でも、戦略的投票行動説が想定する当選確率でも、業績評価投票説が想定する景気についての情報でもよい。したがってオンライン投票行動説はまだ発展していないが、期待できると思われる。

3　投票率

投票率についての仮説

常識的に考えれば、投票する目的は簡単に思われる。選挙結果を左右するためであろう。そうであれば、自分の一票が結果を左右する可能性が高ければ高いほど投票する人が多くなると考えられる。逆に、特定の候補者の当選が確実という無風区では、投票してもしなくても結果は変わらないと考えるので、投票する人は少なくなるであろう。これは合理的選択論の「接戦説」の考え方である（Riker & Ordershook, 1968；Aldrich, 1993）。すなわち、接戦であれば、一票でも結果を変える可能性が高くなると考えた仮説である。問題は、現実的には一票で選挙結果が変わる可能性はゼロに等しく、合理的な有権者は棄権すべきだという結論になることだ。この結論に反して多くの人が投票に行くことを、「投票のパラドクス」という。さらに困るのは、接戦説の理論的な根拠が脆弱であるにもかかわらず、この仮説を支持するデータ分析が多いことである。特に国、自治体、選挙区の集計データの分析では、接戦の場合に投票率が高くなる結果が再三示されている。この接戦説のように、理論上矛盾するにもかかわらず、事実上成り立つ仮説は少なく、珍しい謎である。

この謎を解く糸口を提案したのはコックスとマンガー（Cox & Munger, 1989）である。有権者にとって、選挙はあまり大事な行事ではない。投票するコストも利益も低い。よって、合理的に計算する動機があまりない。しかし候補者や政党にとって、選挙は死活問題に近い。候補者は当選すれば代議士、落選すればただの人。政党は選挙に勝てば与党、負ければ野党。候補者や政党には合理的に計算する動機が十分あろう。コックスとマンガーは接戦説の裏づけは有権者の合理的計算ではなく、候補者・政党の合理的計算にあるという「動員説」を提案した。接戦の場合、各候補者も各政党も選挙運動に努力するので、多くの有権者を動員できるが、無風区では努力しないので選挙が盛り上がらず、有権者もあまり動員されない。

このように、接戦で投票率が高くなる理由は、候補者や政党の努力による。有権者がなぜ投票するかといえば、誰かに頼まれたからという。動員というのは、戸別訪問、電話、郵便など直接の働きかけもあり、選挙運動を盛り上げるためのポスターが多く見られたり、マスコミでも友人同士でも話題になったりするような間接的な効果をも含まれる。動員説は様々の研究で立証されている。コックスとマンガー（Cox & Munger, 1989）のように、選挙運動の努力を支出で計り、資金が多くなれば、投票率が上がるというような研究は、多くの国で立証されている。世論調査の分析でも動員説が立証されている。アメリカにおける歴史的分析と統計学的分析を両方使ったローゼンストーンとハンセン（Rosenstone & Hansen, 1993）も説得力がある。そして最も信頼できる実験でもはっきりと立証されている（Gerber & Green, 2000）。動員説にはまだ謎が残っているし、問題は全部解決してはいないが、様々に立証されているし、最も有力な仮説であると評価できる。

先に述べたように、動員説によれば、人は、なぜ投票するかと聞かれれば、誰かに頼まれたからと答えるものであるが、圧勝が予想される無風区でも、選挙運動が盛り上がっていなくても、動員されなくても投票するという人は少なくない。この人々が、投票率の基礎を構築しているのであり、民主主義に大きく貢献していると思われるので、説明する必要があるだろう。これについては様々な仮説が提案されてきたが、最も有力なのは「習慣説」である。投票すればするほど、投票が習慣になり、動員されなくても投票所に足を運ぶというものである。投票行動はコストの低い行動であるので、特に大きな動機は不要である。いつも行っているから行くという説明でも十分である。習慣説も世論調査の分析（例えば、Plutzer, 2002）とフィールド実験（Gerber, Green & Shachar, 2003）によって立証されている。そして、政治的世代別の投票率についての研究もこの仮説を間接的に立証している。

アメリカでは、一九三〇年代に投票権を得たニュー・ディール世代の投票率は最初から高く、投票経験が長くなるにつれて少しずつ上昇している。一九八〇年代には約七割であった。しかし、ベトナム戦争世代の投票率は最初三割で、一九八〇年代まで五割に達していなかった。ある世代において最初の選挙に重大な争点があって投票すれば、その世代には投票する習慣が身につくが、最初の選挙が政治不信では投票する習慣が身につかない。アメリカ全体にわたる投票率の低下は、選挙に熱心なニュー・ディール世代の有権者の割合が減少して、選挙により無関心なベトナム戦争世代の割合が増加しているためである（Miller & Shanks, 1996）。

要するに、人が投票するのは、動員されたからであるし、習慣になっているからである。この二つの仮説は、有権者が投票するか、棄権するかの基礎的な説明となる。他の仮説の多くは、この二つの基礎に由来する。例えば、若い人の投票率が低いことは、投票する習慣がないからである。長く定住している有権者が最近引っ越してきた有権者より投票率が高いのは、その地域で投票する習慣ができているし、地域における人間関係も充実しているので、動員されやすいからである。もちろん、動員説と習慣説のみでは投票率を全部説明できるわけではないが、他の仮説はあくまでもこれらが副因となる。

投票率はなぜ変動するか

同じ選挙でも、投票率の高い場合と低い場合がある。例えば、イギリスの総選挙や特定の選挙区での投票率は上下する。この変動を説明するには、動員説と習慣説の副作用のような仮説が多い。例えば、無風区が接戦区になれば、政党や候補者は動員に努力するから、投票率が上がる。一方、人口流入や選挙年齢引き下げによって有権者数が急増すれば、投票率が下がる。前者は新しい地域での投票の習慣ができていないため、新入人口が動員されにくいからであり、後者も、選挙習慣のない新しい若い有権者が増えるので、同様に投票率が下がる。

最近、注目を集めている副作用の仮説は選挙のタイミングによる「同日説」と「選挙疲れ説」である（Boyd, 1986）。同日説は、二つの選挙を同じ日に行う場合、投票率が上昇するというものである。有権者にとって、一方だけ投票したくても、ついでにもう一方の選挙にも投票する。当日の選挙のために有権者を動員している候補者とその組織も多くなる。他方、選挙疲れ説は、一つの選挙が終わった後で、まもなく次の選挙を行う場合、次の選挙の投票率が下がるというものである。それは、有権者も、選挙組織も疲れているせいである。選挙疲れ説は、日本でも立証されている（石川、一九九四、浅野、一九九八）。しかし、最も説得力のある研究はイギリスの地方の補欠選挙の研究である（Rallings, Thrasher & Borisyuk, 2003）。扱われた補欠選挙が多いので、データが豊かであるし、タイミングの分布も非常に広い。日照時間が長いほど投票率が上がるという仮説まで検証された。

投票率の高い国と低い国はどう違うか

投票に関する比較研究では、制度的要因に注目している（Powell, 1986；Jackman, 1987）。その中で最も信頼できる結果は、オーストラリア等で見られるように投票を義務づける制度が投票率を高めるというものである。また、もし投票へ行くコストが低いなら、有権者に義務づけを強いる必要がなく、投票率上昇の効果は大きい。義務投票を実際上あまり執行していなくても、効果がある。他方、アメリカのように投票権の登録を制度的に複雑にすると、投票率が下がる。この場合、有権者にとって登録のコストに比べて投票の利益が小さいため、投票率が低くなるのである。この仮説は、ラテンアメリカでも立証されているが、発展途上国では、選挙が自由に行われていない場合や、選挙絡みの暴力事件が多い場合、投票率が下がることをさらに付け加えなければならない（Fornos, Power & Garand, 2003）。

選挙結果を最も左右する投票行動は、実際に投票所へ足を運んで、投票することである。同じ有権者が意見を変えて、前回と違う政党や候補者に投票することは少ない。毎回同じ有権者が投票すれば、選挙結果はあまり変わらないことになる。したがって大きな政変を起こすためには、一般に前回と違う有権者が投票することが必要となる。だが、新しい有権者が大量に投票することは少ない。民主化された後の最初の選挙や、女性参政権を与えた後の選挙や、投票年齢を引き下げた後の選挙では、投票経験のない有権者が初めて投票することがあるが、このような出来事はめったに起こらない。それよりも、与党の支持者が自党に対して不満を感じて棄権することや、野党の支持者が今度こそ政権交代を起こせると思って大量に投票することによって、選挙結果を大きく変えることがある。

しかし、選挙結果を大きく変えるのは、有権者だけではない。有権者に提供している選択肢が変われば、選挙結果が大きく変わることがある。その選択肢については、次章の政党の話になる。

より深く学ぶために

小林良彰『選挙・投票行動』東京大学出版会、二〇〇〇年。

第3章　政党と政党制

イギリス、アメリカなど民主主義を開拓した国では、政党の存在を想定しなかった。現在に至るまで、憲法や法律のうえで、選挙については細かく規定するが、政党については明文化されていない場合が多い。しかし、政党は選挙運営に不可欠な役割を果たし、政党のない国政選挙はあり得ない。したがって、民主主義の歴史とは政党の進化の話であると考えてもよい。だが、それにしても政党のイメージは悪い。

民主主義についての評価が非常に高いのに対し、政党についての評価は非常に低い。前述した「民主主義には興味があるが、選挙には興味がない」という学生と同様に、「民主主義は好きであるが、政党は嫌いだ」という人が多いであろう。それは、政党が国民同士の競争を促進するように見えるからだと思われる。民主主義の理想論は、国民全体のことを想定しているが、政党は国民の一部しか代表せず、対立を促進するように見える。多くの学者は民主主義を「民意を反映する政治体制」と定義する。彼らによって想定されている「民意」とは複数ではなく、一つであろう。しかし、世論が一つになることは非常に珍しく、国民の意見は普通多様である。よって、民主主義の現実を研究すれば、選挙とは、国民をいくつかのグループに分けて、競争、対立させる作業であることを理解しなければならない。与党はよく「国民全体を代表する」というが、それは単に政治的な美辞にすぎず、実際上国民の五割以上を代表することはめったにない。しかし、この事実は、政党や選挙を批判するものというよりも、民主主義理想論の非現実性を表すものであろう。本書では「民意」という単語を用いるのはここだけに限る。「民意」は理想論には使える概念であるかもしれないが、政治科学の役には立たないからである。

民主主義の現実論では、政党とは選挙に勝つために、有権者、争点、政策などをまとめる組織である。例えば、何百人の候補者から大統領を一人選ぶとしたら、選挙結果はばらばらになり、一人が過半数を獲得する可能性は薄い。候補者を少人数に絞って、有権者に分かりやすい選択肢を与えるために、組織が必要となる。その組織である政党は理想的には、政策を総合的にまとめ、マニフェストに載せて、有権者に分かりやすい選択肢を与える。たとえ理想通りにいかなくても、政党はたしかに選択肢を絞る機能をしている。そのため政党は民主主義に不可欠である。

1　政党とは何か

組織としての政党

ここでは政党の定義を、「特定の党名で選挙に候補者を擁立する組織」とする。党名は有権者に覚えやすい「印」なので、重要である。組織としては、政党には三つの側面がある。すなわち、(1)代議士とその候補者を構成する国会の中の政党、(2)支持者を構成する有権者の中の政党、(3)党が雇う職員と選挙運動を担う活動家を構成する組織としての政党、である（Katz & Mair, 1992）。(1)の候補者は選挙に立ち、当選すれば、代議士になる。国会の中の政党は政策決定に参加する。支持者は政党に票を入れるので、選挙の基盤となる。(2)の有権者の中の政党には、帰属意識者という組織されていない有権者から、硬く組織されている有権者までいる。(3)の活動家は、選挙運動など党組織を運営するための作業を行う。党組織には、候補者や指導者だけで構成されている政党から、大きな官僚体制のものまである。この三つの側面は相互に必ずしも意見や目的が一致しないので、主導権が国会議員（候補者）にある政党と党組織（活動家）にある政党で性質は異なる。

政党の主たる目的は主に二つある。すなわち、選挙に勝つことと、政策を動かすことである。かたや政策に影響を与えるためには、選挙に勝たなければならないし、かたや政策を訴えて有権者の支持を集めるのであるから、魅力的な政策を提示することは選挙運動の手法の一つである。そして、有権者の選択は与党の業績評価に左右されるため、効果的な政策を実行しないと、与党は次の選挙に勝てないおそれがある。政党は常に、選挙に勝つための当選第一主義と政策と理念第一主義のはざまにある。

政党組織とその政党の目的の関係については、「政党組織の曲線法則」という仮説がある（May, 1973）。代議士（候補者）は当選することが商売であるので当選第一主義になりがちであるが、選挙に出ない活動員は、選挙は政策を決定するための道具と考え、理念を重視する傾向が強い。支持者は選挙にそれほど関心がなく、政策理念にそう興味がない。よって、下から並べると、理念にあまり関心のない有権者、理念を最も大事にする活動員、当選第一主義であるので理念をある程度しか重視しない候補者という曲線を描く。このパターンはどこの政党にでも見られるというのが「曲線法則」説である（図3－1）。

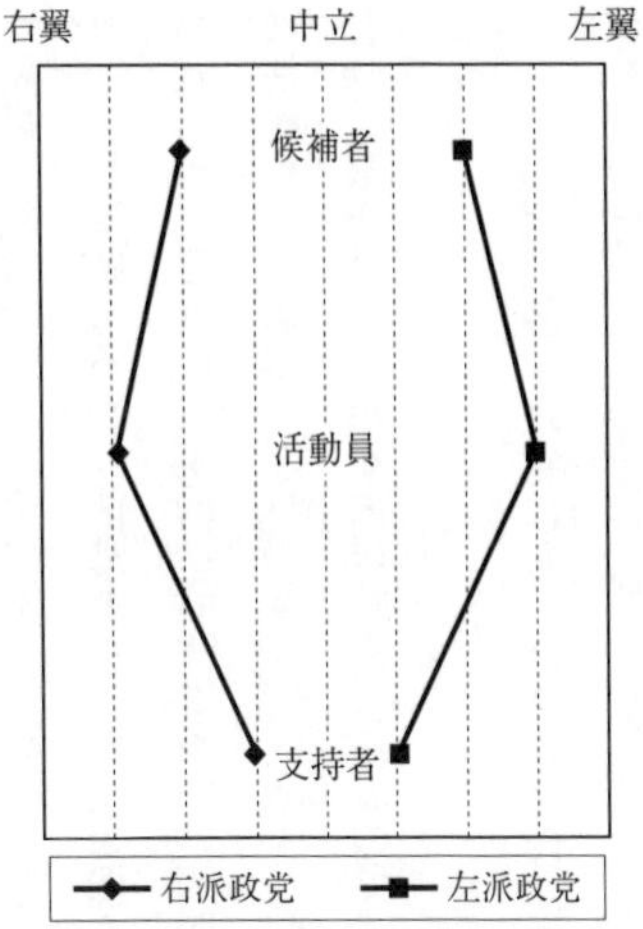

図3－1　政党組織の曲線法則

この法則によれば、代議士が主導権を持つ政党は当選第一主義になるが、活動員が主導権を持つ政党は理念第一主義になる。例えば、第7章に紹介するように、イギリス労働党は一九七九年に改革により代議士の権力を弱めて、活動員（労組）の力を強めた結果、党が分裂して、そのあと選挙に負け続けた。再改革によって再び代議士に主導権を与えてからしか選挙には勝てなかった。このイギリスでの例は、日本社会党にもあてはめることができる（Steel & Tsurutani, 1986）。一九五九年の党改革が活動員を強くした結果、党は分裂し、そのあとの改革もなく負け続けた。一般に、代議士が主導権を握る政党は当選第一主義になり、選挙に勝てるが、活動家が主導権を握る政党は理念第一主義になり、選挙に勝てないというパターンが多く見られるが、それに否定的な研究も多い。問題は活動員が必ずしも理念第一主義ではないことにある。特に包括政党の活動員には選挙のプロが多く、代議士と同様に当選第一主義になりがちである。確認された研究の多くは、理念を持つ選挙母体を頼る大衆政党であるので、曲線法則は一般論というよりも、特定の大衆政党に限られる可能性が高い。

合理的選択論を政党にあてはめるには、政党の最大化する目的を想定することが必要となる。ライカー（Riker, 1962）によれば、政党は与党になる確率を最大化している。デ－スワーン（De Swaan, 1973）によれば、政党は政策への影響力を最大化している。そして、ダウンズ（Downs, 1957）によれば政党は得票率を最大化している。一般的に、政党が得票率を最大化すれば、議席が多くなり、与党になる確率も高くなる。そして、与党であれば、理念に沿った政策を実施できる。すなわち票を最大化すれば、権力の最大化と政策実施の最大化が自然についてくると思われるが、実際は例外が多い。政党の理念は有権者の理念と必ずしも一致しないが、選挙に勝つため政党の理念を抑える場合が多い。場合によっては、選挙協力をしたりして、票も議席も犠牲にして連立政権に参加することによって権力の座を獲得できる。票と権力と政策の三つの目的は必ずしも一致しない。一致しない場合は、政党はいずれを選ぶのか、これをテーマとした研究はミューラーとストローム（Muller & Strom, 1999）である。

場合によっては、はっきりした答えが出る。アイルランドでは政党が与党になることを優先してから、次の選挙で得票率を考える。政策は優先順位の最後である。アイルランドはイギリス型の国会運営であるから、野党の影響力がほとんどなく、与党になることがなにより重要である。しかも政党間の政策の差が小さいので、政策を最大化する動機は小さい。このように政治構造や政党制も政党の目的を左右する。アイルランドの例とは対照的に、オランダの労働党ははっきりと政策を最優先する。労働党の組織においては地方の活動員が強く、党が政策を犠牲にすれば反乱を起こすからである。政党の組織もまた政党の目的を左右するのである。

逆に、はっきりした説明ができない場合もある。デンマークでは政党の三つの目的が全部考慮されるが、そのいずれが優先されているかは判別できない。さらにそれより興味深いのは三つだけではないケースである。イタリア共産党や日本社会党の行動を理解するためには党内団結や分裂回避という目的も分析する必要がある。政党は必ずしも統一されていない。どの政党にも、政策を最優先すべきとする理念派もいれば、与党志向派も、人気取り派もいる。政党の目的を決めるのは党内議論である。党内議論を左右するのは政党の環境と政党組織だけではなく、最近の出来事から学習した教訓であることもある。第Ⅲ部の各国の事例研究で見るように、当選第一主義の執行部が失敗したために、政策重視派が党内議論に勝って、理念重視戦略に乗り出した結果、選挙に惨敗した政党が少なくない。歴史は無視できない。

この研究におけるここでの根本的な結論は政党の目的は複数あるということである。事例研究を総計してみると、政策を優先したケースは六、与党志向は一二で、得票数を優先したケースが八となる。筆者自身はここまでいわないが、合理選択による総合モデルは不可能という結論も得られる。目的一つを最大化するモデルはどうしても部分的なモデルとなりかねない。政党（人間）には目的が複数あるから、合理選択モデルでは一つの動機を解明できても、全体像は把握できない。政党研究の次の課題は、政党がどういう場合にどういう目的を最優先するかということである。

党　員　大衆政党は党員中心の政党であった。大衆政党の資金は主に党員の会費に依存した。選挙運動は党員の手で行われたし、得票数にも党員の割合が高かった。建前として、大衆政党の政策は党大会で党員によって決められていた。しかし、包括政党の登場によって、党員の役割は縮小した。五〇年代後半から、選挙運動

における テレビの役割が党員のそれより大きくなった。また公的な政党助成金の設立によって、党員会費のウェイトが減少した。程度の差こそあれ、どこの先進国でも類似した傾向が見られる。政治学者や評論家からは党員無用論が聞こえてきた。

しかし、党員制度は淘汰されなかったし、九〇年代から政治学においても党員を考え直す動きが活発になった。党員のメリットを最もよくまとめたのはスカロー（Scarrow, 1996a）である。

(1) 正統性…大衆政党は包括政党に選挙で負けても、正統性では負けない。民主主義論における政党の理想像が大衆政党である。政治評論家やマスコミは党員の多い政党はよい政党であると思い込む傾向が強いので、党員を集めたら、選挙にも影響を及ぼす。

(2) 票田…入党してくれる有権者はたしかに票もくれるであろう。特に投票率が低下している現代では、党員の果たす基礎票の役割は無視できない。

(3) 政治通…有権者の多くは政治に関心がないから、「政治通」と知られているオピニオンリーダーに影響される。党員は政治に関心が高く、彼らがオピニオンリーダーの役割を果たせば、票につながると思われる。

(4) 資金…大衆政党時代ほどではなくても、会費は党の収入となる。

(5) 労働力…党員は選挙運動などの政党活動に動員できる。テレビの普及にかかわらず、選挙運動に労働力は必要である。

(6) 世論収集…党員は有権者の関心を吸い上げ、党の指導者に伝える役割も果たしている。

(7) イデア…党員の発言から新しい政策案の種が出てくる可能性もある。

(8) リクルート…党員はいつか党の役員・候補者にもなり得るから、党員を集めることには将来の指導者を育成する役割もある。

党員の役割は減少しているかもしれないが、以上のような点から党員無用論は成り立たない。

2 政党の種類

政党を分類する観点は様々であるが、ここで西欧の政治史を中心として分類することにしたい。西欧政治史の観点からは、政党は、名望家政党から大衆政党へ、そして包括政党へと進化してきた（表3－1）。すなわち大衆政党の登場によって、名望家政党が淘汰され、包括政党の登場によって大衆政党が淘汰された。一九九〇年代以降、包括政党が危機に向かっていると思われるので、包括政党を淘汰する新種の政党を模索する時期に入っているといえよう。西欧の政党はこのように進化してきたが、それは必ずしも必然的な順番と思われないし、他の国で別の種類の政党が出てくる可能性もあるので、次の分類は、一般論というよりも特定の地域の歴史に由来するものだと考えられたい。

名望家政党

選挙経験のない国で選挙が行われると、普通、選ばれるのはその地域の偉い人、いわゆる名望家となる傾向が強い。地主、資産家や学校教員は、一般に、地域社会で名誉ある地位を占めているため、地域代表者に相応しいと判断されるのである。同様にして民主主義の初期には、まだ政党は組織されておらず、個人的に知名度の高い候補者が当選する傾向が強い。議会に集まった名望家は国会で議論したりするなかで、味方と敵に分かれてくる。何かの議論によって対立が激しくなれば、味方を組織したほうが得策となる。その組織は議会内のみに存在する政党であるといえる。名望家政党ができても、選挙運動はあまりされず、議会内部において党の拘束力は弱く、各議員の独自的な行動が目立つ。政党の拘束力は党首に頼ることが多い。

もちろん、名望家政党は進化する。同じ争点についての対立が長期化すれば、味方を増やすために選挙に介入し

表3-1　政党の種類

	名望家政党	大衆政党	包括政党	カルテル政党
主たる時期	19世紀	1880～1960	1945～	1970～
競争原理	仕切った競争	動員・団結	業績評価	政権担当能力
選挙運動	あまりない	党員の労力	プロの宣伝	管理された運動
資金源	候補者個人	党員	圧力団体	公的援助
代議士	個人	グループ代表	選挙に勝つ商売人	政府の役員

て、選挙区に政党の組織を作ることがある。アメリカの名望家政党は、人間関係の派閥から、二極化によって議会内政党を形成し、さらに選挙区において有権者を組織した歴史がはっきりしている（Hoadley, 1980）。イギリスでも、労働党のような大衆政党と競争するようになれば、名望家政党も有権者を党員として組織することが必要となる。しかし、進化はしても、議会内からできた政党は、名望家政党の性質から抜け出すのに時間がかかる。例えばイギリスの保守党は、議院内部からできた名望家政党から発展してきた。同じ名望家政党の自由党とよりよく競争するために、各選挙区に党組織を作ったが、有権者を組織したのは、労働党という大衆政党の競争が激しくなったからである。現在に至るまで、党首中心の組織が残っているし、一九六五年まで党首を非公式の話し合いで選んできた歴史がある。

一般的に、名望家政党は大衆政党と競争すれば、淘汰される。戦後西欧には、議会内部から発展してきた名望家の性質が残っている政党はあるが、純粋な名望家政党は見当たらない。しかしながら名望家政党は、「国民形成」という歴史的な役割を果たした。現代では「国家」・「国民」は自明のものに見えるが、その国家形成期の歴史を研究すれば、「国家」が形成されても「国民」は必ずしも存在しなかった。例えば、イギリスに住んでいた人の多くは、「自分がイギリス人である」と意識していなかった。島国でないドイツやイタリアでは国民意識はさらに薄かった。政府は、自分と関係のない、遠い存在であった。名望家政党による選挙への参加によって、首都の出来事は自分に関係があるし、その政府は自分の政府であるという国民意識を育成してきた。西欧ではその使命は終わったが、民主化途中の各国において名望家類型の政党が似た役割を果たせるかもしれない。

しかし、西欧では国民の意識が形成されると、国民は名望家政党に満足しなくなり、より「民主主義的な」政党を求めた。その要求に応えたのが大衆政党であった。

大衆政党　選挙では金、地位などよりも人数がものを言う。人数勝負の世界では、少数の名望家が淘汰されることは当然と思われるが、ではいったい人数をどうやって大量に動員できるであろうか。その問題を解決したのは、党員中心の大衆政党であった。当時の選挙運動は戸別訪問中心で、党員の労働力がそれに最適であった。こうして党員は、確実な一票であり、政治資金源、選挙運動の担い手でもあった。したがって党員が多いほど選挙に強かった。しかし、政党が党員を直接募集しても、集まらない。そのため、労働組合などのような既設の大衆組織を利用して、大衆政党を形成した。大衆政党は大きな組織を選挙母体とする政党であるので、より厳密に言えば、「大衆組織政党」と呼んだほうがよいかもしれない。

(1)労働党や社会党

歴史的にみると、西欧における民主化は、工業化の時期と重なる。そして、民主化の過程とは、選挙権を徐々に拡大することでもあった。貴族から新興の資本家へ、さらに工業化の過程で形成された労働者階級へと選挙権が拡大された。なかでも、民主主義の発展にとって決定的だったのは、労働者階級の受け入れであった（Lipset, 1983）。

労働者階級の政治参加を可能にしたのは労働者政党（労働党）や社会主義政党（社会党）であったが、両党の形態は先に述べた大衆政党にあたる。労働者階級の強みは地位でも金でもなく数だけであったので、数を生かす方法を開発した。それは労働組合を選挙母体とする、党員中心の政党組織であった。「労働党」は労働組合から構成され、組合員は自動的に党員になった。「社会党」には党員が個人として直接入党するが、選挙運動の組織は労組中心であった。労働党や社会党は労働者階級の代表というよりも、労働組合の代表と考えるほうがふさわしい。

ミヘルス（Michels, 1958）は、ドイツの社会民主党を分析して、一般党員と政党指導者の利益が一致していないという結論を得た。そこから「寡頭制の鉄則」を提案した。大きな政党組織では、組織の指導者の考え方は必然的に党員のそれと異なってくる。よって、社会党は労働者よりも労組を代表していると指摘した。

労働者政党は、当選第一主義というよりも、労組の代弁者であることに意味があった。議会に選出された代議士は、自らの意見を尊重するよりも、党の公約を遵守することを義務づけられた。党の公約を定めるのは党大会であったが、その大会では代議士の声は必ずしも強くなかった。選挙母体である労組の声も強かったので、政策理念を無視できなかった。

大衆政党の登場は労組のためであったといってもよい。研究も労働党や社会党に集中してきたが、大衆組織は労組だけではない。例えば、協同組合運動も盛んであった。消費者や生産者の協同組合は労働党に吸収された。農業協同組合は農民党を形成したこともあったが、工業化の過程で、農民人口の割合が減ったため農民党は西欧には残っていない。しかしながら、最近まであまり研究されていなかったが、労働党より成功した大衆政党がある。それは宗教政党である。

(2)宗教政党

大衆政党を形成する条件は大衆組織とその帰属意識である。伝統社会では大衆組織が少なく、労働者の多くが労組に組織されたことが珍しく思われたが、見逃されていた大衆組織があった。教会はすべての市町村に「支部」にあたる教会を持った全国的な組織であった。そして一六～一七世紀、カトリックに対する改革運動から発生した宗教戦争によって、特定の宗派に対する帰属意識が国民に強く浸透してきた。もし地方の各教会の牧師たちが「我々何々信徒は何々政党に投票すべきである」とさえ言えば、信徒の投票行動に強い影響を及ぼすのである。しかし、宗教は保守的な勢力と考えられたので、より進んだ民主主義的な政党が生まれることは想像しにくかった。それに当時カトリック教会は民主化に反対して、宗教政党の成立を認めなかったので、誰も宗教政党の成功を予測できなかった。

西欧各国の宗教政党の形成は、似た過程のもとにできた（Kalyvas, 1998a）。まず、自由主義色の強い国会が教会の特権を廃止したり、宗教の社会に対する影響力を減らしたりしていたので、教会は自己防衛策として一時的に政党形成を認めた。そして、次の選挙でその宗教政党が躍進した。選挙に当選し、出世した宗教系の政治家たちは新しい勢力を形成した。この勢力はもともとは教会の言いなりであったかもしれないが、代議士になった後は、ある程度自立できた。教会にとって宗教政党の用は済んだと考えても、なかなか解党できなかった（イタリアはその例外で、宗教政党が二回解党された）。宗教政党ができてからの歴史は様々であったが、西欧全体を見れば、最も成功した大衆政党であるといえる（第5章参照）。

世俗化が進んでいる日本でも宗教政党である公明党が存在するように、宗教団体はどの国でも政党の選挙母体になれるであろう。またインドやトルコのような、政府が世俗化を強く進めた国でも、宗教政党が目立ってきた。それは、かつての近代化途中の西欧と同様に、伝統的な社会があまり組織化されていないため、宗教団体が数少ない大衆組織であるからだと思われる（インドについて、Chhibber, 1999；トルコについて、Yavuz, 2003：227）。東欧の民主化過程においても宗教政党が出現する可能性が高いと思われる（Dempsey, 2004）。

(3) 反体制政党

大衆政党は必ずしも民主主義を肯定しない。大衆政党の中で民主主義を否定しつつも選挙に参加する政党を、反体制政党という。これには主に次の三種類がある。すなわち、左翼の革命政党、右翼のファシスト党、及び特定の宗教政党（先に見たように一九世紀西欧におけるキリスト教政党を含む）である。戦後から冷戦終結までの西欧では、大きな反体制政党は共産党ぐらいであった。反体制政党が民主主義を否定する理由は様々だが、いずれにせよ、選挙に参加するのは臨時の戦略にすぎない。当選第一主義ではなく、選挙結果より選挙運動を宣伝活動として重視するのである。

反体制政党には、長期間選挙に参加しているうちに民主化されるという傾向が見られる。当選が当初の目的ではなかったとしても、落選より望ましいのは当然である。やがて、党内の地位・影響力を強化するには当選することが必要だと考える党員が増加し、選挙を重視するグループが形成される。そして、選挙をより有利に戦うために、支持率上昇の障壁になる民主主義否定の色合いを薄め、あるいは払拭する。しかし、反体制政党が民主主義を容認しても信頼はされず、民主主義を否定していた歴史が残って政権参加を阻まれることが多い。反体制政党ははじめから連立相手と見なされないため、連立政権の選択肢の幅は制限されることになり、結果として分極的多元政党制（後述）を生む要因となる。それでも冷戦後、政権参加から除外される政党は少なくなっている。例えば、冷戦中に左右対立が激しかったイタリアでは、旧共産党も、旧ファシスト党もそれぞれ連立政権に参加してきた。現代は反体制政党が減少している時代だといえるであろう。

(4)柱政党

大衆政党の選挙母体となる大衆組織には、投票行動への拘束力が強いものもあれば、弱いものもある。そしてその組織と政党の関係については、拘束力が抽象的な帰属意識にすぎない選挙母体もあれば、絶対的な拘束力を誇る組織ぐるみの投票行動もある。例えば、「自分は労働者であるので、一応労組が推薦している労働党に投票する」という場合もあれば、労働党自体に党組織がなく、労組の組織を頼る選挙運動の場合もある。極端な場合、その選挙母体の拘束力が強く、事実上独立した「小社会」を形成して、政党はその「小社会」の系列団体の一つにすぎないということがある。この系列団体に近い政党を「柱政党」（Pillar Party）という。

普通、一つの国には社会が一つしかないと思われるが、複数の社会が同居・共存している場合がある。典型的な事例はオランダであった（Lijphart, 1977）。戦後オランダには三つの社会が共存していた。カトリック教会、プロテスタント教会、労働組合はそれぞれの社会を形成した。各社会には各教会や労組を中心に複数の系列団体が青年団、老人クラブ、スポーツクラブなどから祭りまでのひと通り存在した。各社会は混在していたが、おのおのが支配する特定の地域もあった。独立社会を形成するために最も大事な側面は付き合い、特に結婚である。プロテスタント社会の娘がカトリック社会の男と（あるいは労組社会の娘が、宗教社会の男と）結婚することはまず考えられないし、万一そんな話が出れば、大騒ぎになる。各社会を結ぶ橋渡し役は少なく、原則としてトップの代表者同士の会議しかない。国民の多くは、同じ国に住みながら、その一つの「小社会」に生まれて、死ぬまで生活して、他の「小社会」と交流しなかった。

政党政治にとって、各社会の新聞が重要な役割を果たす。支持者の政治的情報が小社会の新聞からしか得られないことは、政党にとって非常に都合がいい話である。オランダでは、各社会が複数の政党を持ったが、有権者は異なる社会の政党に投票することがまずなかったため、選挙で競争する必要がなかった。選挙運動は支持者を増やすためではなく、既に支持している有権者を投票するよう動員するためのものであった。有権者は帰属意識のみに基づき投票するので、各政党の得票率は政策や業績やスキャンダルを問わず不動で、長期に安定してきた。

オランダ政府は常に連立政権であったが、連立に参加していない野党も含めて、何でも妥協によって決められ、政策は各社会の人口に比例して配分された。よって、各社会が独自の年金制度、公営テレビ局などを持つようになった。この柱政党同士の協調的な政権は「多極共存型民主主義」という。多極共存型民主主義は、オランダ、オーストリア、ベルギーなどに見られたし、歴史的な役割を果たしたと思われるが、西欧ではその時代は終わったようである（Luther & Deschouwer (Ed.), 1999）。しかし柱政党は、程度の差こそあれ、別の国にも見られる。

例えば戦後フランスでは、共産党は独立の赤社会を形成した（Knapp, 2002：130）ので、一九八一年まで安定して二割を獲得してきた。フランスは多極共存型民主主義ではなかったが、共産党だけが柱政党であった。一九八一年大統領選挙で、赤社会は初めて社会党のミッテラン候補に投票して、政権交代を果たしたが、その後、票は必ずしも共産党に戻らなかった。第9章で紹介するように、イタリアには共産党系の赤社会とカトリック系の白社会がある。イタリアは多極ではなく、二極であったし、共存型というよりも対立型であったが、共産党にもキリスト教民主党にも柱政党の性格があった。よって、七〇年代まで各政党の得票率は非常に安定していた。

(5)利益誘導型の大衆政党

柱政党の必要条件は「小社会」を形成できるほど強い大衆組織であることだが、一般的な大衆政党は、そこまでいかなくても、広い帰属意識と選挙運動に使える組織だけで十分選挙に勝てる。しかし、市民社会に動員可能な大衆組織が足りないとき、政党自身が大衆組織を作る場合がある。与党は政策を利用して、既成組織を選挙母体として利用したり、新しい利益団体を育成し、政党の系列団体にしたりできる。その典型的な事例はイタリアのキリスト教民主党（第9章参照）であるが、日本の自民党もあてはまると思われる。自民党の党員数は大衆政党並みであるが、多くの党員は個人として自発的に入党せずに、何らかの組織を通して自動的に入党している。両党の場合、選挙母体は複数で様々であるが、すべて、与党の力を選挙運動に利用してきたといえる。

包括政党　大衆政党は民主化の進展に大きな役割を果たしたが、限界もあった。各国の社会党は、労働階級のみの支持では政権を獲得できないことが分かった（Przeworski & Sprague, 1986）。工業化がいくら進んでも、労働者は有権者の過半数に達さない。社会党の戦略は、社会主義を標榜して労働階級の団結の最大化を目指すか、それとも左翼から中道へと手を伸ばして中産階級の支持を狙うかの二つの選択を迫られた。しかし、社会主義を主張すれば他の階級からの票は獲得できないし、かといって中道へ動けば労働階級の団結が崩れる。だが、労働者の意識も多様化してきたので、労組の拘束力が弱くなっており、得策は中産階級の支持を狙うことにあった。宗教政党も同様に、世俗化の進行により、頼ってきた教会の拘束力が弱くなった。一般に有権者は、組織に対する帰属意識よりも、個人の意見を重視して投票する傾向が進んだ。安定した選挙基盤が消えて、選挙結果が流動的になり、政党は別の戦略を模索し始めた。その結果が包括政党であった（Kirchheimer, 1966）。

包括政党は特定のグループを代表するよりも、「国民全員」を代表する立場をとった。もちろん、全員を代表するという目的は建前にすぎないが、包括政党はどの有権者も排除せず、誰もが支持できる政党を目指した。そのために、左翼政党も右翼政党も、イデオロギー的な理念を捨てて、中道の政策を訴えるようになった。経済政策についての対立を止めて、ケインズ学説に基づく政策に広い合意ができた。福祉政策についても、合意が広まった。保守でも革新でも、類似した経済政策、福祉政策などを訴えだした。包括政党の発展につれて、選挙は政策の選択よりも、与野党の業績評価、政権担当能力による選択となった。大衆政党同士の競争と包括政党同士の競争とは違う意味の民主主義を生んだ。

包括政党の登場は戦前の対立の反省からも発生した。第二次世界大戦前の西欧では、それぞれの階級を代表する政党が、相互に対立する主義・政策を訴えて、全面的に対立した。そのため民主主義はうまく機能せず、ドイツ、イタリアなどでは崩壊に至った。戦後、この経験に鑑み、より広い支持が得られる政党が試みられた。こうして一人の有権者も排除せずに、国民全体を代表しようとする包括政党が生まれた。最も有名なのは、ドイツ社会民主党が一九五九年のバート・ゴーデスベルク大会で、労働者階級の政党から包括政党に脱皮したことである（第８章参照）。ドイツ社会民主党は、その後、中流階級の支持者を増やし、一九六六年に連立政権に参加した。政権担当能力のある政党と認められたことで、ドイツでは政権交代が可能となった。一般に、戦後西欧では、社会党系の政党は包括政党に変身しなければ成長できなくなり、変身が遅れた政党の支持は伸び悩んだ。

包括政党は戦前の対立を解消して歴史的な役割を果たしたが、多くの政党が包括政党を目指したため、政策は似通い、「争点なし選挙」が多くなって、政党政治に対する不満が高まってきた。西欧各国において「どちらが勝っても、何も変わらない」や「国民の声を聞くよりも政党間の馴れ合いで政策を決めている」というような批判が聞こえてきた。政治不信が高まり、投票率が下がって、民主主義の危機に向かっているという心配が広まってきた。現在、包括政党に変わる「新党」を模索している途中である。将来の政党像は、主に二つに分けることができる。それは、民主主義をより発展させ得る「反政党的政党」と民主主義の後退と見られる「カルテル政党」である。

反政党的政党

六〇年代の西欧では、民主主義への不満が高まってきた。包括政党同士の争点なし選挙には選択肢がないと感じるようになってきた。政策が、選挙の結果よりも専門家の判断に任されたことは、「誰が勝っても同じ」「国民不在の馴れ合い政治」などと解釈された。新しい社会問題、特に環境問題が発生したが、政党は無視したり、下手に対応したりした。経済的に豊かになった、教育水準も高い有権者は、必ずしも「役所任せ」にせず、政治により積極的に参加するようになった。各国で、自発的な「住民運動」が役所と戦い、政策を変えさせて、勝つという経験が多くなった。既成政党は民主主義への障害であると見なされ（Berger, 1979）、ミヘルス（Michels, 1958）の「寡頭制の鉄則」を破る新しい政党を作る試みが多くなった。

最初の反政党的政党の試みは、新左派からの「緑の党」であった。その中で最も進んでいるのはドイツの緑の党で、指導者も現職もない政党を目指した。指導者は一人ではなく複数置かれ、しかも頻繁に交代する。そして、公認候補者には現職ではなく新人を優先する仕組みを採用した。しかし有権者にとって、指導者はその党の顔となる。人気の顔をつくることは難しく、いったんできたらそれを捨てるのは選挙政治として不合理である。また現職は、新人よりも、有権者に評価される業績や知名度がある。結局、指導者も現職もない政党は選挙に不利なことが明らかとなった。ドイツの緑の党は成功すればするほど普通の政党に近づく必要がでてくる（第8章参照）。

新右派からも国民主義を理念にする反政党的政党が試みられている。国民主義とは、普通の国民の智恵を信頼すべきであり、既成政党の問題は指導者と有権者の間の党組織が障害になっているという立場である。よって、予備選挙、住民投票など、指導者と党員を直接結ぶ仕組みが模索されてきた。最もはっきりした例はカナダの「改革」という党であろう。様々な参加方式が試みられてきたが、党員の影響力が増すよりも指導者が強くなる傾向が見える。この傾向は右翼政党に目立つ（第4章参照）。

反政党的政党は成功していないというのが現実であるが、完全に失敗したともいえない。短期的には、民主主義への不満を選挙で表せる選択を与えることによって、政治不信を政治参加に切り替える機能を果たしている。政治不信は、既成政党に対する不満と政党全般に対する不満に分けることができる。前者の有権者は伝統的な第三党に投票するかもしれないが、後者は第三党をも否定するので棄権する傾向が強い。しかし概して、政党が嫌いな有権者は、棄権するよりも反政党的政党に投票する（Belanger, 2004）。よって、反政党的政党は、政党民主主義を否定する有権者に投票させる機能も持つ。

長期的に、選挙と政治の実態に合わせなければ、選挙に勝って、政策を実現できないため、反政党的政党は既成政党に近づいた。その特徴はある程度残るものの党内改革を余儀なくされたという事実もある。よって、反政党的政党の試みは政党を進化させる機能も果たしている。

カルテル政党

政党と政府との関係についての研究は少ないが、政党の種類によってその関係は異なることが分かる。大衆政党は社会の一部を代表して、政府を動かそうとするため、政府と政党の区別は明らかである。包括政党は政権獲得を目的として選挙に臨むため、国民と政府の中間に立つように見える。政府に近く、国民から遠い政党の可能性を指摘したのはカッツとメア（Katz & Mair, 1997）である。有権者の票よりも、むしろ政府に依存する政党は、「カルテル政党」と名づけられた。

選挙に勝つために、大衆政党が支持母体の団結を強め、包括政党が魅力的な政策を打ち出すのに対し、カルテル政党は与党の強みを生かしたりすることにより、野党とあまり競争しない。各カルテル政党は与党の場合と野党の場合があるが、野党の場合でも政策に対して一定の影響力を与えられれば、政権運営はスムーズになる。与野党対立を避け、できる限り満場一致の国会運営や政策決定過程を実現しようとする。そこで、与野党間の競争を抑えて、各政党、現職議員全員共通の利益を図ることになる。馴れ合い政治と批判されるのが当然であろう。カルテル政党は政府に依存しており、政策決定権を利用して利益誘導や既成勢力を保護する選挙戦略に加えて、必要な政治資金を公的援助などの形で直接政府から得られる割合が高い。

カルテル政党のライバルは、他の既成政党よりも新党、特に反政党的政党である。これからの民主主義はカルテル政党と反政党的政党の進化競争になる可能性がある。どちらかが進化し、どちらかが淘汰されるかもしれない。また、いまだ想像していない政党の種類が進化してくるかもしれない。

選挙に勝てる政党はその社会や時代とともに変わっていく。民主主義経験の浅い社会では名望家政党が選挙に勝てる時代があるが、長期的には続かない。大衆社会で勝てる政党は大衆政党であろう。その社会に存在する大衆組織は大衆政党の選挙母体となる可能性がある。例えば農民は多いので、組織化されていれば、農民党が可能となる。大衆組織が足りなければ、政党（特に万年与党）は意図的に組織を育成することもあるが、社会が多様化すれば、組織票に頼る政党は選挙に勝てなくなる。次は包括政党の登場となった。組織化されていない浮動票を集めるために、テレビを利用したイメージ選挙などで選挙に勝てるが、包括政党同士の選挙は争点なし選挙になりかねない。包括政党がカルテル政党に変身すれば、政府の力を借りて選挙に勝てるが反発も呼ぶ。その反発に応えたのは反政党的政党であるが、反政党的政党は選挙に勝てる手法をまだ模索中である。

3　政党制

民主主義の意味を左右するのは各政党の種類に加えて、政党間の競合構造である。例えば、「二大政党制」の単独政権の政権交代を中心とする民主主義は、「多党制」の連立政権における調整型民主主義とは異なる。政権交代のない特定政党による長期的単独政権という「一党優位政党制」は、先の双方と、さらに違う意味の民主主義を育成する。

政党数

政党制は、単純に、一（一党優位制）、二（二大政党制）、多（多党制）というふうに政党数によって分類される。しかし現実に試みれば、政党を数えることは決して容易でないことが判明する。例えば、三つの政党の得票率の配分が三四パーセント、三三パーセント、三三パーセントであれば、政党数は三と考えてもよいであろうが、もし五〇パーセント、四九パーセント、一パーセントであれば、政党は三つというより二つに見えるであろう。では、四五パーセント、四五パーセント、一〇パーセントの場合はどうかというとはっきりしない。最終的に結局は有力政党数を計るうえでは、LT指数を用いることに合意が形成されてきた（Laakso & Taagepera, 1979）。$V_i = i$ 党の得票割合として、次のように計算するものである。

$$LT = \frac{1}{\sum v_i^2}$$

LT指数は「破片化」の度合いを計るために多様な研究に使われているが、政党そのものを必ずしも特定できないという問題がある。例えば日本では、一九九六年まで平均して四党という計算になるが、その四党をリストアップすることができない。有力政党数が四つとしても、それは自民党、社会党、公明党、民社党であり、共産党は有

表3－2　各国の有力政党数（1971～96）

イギリス	2.20
カナダ	2.35
アメリカ	2.41
オーストリア	2.48
アイルランド	2.76
スペイン	2.76
ドイツ	2.84
スウェーデン	3.52
フランス	3.54
日本	4.07
オランダ	4.68
イタリア	5.22
ベルギー	5.49

出所：Lijphart, 1999：312から作成。

力ではないという結論は成り立たない。あくまでも平均的、または抽象的な計算と考えなければならない（先進国の平均有力政党数については表3－2参照）。

政党数や政党の破片化の算出は大事であるが、数だけでは分からない面が多い。政党数よりも、競合構図を分析したほうが得策であろう。例えば、一九七〇年代からのスウェーデンの政党数は三・五二で破片化された多党制に見えるが、競合構図を見れば、連立政権の可能性は事実上、左派連立か右派連立の二つしかないので、二大勢力制と考えたほうがよい。そして、第9章に紹介するように、一九九〇年の政治改革後にはイタリアもそうなっている。政治改革の目的は二大政党制の育成であったが、改革後政党数が逆に増えたので、一見すると改革は失敗したように見える。しかし競合構造を見れば、二大勢力制になっている。

対立軸

政党制において競合構造に加えて、競合内容も重要である（表3－3）。ほとんどの政党制は工業化の過程と並行して進化してきたので、経済的な「階級」の左右対立が主な対立軸になっている。「左」は労働者の立場をとって、社会主義や社会福祉を訴える。「右」は資本側の立場をとって、経済成長を訴える。しかし、同じ左右対決といっても、その中身は時代により、国により異なってくる。特に、労組を選挙母体にする大衆政党が包括政党に進化する場合、左右対決は薄まってくる。

次に多い対立軸は宗教である。第5章に紹介するように、宗教団体の団結も、信徒の宗教への帰属意識も強く、政党がそれを代表すると選挙に有利である。先に見たように、西欧で最も成功とされている大衆政党は、宗教政党である。

民族的な対立軸も少なくない。ベルギーでは、言語によって国が二つに分かれている。スペインでは、地域政党が民族代表を訴えて、小政党ながら連立政権に参加している。カナダでは、フランス語を話す民族は地域政党を支持してきたが、最近は国政選挙にも出馬している。都市対地方という対立は少なくなっているが、スウェーデンとオーストラリアにはもともと「農民党」が存在する。体制対立も少なくなったが、反体制政党はまだ存在する。外交対立は元来冷戦に由来するものだが、意味を変えて存続している国がある。

一般論としては、対立軸はいったん形成されれば、長期にわたって続く。既成政党はイメージや支持団体を変えるコストが高く、いくら古くても、既成の対立軸がなかなか消えない。他方、新しい社会問題が出てきても、新しい対立軸を作るよりも、古い軸の解釈を変えたほうが得策であろう。しかし、その例外は六〇年代から新しく「緑」の対立軸が形成されたことである。それは先述のように、従来の経済成長第一主義に反発し、環境を重視して、男女の平等、多様な自由を主張する緑の新党が結成され、既成政党がこの新しい対立軸に乗ることによって出現した。

表3-3　各国の対立軸

	階級	宗教	民族	都市	体制	外交	緑	総計
ベルギー	強	強	強					3.0
ドイツ	強	強	弱				弱	3.0
イタリア	強	強			弱	弱		3.0
オランダ	強	強					強	3.0
フランス	強	弱			弱	弱		2.5
日本	強	弱			弱	弱		2.5
スペイン	強	弱	強					2.5
スウェーデン	強	弱		弱				2.5
アイルランド	強					弱		1.5
イギリス	強					弱		1.5
カナダ	弱		強					1.5
オーストラリア	強			弱				1.5
オーストリア	強	弱						1.5
アメリカ	弱		弱					1.0

出所：Lijphart, 1999：80-1 から作成。
注：総計は強＝1.0，弱＝0.5として，対立軸数を数値化したもの。

対立軸の研究は政党が有権者に提供する争点についての研究であるが、有権者のその争点に対する反応についての研究もある（Dalton, Flanagan & Beck (Ed.), 1984）。有権者が特定の対立軸に対して強く反応すれば、有権者が「編成」されているという。例えば、五〇年代のイギリスでは、労働者であれば労働党に投票する確率が高かったし、中産階級であれば保守党に投票する確率が高かったので、イギリスの有権者は階級で編成されていたといえる。同様に日本では、五〇～六〇年代にアメリカとの安全保障条約、いわゆる「安保」争点についての対立軸によって編成された。しかし時間が経つと、有権者は古い対立軸について関心が薄くなったり、新しい対立軸に関心を持ったりする。新しい対立軸が強くなることを「再編成」という。古い対立軸が薄くなりながら、代わりになる対立軸が出てこない場合を「脱編成」という。

再編成と脱編成

西欧と日本では、再編成はあまり見られないが、脱編成が目立ってきた。脱編成状態では、政党支持が弱くなり、浮動票が多くなるので、選挙結果が不安定になる。政党も有権者も新しい対立軸を模索している状態と解釈してもよいかもしれないが、この脱編成状態は長く続いている。新しい対立軸が発生することによって再編成が起こる可能性もあれば、脱編成が続く可能性もある。

一党優位政党制

一党優位政党制は多党制の中で、一政党が優位に立って政権を担当しつづける状態を指す。したがって、政権交代のない政党制ということになる。民主主義の条件の一つは、定期的な政権交代だとされている。政権交代がなく与党が長期にわたり選挙で敗者とならない国は、本当に民主主義国といえるであろうか。むしろ、擬似民主主義ではないかと疑われる。しかし、自由な選挙を行っていても、同一の政党が繰り返し政権を獲得する国もある。

独立後長く一党支配が続いてきたインド、イスラエルやアイルランドを別にすると、典型的な事例としては、一九三六～七六年のスウェーデン、一九五五～九三年の日本、および一九四八～九四年のイタリアが挙げられる。第二次世界大戦後における民主主義国のうち、この三カ国は「異質の民主主義」とされており、特に「困った民主主義」と評されたイタリアと日本については政権交代の少なさが問題とされてきた（Pempel (Ed.), 1990）。

イタリアのことは第9章で紹介するが、スウェーデンにおける一党優位政党制の特徴は、左派の社会民主党によるものであったことと、政権交代の少なさが民主主義の問題とされなかったことである。その主な理由としては、野党協力ができなかったことと、経済の安定成長が挙げられる。日本における一党優位政党制の特徴は、自民党が三八年間議会の過半数を占めていたことで連立を組む必要がなかったことである。主な理由には、戦後初期の三政党鼎立時代に終止符を打った、保守二党（自由と民主）の合同と経済の高度成長が挙げられる。

この三カ国にある程度の共通点があるにしても、結局、一党優位政党制の理論を構築することはできなかった。そこで比較政治学は、一党優位政党制を国の特徴として着目する問題意識を捨て、一党優位制としてきた国は全部政権交代を経験してきたし、政権交代が多いとされてきた二大政党制の国でも、政権交代のない時期があると認識した。例えば、アメリカの政権交代は大統領だけということが多く、議会は、一九五四〜九四年の間民主党の一党優位制であった。イギリスでは、一九七九〜九六年の間保守党の一党優位制でもあった。一党優位制は国の特徴としてよりも、どこの国にでも起こる現象として研究されるようになった。

一党優位制の形成過程は様々であるが、独立運動からできた政党は長期的に優位であることが多い。形成後その一党優位制を守る必要条件は、野党が相互協力しないことにある（Cox, 1997）。例えば、イギリスの一党優位制を作ったのは二大政党の中の労働党の分裂であった。アイルランドの場合も似ている。第一党は独立運動のフィアナ・ファイル、野党は右のフィネ・ゲールと左の労働党が協力できなかったので、その結果はやはりフィアナ・ファイルの長期支配であった。しかし、アイルランドの場合、左右対決があまり激しくなく、野党は時々協力ができ、連立政権を組んだ。野党が協力すれば、優位政党を倒せたであろう（Laver & Higgins, 1986）。

場合によって野党が協力できないのは、政策があまりにも違うからである。イタリアのように、優位政党が中立政党の場合、野党が右にも左にもあり、左派野党と右派野党は協力不可能である。対立軸の位置によって、連立政権から排他できない政党を枢軸政党という。枢軸政党が大きければ、優位政党となるが、小さい場合もある。一九四九～八三年のドイツでは、第三党の自民党が枢軸政党となり、キリスト教民主党と社民党の大政党が交代したが、自民党はほとんどの連立政権に参加した。他の選択肢は二大政党の大連立のみであった。オランダなどの連立はそれより多様であったが、やはり常に政権参加する宗教政党があった。

野党協力を促進する選挙制度があれば、抑制する選挙制度もある。後者の典型は日本の中選挙区制である。与党自民党に対して党内派閥を促進した中選挙区制は、野党には多党化を促進した（Reed & Bolland, 1999）。最もはっきりした例は一九八九年参院選と一九九〇年総選挙のいわゆる「土井ブーム」である。社会党の躍進によって、自民党を倒すのは社会党以外にないという状態が発生した。自民党批判票は社会党に集中したが、最も損をしたのは自民党ではなく、他の野党であった。野党協力をすれば、自民党の代わりに社会党だけがもうかるから、協力に慎重になり、結局野党協力は崩壊した。

もう一つの可能性は、地理的な「牙城」である。多くの選挙区で二大政党の一騎打ちがあっても、一部の選挙区で一つの政党がいつも楽勝する牙城があれば、一党優位体制やそれに準ずる体制が形成できる。最も明確な事例はアメリカの国会である。前述のようにアメリカの政権交代は主に大統領の話で、国会の中では、民主党が一九五四～九四年まで過半数を占めつづけた。日本の自民党の記録より二年間長い実績である。その条件は民主党の「南部牙城」であった。カナダでは戦前から一九八〇年まで、自由党の準一党優位制があった。それはケベック州の牙城（特に自由党党首がケベック生まれの場合）があったからであった。

一党優位制が形成されたら、二〇～三〇年間続くことが多いが、そのうちに崩壊する。崩壊の原因は様々であるが、汚職事件および新党の登場が関係する場合が多い。

二大政党制　二大政党制は、二つの大政党のいずれかが政権を獲得し、定期的に野党と与党が入れ替わるという政権交代の多い政党制である。典型的な事例は、一九四七～七九年のイギリス、戦後のアメリカ大統領および一九九六年までのニュージーランドである。

二大政党制は選択肢を分かりやすく二つに絞って、与党の単独政権に権力を多く与えるので、政策の責任の所在を明確にする。政権交代が多いという利点はあるものの、その一方で選択肢が少ないという問題もある。二大政党制は選択肢が二つに絞られているので、新しい社会問題への対応が鈍いと思われる。ニュージーランドの二大政党制は長らく順調に機能したが、一九八〇年代ぐらいから民主主義が行きづまってきた。新しい対立軸の発生に伴い、二つの選択肢が有権者の望む選択肢と一致しなくなり、第一党と第二党の合計得票率が下がって、第三党の票が伸びた。結果として、従来の二大政党制の利点とされた政府の指導能力が独裁的な民主主義と見えてきた。第7章で紹介するように、典型的な二大政党制とされてきたイギリスでも、その黄金時代が終わって、一党優位制や多党制に近づいている。

さて、問題が多いとはいえ、二大政党制は与党が議会の過半数を制しているため、政策責任は明らかであり、また連立政権よりも、妥協の産物ではない総合的な政策を打ち出し、かつ実行することができる。そして、多党制の連立政権とは対照的に、有権者は選挙で政権を直接選べる場合が多い。

多党制　多党制は多様である。共通点は、どの政党も過半数議席を獲得できず、連立政権が必要となることで、より厳密には連立政権の組み方で分類される。

二大政党制に類似した二大勢力制では、組み合わせの一定した二通りの連立政権が交代する。その例としては、一九六七年以降のフランス、一九七六年以降のスウェーデン、一九四八～九七年のアイルランドがある。また、一九四九〜八三年のドイツの政党制のように、小さい中間政党の一つが常に政権に参加し、大きな政党二つが交代してそれと連立政権を組むという例もある。枢軸政党のある政党制では、左右いずれの側の政党が連立政権を組んだとしても、枢軸政党が参加することになるため、その意味では一党優位政党制になる。その他、求心力に極端に欠けた「分極的多元政党制」と極端に求心力を持つ「多極共存型民主主義」が特に理論的に興味深い。

(1)分極的多元政党制

二大政党制の下では選挙における競争のため両政党の政策が中道寄りになるというのが、有名なダウンズ説(Downs, 1957)である。しかし、選挙での競争が逆に政党間の政策の違いを大きくする場合もある。分極的多元政党制の成立には、(1)多党制で大きな枢軸政党が存在することと、(2)右翼と左翼との間のイデオロギー的な距離が広く対立軸が多いこと、が条件になる。多くの場合、連立の幅を狭める反体制政党も存在する。

大きな枢軸政党があれば、その政党を除いた連立政権は不可能になるので、優位政党に似た万年与党になる。その枢軸政党を除いた右翼と左翼の政党間では、政策的距離のため野党協力は無理であり政権交代ができない。逆に反体制政党が存在する場合、その政党は国の政治体制そのものを否定するので、連立政権に参加できず、万年野党となる。万年野党は政権としての責任がないので、無責任な政治的公約や批判をすることができる。そして、選挙は政権・政策の選択ではなく、体制の選択となる。中立の立場をとるよりも極端な立場を訴えたほうが得策になる。

分極的多元政党制下では、連立政権を組んでも、その政権内での対立が多く、妥協が難しくなる。結果、社会問題を解決するための政策がなかなか決定されず、危機的な状態になるまで決定が延長される傾向がある。日常的政策決定と、危機下の政策決定は、政策理念の相違が大きいため、政策的な妥協は難しく、裏金・ポストをめぐる便宜・利益誘導の取引などによる妥協が多くなる。このため、政治腐敗・政治不信がさらに進む。

このように分極的多元政党制下では、民主主義はうまく機能しなくなる。その例としては、第9章に紹介する一九四八～九三年のイタリアが典型的であるが、他にドイツのワイマール体制と一九五八～八一年のフランス第五共和国も分極的多元政党制といえるであろう。前者はナチ政権の登場により崩壊した。後者は社会党のミッテラン大統領の当選と共産党の後退によって終止符を打たれた。

(2)**多極共存型体制**

分極的多元政党制と正反対の多党制は多極共存型体制である。三つの柱に分けられたオランダがその典型である(Lijphart, 1977)。政治的環境は分極的多元政党制に似ており、対立軸が多く、硬く、協力は困難に見えるが、各柱の指導者は民主主義の崩壊を恐れて、それでも協力を選ぶ。政策は選挙と主義では選ばず、各政党間の妥協と協調で決定する。対立は避けられるが、改革は実現されず、政策が行きづまる傾向がある。民主主義を守るためといっても、結局は馴れ合い政治であるので、政治腐敗が発生する。こうして多極共存型体制は、対立の問題を解決すればするほど崩れる。

政党制の研究をまとめてみると、

(1)　政党制は特定の国の特徴ではなく、どこの国でも発生し得るものである。

(2)　どの政党制であれ永続的に続くものではない。よって政党制の話をするためには、特定の国の事例だけでは足りず、時期も特定せざるを得ない。

4　連立政権形成

多党制では、どの政党でも過半数獲得できず、連立政権を組まなければならない場合が多い。想定可能な連立のうちどれが形成されるかについての研究は、ライカー(Riker, 1962)が開拓し、合理的選択論に基づいて、「最小勝利原則」を提案した。連立を組めば、与党のメリットを分け合うことになるので、各政党が自党の分を最大化して、分け合う相手を最低限に抑えると論じた。よって、過半数を獲得した後は、余分な政党と連立しないと予測した。この議論は非常に合理的であるが、実際にデータを集めて分析したところ、非現実的なことが分かった。表3－4に見るように、最小勝利の連立は連立政権の四割弱しか占めない。余計な政党が参加する「余剰連立」は三分の一で、一方過半数まで届かない「少数政権」も少なくない。その後の研究はこの二つの問題を解決するために発展してきた。

表3－4　連立政権の形態　(%)

1945～96	全　体	連立のみ
単独過半数	37.10	—
最小勝利連立	24.70	39.30
少数単独	11.40	18.10
少数連立	5.80	9.20
余剰連立	21.00	33.40

出所：Lijphart, 1999：98.

余剰連立

最小勝利原則の例外である余剰連立を説明するためには、「政策」を鍵とする研究が多い。最初は「最小接続連立」の仮説が有力であった（Axelrod, 1970）。例えば、数と権力だけを考慮すれば、連立はA党とC党の合計が過半数となるので最小勝利連立が成り立つが、政策的にAとC両党の間にB党が存在すれば、権力だけではなく政策も考慮してA＋B＋Cの「最小接続連立」が形成されると予測した。

データ分析したところ、実際にも最小接続連立が多いことが分かった。しかし、他にも政策を考慮した仮説があったので、全部を比較してどちらがよりよく余剰連立を説明できるか検証する必要があった（Volden & Carrubba, 2004）。すると、政策の対立によって小さな政党が連立から離脱しても、過半数が残り連立が続くことが、余剰連立の説明に有力であることが分かった。離脱しても連立が続く場合、離脱のメリットが小さくなるので、連立は安定する。

少なくとも、連立政権の説明には、権力だけではなく、政策も考慮しなければならないことが分かった。しかし、少数政権は権力も政策も無視した連立に見える。従来その説明の方がより難しかった。

少数政権　少数政権の大半（六〇パーセント以上）は、連立政権ではなく単独少数政権である。二大政党制の伝統のある国では議会の過半数を制する政党がないときも、連立政権に慣れていないため、単独少数政権を形成する傾向がある。二大政党制下にあるイギリスでは、一九七四年二月の選挙後、いずれの政党も過半数を獲得していなかったが、連立政権を組むよりも単独少数政権を選択した。それと同様に、イギリスの影響を受けた多党制の国、カナダとアイルランドでは、単独少数政権が多い。したがって、少数政権が形成される理由の一つは伝統であるといえよう。

少数連立政権の説明はより難しい。小政党にとっては、得策は連立政権に参加することか、野党で活躍することか、という問題になる。小政党にとって、連立政権に参加するマイナス面は、その政権業績の責任をとらなければならないので、次の選挙で票が減る可能性にある。逆に、連立参加のプラス面は政策に対する影響力である。よって、野党が政策に影響力のある国では、連立に参加する動機が弱く、少数政権が多い（Strom, 1990）。議会の委員会制が強力であれば、野党でも政策に影響を及ぼすことができるため、与野党間の影響力には大きな差がない国会がある。よって、下野する政策的なコストが低く、逆に、政権に参加したら次の選挙で不利になるという場合もある。特に、与党を批判して選挙運動を展開した野党にとっては、選挙後その与党と連立政権を組むと公約違反に当たり、次の選挙で不利になると予想される場合には、閣外協力をする方が連立政権に参加するよりも得策であると思われる。データを分析してみれば、やはり少数政権は与野党間に大きな影響力の差がなく、次の選挙に対する不安が大きい場合に形成される確率が高い。

内閣の寿命　連立形成とは別に、その連立がいつまで続くかという内閣の寿命についての研究もある。その研究は分極的多元政党制における連立政権の不安定性についての関心から出発した。合理的選択論による研究は、(1)議会の過半数議席を持つ多数派政権の寿命が過半数を持たない少数派政権より長くなる、(2)最小勝利連合の寿命が少数連合や余剰連立下より長くなる、(3)連立政権内部のイデオロギー的な幅が広ければ内閣の寿命が短くなる、などの仮説をある程度立証した。しかしこの研究は、実際の内閣の寿命の二、三割程度しか説明できなかった。そして合理的選択論による説明に対して、ストカスティック・モデルの仮説が提案された。すなわち、何か内閣を倒すような出来事が起こるまで続くという仮説である。これは、各国の歴史を見ると、全くの偶然による内閣崩壊が多いことが分かり、合理的な理由によることを示す要素が見当たらないという観点から出されたが、その説明能力も決して高くなかった。

そこで数人の研究者は、合理的選択とストカスティック・モデルを総合できるモデルを目指し、一応成功を収めた（King et al., 1990）。連立政権崩壊の確率を従属変数にして、合理的選択論の仮説から提案された独立変数がこれを左右するという仮説で、様々な細かいデータの問題、方程式の形などについて広い合意ができた。因果関係についても合意に近づいているところである。この新しい研究のこれまでの結論を要約すると、

(1)　議会内の政党数が多いほど、内閣の寿命が短い。

(2)　単独政権の寿命が最も長いが、最小勝利内閣の寿命が少数派内閣・大連立内閣より長いかどうかは明らかでない。

(3)　閣内の政策的相違が大きいほど寿命が短いという見解が一般的であるが、政策の多様性を測る適当な指標についてはいまだ定説がない。

(4)　いくつかの内閣編成過程のルールも寿命に影響を及ぼす。

というものになる。

より深く学ぶために

川人貞史・吉野孝・平野浩・加藤淳子『現代の政党と選挙』有斐閣、二〇〇一年。

第Ⅱ部　政策研究

女性のスカーフはなぜ政治問題になるか
(© REUTERS・SUN)

政策の研究は選挙研究ほどは進んでいない。その理由は二つある。すなわち、⑴役に立つ客観的なデータが少ないこと、⑵統計学的な研究以前に、基本的な事実把握がまだ足りないこと、である。

選挙研究と違って、政策研究には、選挙結果における得票数や議席数にあたる客観的な指数は少ない。国家予算はその中でも客観的なものと思われたが、予算の統計学分析は成功しなかった。例えば、最も成功した研究の一つである、ウィレンスキー（Wilensky, 1975）のものは、⑴社会福祉の支出は経済成長が進むほど高くなる、⑵年金制度が古いほど支出が多い、という二つの結論に達した。しかし、⑴は収入が多いほど支出が多いということにすぎないし、⑵は年金制度の初期には、年金を支給している人口の割合は少ないが、時が経つにつれてその割合が高くなるという意味しかない。一方、予算編成過程の研究が進んでいる（Wildavsky, 1986）が、予算そのものが政策なのではない。最も成功した政策についての研究は、歴史的比較研究であったが、歴史的比較研究は科学とされなかったので、発展が遅れている（Amenta, 2004）。

選挙の仕組みは簡単である。ある政党がある選挙で何票獲得し、何議席を獲得したかということだ。しかし、政策はそう簡単に分析できない。次の三つの章は、移民問題はどういう問題か、宗教と政治の関係にはどういう形式があるか、政治腐敗はどう考えればよいかということなどを説明する。常識的な発想やマスコミ的な発想は逆に誤解を招く。常識的な誤解をしないように、各分野についての科学的な発想を紹介するよう心がけたい。マスコミ的な発想を乗り越えない限り、科学的な研究はできないからだ。

第4章　移民・少数民族問題と右翼政党

一九七四〜七九年の二度の石油ショックの後、西欧各国の政治を最も揺るがしている問題は、移民問題である。移民問題の浮上によって、戦後長らく低調であった右翼政党にとって、再び躍進できる環境が生まれた。国民の感情的な移民反対と経済上必要な人材確保の板挟みのために、西欧の各政府・各政党にとって「移民」は厄介な問題となっている。そしてそれ以上に「移民」は、民主主義にとっての厄介な問題でもある。民主主義はいうまでもなく「国民」を主役とする政治体制であるが、国民でない移民にとってはどうであろうか。「有権者」は「無権者」に対して厳しい態度をとる可能性があり、各政党は票を獲得するために移民に対して厳しい政策を打ち出す可能性がある。例えば、直接民主主義を誇るスイスにおける移民対策の厳しさはその最も示唆的な現象であろう（Ireland, 1994）。

一方、移民反対を唱える右翼政党には、一九三〇年代のように政権獲得をしたり、民主主義体制を怯えさせたりするほどの様子が見えない。躍進しているのは、戦前のような右翼政党よりも、新しい右翼「国民党」であるし、右翼政党の躍進は右翼思想の支持よりも、既成体制への批判という性格が強い。躍進の後には後退する可能性が強いし、右翼・人種差別・暴力に対する反対デモに多くの国民が参加しているのを見ても、右翼思想は広い支持を得られないようである。よって右翼勢力の伸びよりも、既成政党の政策妥協のほうが心配である。既成政党は右翼政党の支持者を獲得するため、どこまで右翼の政策を真似るであろうか。他方、戦前の右翼政党の伸びやユダヤ人に対する暴力の増減は、現在と同様に移民や不景気などに左右されていた（Brustein & King, 2004）。一九九〇年代からの右翼政党は、昔の右翼の復活ではなくても、類似した因果関係が働いているので、注目する必要があると思われる。

民主主義にとって、移民問題は処理しにくい問題である。それゆえ移民問題の研究は、現代西欧政治の理解のためにも、民主主義の理解のためにも不可欠の研究である。

1　移民問題

歴史的背景

二一世紀の西欧の移民問題を理解するためには、歴史的背景の理解が不可欠である。何よりもまず、人間は移動する動物であるということを認識しなければならない。そもそも人類はアフリカ大陸に誕生・進化した後、世界中に移り住み着いたのであるから、人間生活から移動をなくすことはあり得ないであろう。民族移動が歴史を大きく左右した例は多く、戦争・征服につながったことも多い。それにしても現在、世界人口のおよそ九八パーセントは自分が生まれた国に住んでいる。すなわち、長期的に見れば人間は移動するものであるが、個々人を見れば国境を移動する人は少数だということである（Money, 1999：11）。

人間は移動するものだが、移動する人間が「移民」と見なされるのは、近代国家が形成されて以降である。一九世紀に近代国家が形成される以前の西欧では、移動は違法とされたり、厳しく規制されたりしたが、どちらにしても市町村の責任であった。近代国家が登場してから「国内」と「国家間」の移動を区別し、国内の移動を自由化する一方で、国家間の移動を規制するようになった。そして、移動管理は市町村の責任から国の責任に移った。

近代国家形成後の人間移動は四期に分けることができる。第一期は一九世紀の、西欧から世界中への移動である。

これは植民地確保競争のための移動であった。その植民地時代に、西欧の人口の一割以上が別の国に移動した(Money, 1999: 11)。ここでは第一期について言及はしないが、西欧からの移動があったことを忘れてはいけない。

第二期は第二次世界大戦後、植民地の独立と西欧の高度成長の時代であった。第二期の移動は第一期とは逆行して、旧植民地などから西欧へというパターンに変わったが、これは経済的移動であった。移民は仕事を求めて、発展途上国から、経済発展の早い、仕事の多い国に移動した。西欧などの受入国側にも経済的な目的があった。戦後の高度成長期には、経済発展が早く、労働力不足の心配もあって、移民には、経済成長を保証する役割が期待された。当時、移民も移民受入国の政府も、この経済的移動は臨時的なものだと考えた。移民は資金がある程度溜まったら帰国するであろうし、またそうでなくとも景気が悪くなれば移民の数は減るだろうと考えたのである。

しかし実際には、労働者は経済要因だけで動くわけではないから、そう簡単にいかなかった。六〇年代の移民の多くは個人（主に男性）で移動したが、七〇年代に入ってから家族連れの移動・定住も多くなり、移民のコミュニティが形成されてきた。コミュニティができれば移動を左右する要因としては、経済的な理由は弱まり、社会的な理由が強くなった。このような背景から、一九七三年の石油ショック後、不景気になっても、移民の数があまり減らなかっただけではなく、場合によっては増え続けた。思うように減らなかった理由はコミュニティが移民の受け皿になったからである。石油ショックは第二期と第三期の境となった。

六〇年代に移動した人々と移動先の地域は両方とも経済的事情に左右された。移動した人々は自国の将来性に見切りをつけた、必ずしも貧困者ではない、勇気ある野心家であり、その移動先は仕事のある地域であった。これに対して八〇年代の移民は、国外に親戚・友人のある人であり、その移動先は親戚・友人の住んでいる地域となった。発展途上国の特定の村と先進国の特定の目的地が人間関係のネットワークでつながるようになった。移動後仕事がなくても頼りになる人もいるし、失業状態であっても福祉が充実している先進国での生活水準は自分の国よりも高い。仕事がなくても、移動する動機が十分あったのである。

一方、景気が悪くなってから移民が必ずしも減らないことは、受入国の国民からは問題視された。六〇年代には、移民は国民のやりたくない汚い仕事に就いたが、八〇年代以降になると六〇年代以来と同じく汚い仕事をしている移民のことが、失業している国民の求めている仕事を奪っているように見えてきたのである。そして、この移民への反感に乗って躍進したのが、右翼政党であった。右翼が移民反対を打ち出したのは第三期からであった。

近年、西欧は再び労働力不足に向かっているので、第四期の様相が見えはじめてきたといえるかもしれない。しかし今回は、六〇年代のような肉体労働者ではなく、教育水準の高いハイテク職の人材が不足している。一方、これは国内の教育問題でもあるが、ハイテク産業は経済発展の鍵を握ると思われているし、これらの産業は多くの移民を求めている。各国の政府・政党は経済振興のための移民の労働力への欲求と国民の移民反対の感情との板挟みとなっている。しかし、第四期の研究はまだ少ないため、本章では第二・三期のみを分析したい。

移民問題の構造

一九六〇年代の経済的移動については政治的対立が少なかった。移民受入国側の政界・産業界ともども、労働力不足問題解決の一助として歓迎したからである。国民の外国人に対する態度は厳しかったかもしれないが、移民は国民の求めない仕事に就いたから、国民と移民の間に経済競争はあまり生じなかった。移民を送り出す側にとっても、自国の失業対策にもなり、移民労働者による家族への送金が外貨対策にもなった。したがって第二期には、移民を受ける側と送る側の両国間の正式的な協定が結ばれることが多かった。しかし第三期からは、移民反対運動・右翼政党の躍進が発生した。不景気になると、受入国側に失業が多くなる。移民推進派であった企業にとって外国人労働者が不要となる一方、不景気により失業した国民はどんな仕事でも求めるようになり、移民との就職競争が生まれる。右翼政党は国内の失業人口と移民の人口を比較して、移民さえいなければ、失業者が生じないはずであることを訴える。この訴えにはたとえ経済学的な根拠がなくても、政治的なアピールがある。

経済的な移動であれば、移民は仕事を持ち、福祉を受ける必要性はあまりないが、社会的な移動であれば、仕事を持たないので福祉援助を受ける移民が多くなり、国民との福祉競争が生じる可能性も高くなる。税金を払ってこなかった移民が福祉（特に公営住宅や失業保険）を受ければ、国民は不公平感を感じる。移民を優先して、国民を軽視しているような逆差別に見えるので、事実上の根拠がなくても、国民の不満材料となり、国民と移民の間の福祉競争が生まれる。経済競争は自由市場によるもので、自然的で不可避と思われるかもしれないが、福祉は政策であるので、福祉競争は右翼政党などがより簡単に政治的争点として利用することができる。

移民のコミュニティが形成された場合、競争は経済と福祉の分野だけではなく、「文化的競争」としても起こり得る。移民のコミュニティができ、定住化が進めば、周辺住民との間に様々な文化摩擦が生じる。「ここは本当に我々の国であろうか？」と心配するほど、外国語やなじまない慣習・服装などのあふれる地域ができて、移民反対感情の材料になることは珍しくない。文化的競争が目立つような祭りなど、大勢の人を集めて自分たちの文化と団結を示す行動は、民族間の暴力のきっかけになる場合もある（Horowitz, 2001：272ff）。

文化的競争の典型的な事例はモスク建設騒ぎである。西欧における移民の多くはイスラム教徒である。イスラム教徒のコミュニティができれば、モスク建設を要求する。しかし、従来のキリスト教徒の住民はそれに抵抗する。建設を認めても、目立つようなイスラム寺院の光塔であるミナレットつきのモスクらしいモスクには反対する。ミナレットがなければモスクではないとイスラム教徒が反論することは当然であろう。そして、たとえミナレットが承認されたとしても、次には、そのミナレットは周りのキリスト教会の尖塔より高く造ってはならないと抵抗する。この尖塔競争は、各コミュニティの象徴が表立っていることから、文化的競争の最も典型的なものといえよう。

この三つの競争、すなわち経済競争、福祉競争、文化的競争は、移民反対感情のもとになる。第二期には、西欧の政府の移民政策は経済政策とのみ考えて、社会的な面と文化的な面を無視した結果、第三期の移民問題の種を蒔くことになった。第三期の移民問題は移民対策だけではなく、国内の外国人に対する差別対策にもつながった。西欧のほとんどの国は移民の数を抑える政策をとってきたが、すでに住み着いた移民に対する政策について頭を悩ませている。そして移民のコミュニティ形成は、移民の地理的な集中をも意味する。各国の移民の人口比率には移民反対運動との相関関係は見られないが、市町村別で、そしてさらには近隣地域別では相関関係が見てとれる（Money, 1999 : 10-11）。また、移民に対する暴力事件は、移民が集中している地域に発生する傾向が強い。

2　移民・少数民族に対する反対感情

民族間の差別

国を問わず、どこの国の国民でも移民に反対する傾向が強い。世論調査で「移民を減らす方がいいと思うか、増やす方がいいと思うか」や「現在移民が多すぎると思うか、少なすぎると思うか」というような質問に対して、約八割が「多すぎる、減らすべき」と答えることが一般的である（Money, 1999 : 207）。もちろん「多すぎる、減らすべき」と答える割合は調査によって増減するが、過半数を下回ることは珍しい。これは現実に移民の多い国でも、少ない国でも変わらない。移民反対感情と人口に対する移民の割合とは相関関係が低いので、移民反対感情は現実の移民の数の多寡で説明はできない。ひとまず、移民反対感情は常に存在するものと考えたほうがよい。しかし、移民反対感情は常に存在しても、必ずしも投票行動に反映されたり、暴力にまで発展したりしない。この移民反対意見を右翼政党の票に変えるには、移民反対の感情以外の条件が必要となる。移民に対する暴力やその暴力を容認する世論まで発展することはさらに遠く、必要条件をそろえることもさらに難しい。とはいえ、右翼政党の躍進や移民に対する暴力には、差別感情が最も根本的な必要条件であるので分析の手始めはやはり差別についてであろう。

人間は差別する動物である。差別のない社会はない。差別に乗りやすい人と乗りにくい人という個人差はあっても、差別しない国民、民族、集団は存在しない。したがって研究テーマとしては、「どういう人間が差別するか」よりも、「人間はどういう場合に差別するか」のほうが適切である。より厳密に言えば、人間は区別する動物であり、その区別の一つが差別である。人間は、「我々」と「他人」とを区別して、自己のアイデンティティを形成する。そのアイデンティティ形成、グループ形成についての社会心理学系の実験においては、単なる区別から感情的な差別にまで発展する過程が現前する。この研究ではあまりにも些細で差別を起こさないような区別を選択して実験した結果、やはり差別に変化しない区別は存在しないという結論に達した（Horowitz, 2001：45；Hale, 2004）。

根拠がいくら薄弱でも、区別はすぐ生まれてきて、感情的な差別にもなる。感情的な対立を見れば、特に暴力まで発展するほどの対立であれば、それなりに合理的な理由があるだろうと考えるのが自然であるが、この仮説は繰り返して反証されている。どんな理由でも、別に合理的でなくても、グループ区別ができる。そして、いったん区別ができてしまえば、それはますます強くなる傾向がある。もともと根拠のほとんどなかった区別が、後に人間の行動を大きく左右する場合がある。逆に、客観的に区別・対立の根拠が十分あるように見えても、区別・対立が生じない場合もある。実際的な根拠と感情的な強度の間に相関関係があまり見られないことは多様な研究によって繰り返し証明されている。グループ間の差別・対立を考察するには、合理的な根拠よりも、アイデンティティ形成、グループ形成の歴史的な経緯を研究したほうが効果的である。

人間はどうして区別する動物に進化してきたのか。その説明の一つは「親戚説」である。つまり、人間は、他の人と外見が似ていれば、血縁関係の確率が高いと考え、よく協力するが、外見が似ていない人とは血縁関係がないと考え、敵対視するという説である。動物には親戚と協力する傾向があり、人間にも親戚を優遇する傾向があるので、有力な仮説であった。この「親戚説」が正しければ、人間が人種差別をするのは自然なこととなるので、最も悲観的な仮説であるが、幸いに、繰り返して反証されている。「親戚説」を反証する社会心理学的な実験も多いが、ここで世論調査による社会学的研究を紹介する。

アメリカ人の研究者には、肌の色による人種差別が特に自然で、特に激しいものであると考える学者が多い。アメリカには歴史的経験として黒人の奴隷制度があったので、アメリカだけの研究では、結果としてこの仮説は妥当だと判断されるかもしれないが、同じ研究を別の国で実施すれば、別の歴史的研究から別の結果を得られる。例えば、同様な世論調査をイタリアで実施して、人種による差別は特別であるという仮説を実証しようとして、結局、逆に反証してしまった研究がある（Sniderman et al., 2000：8）。その研究では、イタリア北部での若者同士の差別的な会話を録音した。それは、外見から見分けることができない東ヨーロッパからの移民についてと、外見からすぐ分かるアフリカからの移民についてと、南部からのイタリア人についてであった。その会話から固有名詞を抜いて、話の中身だけで、差別対象が分かるかどうかを調べた。その結果、仮説に反して対象グループとは関係なく、差別のありようは全く同じであることが分かった。やはり、対象とは関係なく、差別は差別である。

科学においては証明しようとした仮説が逆に反証された研究は、最も信頼性、説得力があるとされる。研究者の意図に反したわけだから、その結果は、既成概念ではなく、客観的な事実を反映していると思われるからである。それに社会心理学系の実験の結論と政治学的な世論調査研究の結論が一致している。社会科学では、複数の方法を使った研究が同じ結論に達することは珍しく、異なる方法で研究しても同じ結果が出たなら、その結果は特定の方法によって得られるものではなく、客観的な事実と考えられる。多様な方法から同じ結果が得られることを「三角測量法」という。そして「親戚説」はこの三角測量法によって反証された。

民族を区別する「印」

では「親戚説」が間違いとすれば、人間はなぜ区別したり、差別したりするのだろうか。現在、最も有力な仮説は「盟友説」である。人間は「我々」と「他人」とを区別して自己のアイデンティティを形成する、と述べたが、そのアイデンティティとは、社会構造の中の自分の位置にあたる。その位置を定めるには、盟友とライバルの区別が大きな役割を果たしているし、社会の複雑な盟友関係図が自分の活躍の場を形成する。そして盟友を優先することは自然であるし、ライバルに対する差別もまた自然であろう。そして、盟友とライバルの区別ということであれば、合理的な根拠は別に要らないが、目に付く「印」が必要となる。移民・少数民族を差別しようと思えば、その人々の最も目立つ印を利用する傾向が見える（Money, 1999：214；Hale, 2004）。「印」には肌の色、宗教、習慣、言語、服装など何でも使える。場合によっては、目立たない印も利用できる。例えば、スイスで差別されている移民は、一見して他のスイス人と区別できないイタリア系スイス人である。スイスではイタリア語は国語の一つになっており、イタリア系であること自体は、元来、差別的根拠にはなり得ないと思われるかもしれないが、やはり差別の印としては何でも使えるのである。そして、いったん差別対象の印となれば、その印を持つすべての人が差別を受ける。またアメリカでは、もともと黒人差別は、外国人に対する差別ではなく、元奴隷に対する差別であったが、肌の色が黒ければ、元奴隷でない外国人も差別された。また、差別する人々が、日本人、韓国人、中国人を識別できないので、母国を問わず、すべてのアジア系の人々に対して同様に差別する。イギリス生まれのジャマイカ系イギリス人は長らく差別の経験なしに生活していたが、ジャマイカ系の移民が多くなってから、移民と区別できなかったために差別されはじめた。

区別のための印は何でもいいといっても、現実社会において使いやすい印はある（Hale, 2004）。例えば、アイデンティティは自分の社会的位置を示すものであり、コミュニケーションをとりにくい人は盟友にしにくいので、言語が区別の印として使われやすい。また印は目立つほど使いやすいので、肌の色などの外見上の印も多い。慣習

型的なものである。

3　右翼政党

戦後における右翼

第二次世界大戦後に、ナチスドイツの内情が明らかになると、西欧の各国ではナチ現象について反省しなければならなかった。反省には時間がかかったが、結局罪のない国はないことが分かった。かつ右翼主義者による人種・宗教差別に対する評価は最低となった（Horowitz, 2001：562)。教養ある人間はそのような話を絶対しないという雰囲気が形成された。差別発言・右翼的な発言は失言扱いされ、失言を容認する政党・候補者は得票率が減り、他の政党から仲間はずれにされるようになった。右翼や右翼を容認する政党は連立政権に参加できなくなった。もちろん、右翼的な考え方や差別感情が消えたわけではなかったが、票にも権力にもつながらないから、右翼政党の低調は長く続いた。

しかし、右翼政党は第三期の移民問題に救われた。移民反対感情が発生したにもかかわらず、既成政党は国民の「くだらない」移民抑制の要求に対応できなかったからである。移民反対感情の受け皿は右翼政党しかなかった。一方、差別的人格と右翼主義的人格には共通項があるので、右翼政党は移民反対感情の最適の受け皿にもなった。ルールを尊重し、上下関係を大事にする、安定志向の愛国主義者は差別に陥りやすい（Sniderman et al., 2000：10；Hainsworth, 2000：9)。こうして、移民反対感情は、自然に右翼政党の支持につながった。それにしても、移民反対感情を利用できた右翼政党は、伝統的なファシスト系よりも、新しくできた右翼国民党であった（Golder, 2003)。移民反対は右翼政党の目玉商品であるが、右翼政党の魅力は移民反対だけではない。移民反対感情の受け皿になる一方で、多様な政治不信の受け皿にもなっている。例えば、右翼政党はよく「移民を追い出せば、失業がなくなる」と訴える。この訴えには経済学的な根拠はないが、右翼政党の票につながることもある。この訴えは、移民問題が存在しなければ票を動かさないし、また失業率が高くなくても同様である。両方が社会問題とされていることが必要条件になる（Golder, 2003)。

オランダで実施した世論調査の実験は失業率の影響力を立証する一方で、文化的競争と犯罪率の影響力をも検証した（Sniderman, Hagendoorn & Prior, 2004)。研究テーマは、移民反対感情を争点として活性化し、右翼政党の得票につなげる条件であった。そこでは三つの仮説が分析された。すなわち、その仮説とは、(1)犯罪率の増加に対する懸念、(2)失業不安、(3)異文化による自国文化の変質への恐れのそれぞれによって、移民に対する反対感情が活性化するであろうというものであった。その分析結果は、犯罪率についての懸念は差別感情の活性化と無関係であり、文化的な恐れが最も強かった。個人的な経済状況には移民反対を活性化する機能がなかったが、国全体の景気についての心配はある程度影響を及ぼす。他の研究も、同様に移民・少数民族問題には政治は経済的競争よりも文化的競争が強い影響力をもたらすという結果を得ている。それは、以下で説明するように、アイデンティティ政治であるからだと思われる。

移民に対する反対感情は一般的に存在するが、必ずしも活性化されて、争点になってはいない。戦後西欧において、既成政党はその感情を政治的に利用してはいけないと考え、争点にしない暗黙の合意を守ってきた。それが最もはっきりと立証された事例はイギリスの例である。世論調査においては移民に対する反対感情が見られたが、争点にならなかったので、投票行動に影響がなかった。ところが保守党代議士の一人がその暗黙の合意を破ったことによって票が動き出した（第7章参照）。また他の国では、右翼政党の躍進によって移民問題が争点になり、既成政党もそれを無視できなくなった。

右翼の躍進　右翼政党が躍進しても、選挙制度によって、議席につながる場合とつながらない場合がある。比例度の低い小選挙区制では右翼政党が躍進しても議席が獲得できないが、比例代表制であれば小さい右翼政党でも議席を獲得できる。典型的な事例はフランスの「国民戦線」である。一九八六年総選挙に比例代表制を採用したことによって、議席が急増したが、小選挙区制（二回投票）に戻ってからは議席が激減した。小選挙区制の利点の一つは、このような右翼政党を抑える機能であろう。

西欧各国は右翼政党の躍進する選挙を経験しているが、その次の選挙では得票率がもとに戻る傾向がある。その理由は、(1)批判票が浮動票で安定しないこと、(2)右翼政党はよく分裂すること、(3)既成政党が次の手を打つことの三点である。

(1)について…批判票を投じる有権者は必ずしもその政党を支持しているわけではない。普通投票の目的は支持政党の議席を伸ばして、与党になる確率を高めることにあるかもしれないが、批判票の場合は逆に、投じた政党があまり強くなっては困る。その政党が負けることを前提として批判のために投票するのであって、その目的は既成政党へメッセージを送ることにある。そのメッセージは、「移民問題を無視しないで」であろう。メッセージを送るためには、右翼政党の一回きりの躍進は最適であり、批判票を投じた有権者は次の選挙では普段支持している政党に戻る傾向が強いのである。

(2)について…右翼政党は指導者の魅力に頼る傾向が強い。しかしながら右翼政党の指導者に魅力があっても、必ずしも政治的判断力に富んでいるとは限らないし、組織を育成する能力を期待できない。例えば、西欧の最も成功してきた右翼政党は、フランスの国民戦線とオーストリアの自由党であろう。しかし双方とも躍進後に指導者の戦略ミスが目立って、内部対立が激しくなった。注目を集める劇的な発言は躍進を呼ぶかもしれないが、支持を固めるためにも、政権参加のためにもならない。独裁的な党運営は小さい政党には適切かもしれないが、政党が大きくなると党首に要求される能力は違ってくる。右翼政党に躍進を呼び起こす指導者は、躍進後、逆にマイナスになることが多い。

(3)について…既成政党は右翼政党の躍進を見て、そちらに流れた票を再び獲得するために、有権者に向けて「メッセージは聞いた。その気持ちは分かる。善処している」という発言をしたりする。こういった発言には右翼・差別を容認・正当化しないように微妙な配慮が必要となるが、この発言だけでも右翼政党の得票率をある程度抑えうる。しかし、それのみならず政策的な対応も必要であろう。西欧各国は右翼躍進対策として、移民の入国数を抑える政策を打ち出してきた。

既成政党が無視している国民の関心を取り上げて、その問題に焦点を当てることは「第三党」の典型的な役割である。六〇年代に緑の党が、既成政党の無視してきた環境問題を取り上げて躍進したことで、既成政党が環境対策を打ち出さなければならなかったように、右翼政党は移民問題を取り上げて、既成政党の対応を呼び起こした。その意味では、民主主義そのものに反対している右翼政党が、逆に民主主義に貢献する可能性があることを示している。右翼政党が大きくなれば民主主義が危うくなるが、右翼政党が一回きりの躍進をして、その後すぐ後退することは民主主義のためになることもある。

そして、既成政党、特に社民党系の政党は、国民の要求に応えて移民の入国を抑制する一方、国内の外国人・少数民族のために差別を抑制する政策も打ち出してきた。民主主義では政党は有権者の意見を代表しなければならない。民主主義は「無権者」である移民を大事にできないかもしれないが、移民反対感情をそのまま飲み込む必要があるということではない。国民（人間）は差別するが、それは民主主義国家が差別を肯定しなければならないということではない。よって、新しく入国する移民は要らないとしながら、既に国内に暮らす移民に対する差別には反対する政策を打ち出したのである（Bleich, 2003）。その政策に反対する国民もいれば、賛成する国民も多い。右翼政党が躍進したりデモをしたりするたびに、差別反対のデモも起こる。西欧の政党も国民も戦前のナチの歴史的教訓は忘れてはいないのである。

第Ⅲ部ではイギリス・ドイツ・イタリアの移民問題と右翼政党の分析をするが、その前に最も典型的な事例としてオーストリアの場合をここで簡単に紹介することにしよう。

オーストリアの自由党の場合

戦後オーストリアは典型的な「多極共存型民主主義国家」であった（Luther, 1999；Morrow, 2000）。多極というのは、教権反対の社会党とキリスト教民主主義の国民党とドイツ系愛国的自由党の三つの陣営があったことを指す。各陣営は政党だけではなく様々な系列団体から形成され、一つの国の中に三つの小社会が存在・対立し、各陣営の間に交流は少なかった。この対立が民主主義を危うくするほど激しくなったため、各政党の指導者は民主主義を守るために競争をやめて、互いに協力することにした。選挙では自党の支持者を動員するが、別の陣営の支持者には手を出さない。政権は社会党と国民党が組む大連立が多かった。政策は選挙公約によってではなく、野党も含め、誰も排除しない話し合いによる合意形成によって決定した。結果として、多くの場合、政策は各陣営の支持者の数に比例する妥協の産物となった。

この多極共存型の民主主義国家はたしかに対立を緩めて、安定を確保したが、結局は国民参加を否定する「馴れ合い政治」にほかならなかった。経済が豊かになり、社会が近代化して、馴れ合い体制の歴史的役割は終わったが、その体制を崩して、新たな体制を作ることは難しく、時間を必要とした。これを崩す役割を果たしたのは第三党の自由党であった。

オーストリアの自由党（FPO）はドイツ系愛国主義の陣営の代表であった。戦後、自由党は低調であったが、旧ナチス支持者の受け皿となり、その内部は西欧型の自由主義を訴える左派と愛国主義を訴える右派に分けられた。戦後の雰囲気では右派はあまり活躍できなかったため、左派が主導権を握った。一九七九年に西欧の自由党連合に参加、一九八三年に社民党と連立政権を組んで与党となった。体制を批判しつづけた万年野党が与党に転じれば、支持者は戸惑い、指導者も政権担当の責任を負うなど様々な問題に直面することになる。自由党の場合、やっと政権参加ができたが、そのタイミングは最悪であった。与党になってすぐに汚職問題が発生したので、自由党は理念を捨てて、権力志向のみで動いたのではないかと批判された。そして、戦争責任問題が発生して他の西欧諸国から批判された。

政府（自由党左派を含む）が戦争責任を認めるような言動をとったことが、自由党右派にチャンスを与えた。右派のイェルク・ハイダーは自由党の草の根の代表となり、カリスマ性を生かし、政治腐敗・馴れ合い政治の批判を行い、さらに外国からの批判に対抗できるオーストリア人の味方として広く支持を集めた。そして、一九八九年のベルリンの壁の崩壊によって、オーストリアの移民問題がクローズアップされた。東欧旧共産圏から難民が大量に流入することを恐れる、西欧と東欧の間に位置するオーストリア国民の歴史的意識を利用して、ハイダーが劇的な発言で移民反対を訴えた。

理論通りに、移民問題はオーストリアの右翼政党にとって最適の争点となったが、最初に支持を集めた争点は政治腐敗と馴れ合い政治批判であった。移民反対感情を争点として利用するために、ハイダーは戦前のナチス主義を活用しただけではなく、支持を集めるためには国民主義の政策にも転換した。例えば、自由党の右翼はドイツに近づくためにＥＵに賛成してきたが、ＥＵ反対票の獲得のためにＥＵ反対に回った。また、オーストリアのカトリック教会内部には近代化についての対立が激しかったので、ハイダーが伝統的なカトリック信徒の支持を集めるため、自由党の教権反対主義を捨てた。このように移民反対を原動力として、既成政党によって無視されてきた様々の争点を利用して上手に支持を集め、オーストリア自由党は国際社会の注目を集めるほど成功したのである。

一貫して一割以下であった自由党の得票率は、一九九〇年総選挙では一六パーセントに躍進し、その後二割を突破した。さらに一九九九年総選挙ではキリスト教民主主義系の国民党を乗り越えて、第二党に昇格した。このときの連立の選択肢は事実上二つ、すなわち第一党である社民党と第三党に転落した国民党による従来の大連立（馴れ合い）政権か、それとも国民党と自由党の連立かであった。前者を選んだ場合、次の選挙において自由党が馴れ合い批判によってさらに躍進すると思われたので、後者が選ばれた。右翼政党が連立政権に参加できたのは戦後西欧初めてのことであったが、与党に転じた自由党には問題が多発した。連立与党の責任を取れば、批判票を獲得できなくなる。国民党の首相は上手に自由党に責任を取らせて、自由党の非現実的人気取り政策を明らかにした。自由党内には主導権争いも発生した。結局、二〇〇二年総選挙では自由党は一割程度の得票率に戻って、国民党に負けた（Zielbauer, 2002）。やはり、右翼政党の躍進は持続しない。既成政党の無視している問題を指摘したりして、行き詰まった既成体制を崩す役割を果たせるが、政権党の役割を果たすためには右翼の立場を捨てなければならないからである。

オーストリアの政治はまだ安定していないが、歴史的役割の終わった多極共存型体制が崩壊して、新しい政治体制の形成過程に入っている。その過程に右翼政党が大きな役割を果たした。右翼政党は国民の移民反対感情を利用したが、その感情は政策には直接反映されなかった。すなわち自由党の躍進は、既成政党に移民問題に関する政策を考え直させたが、既成政党は右翼政党が訴える無責任な政策をそのまままとりはしなかった。逆に自由党は連立に参加したことによって責任を余儀なく取らされたので、自由党が訴えてきた移民反対は無責任であることを国民に伝えた結果となった。移民問題についての議論はたしかに冷静に行われはしなかったが、達した結論は現実的であった。自由党の躍進・後退過程でオーストリア国民は学習できたし、オーストリアの民主主義体制はより強くなったと思われる。

4 民族と暴力

移民対策の限界

一九七〇年代から西欧諸国は移民抑制政策を打ち出してきたが、移民抑制は意外と実施しにくい。まず、多くの政治家が訴える「移民をゼロにする」政策は不可能である。先進国と発展途上国の間の経済的な格差があまりにも大きく、合法的な移民を抑えれば、不法移民が増えるからである。しかしそれは、移民をどうしても減らせないということではない。政策的な手法の開拓によって、移民抑制対策の効果は一応上がっている。しかしながらゼロまで減らすことはできない。政治の観点から見て最も困ることは、抑制政策の効果が長期的なものであり、その過程における短期的な結果として逆に移民が増えることが一般的であることである。なぜそういうことが起こるかといえば、既に国内にいる移民は抑制対策がさらに厳しくなる前に、家族を全員母国から呼び寄せるからである。それがゆえに有権者から見れば、移民を減らすという公約を破ったように見えるのである。

それに、移民をゼロにすることは不可能なだけではなく、望ましくないことでもある。経済政策上、労働力確保のために、移民を抑制するよりも移民を誘導することが優先されることすらある。一般国民が移民反対であっても、特定の産業が移民を要求している。そして、移民抑制対策は他の政策と絡むことが多い。例えば、移民を追い出そうとすれば、人権問題が生じる。戦後西欧では、選挙権を有しない移民であっても、裁判を通して人権を守ることができるようになった。さらに移民対策は国際問題にもつながる。西欧諸国には旧植民地に対する責任があり、送り出す側の国との国際関係も考慮しなければならない。移民対策を考え直す過程の中で、自国における「国民」の法的定義を考え直した国も少なくないのである。

民族対立

移民問題を研究している政治学者は、差別の根拠の薄弱さと差別に基づく行動の強さの板挟みとなっている。自然科学的に「人種」には大した意味がない（Gould, 1996；Bamshad & Olson, 2003）。人種差別をする人々は進化論を利用することが多いが、それは科学の誤った解釈である（Shipman, 1994）。しかし、科学的な根拠が弱くても、差別による対立は暴力にまで発展することが少なくない。そして、単なる暴力だけではなく、アメリカの白人と黒人の間に起こってきた残酷な騒動、北アイルランドや中近東に起こってきた非人間的なテロ、旧ユーゴに起こってきた民族浄化を目指す民族大量虐殺にまで発展することもある。虐殺などはあまりにも残酷で、非人間的に見えるが、実際には人間としての自然な行為ともいえるのである。人間には他の人間を虐殺する場合があるということになる。最も根本的な研究結果から、虐待する人はどういう人かといえば、実は普通の人なのである。したがって問題は、特定の人や特定の民族ではなく、特定の場合である。その場合についての研究は最近進んできた（Horowitz, 2001；Varshney, 2002；Brass, 2003；Harff, 2003；Gagnon, 2004）。

民族間の暴力を説明するうえでの常識的な説明は反証されている。民族があまりにも違っているので一緒に生活できないという仮説は、民族区別の根拠の弱さによって反証されている。民族的に大きな違いがなくても、対立・暴力があることもあるし、かなり違っていても対立・暴力が存在しない場合もある。「歴史的対立」による説明も反証されている。暴力が現在激しくなっている事例を調べてみると、その歴史は意外と浅いことが分かる。例えば、北アイルランドにおけるカトリックとプロテスタントの「歴史的対立」は、一九六〇年代後半から発生した。それ以前は、差別はあっても目立つ暴力はなかった。中近東におけるユダヤ教とイスラム教の「歴史的対立」は、第二次世界大戦後のイスラエル建国からである。それ以前、ユダヤ教、イスラム教とも、キリスト教をライバルと見なすのが普通であった。旧ユーゴにおけるクロアチアとセルビアの対立もまた意外と歴史は浅い（Gagnon, 2004）。

宗教は民族間の対立力学に影響するかもしれないが、「宗教対立」が必ずしも「宗教について」の対立というのではない。宗教は、対立している集団を区別する「印」になっていても、対立の中身は様々である。中近東で対立しているのは、イスラエルのユダヤ教とパレスチナのイスラム教であるが、その対立は宗教についての対立ではなく、土地についての対立である（Hazan, 1999; Wald, 2002）。イスラエル国内の政治には宗教と政治の問題が多いが、それはユダヤ教内部の原理主義問題である。同じように、北アイルランドで対立しているのはカトリックとプロテスタントであるが、対立の中身は信仰などではなく、民族差別である。カトリック信徒はアメリカ黒人の人権運動を手本にして、差別反対運動を一九六〇年代後半から展開した。

科学的なデータを集めて分析すれば、長い対立の歴史を持つ民族同士が近くに住んでいる場合、一年間に紛争が起こる確率は〇・〇五以下という推計となる（Fearon & Laitin, 1996）。科学的な推計は常識的な推計よりもはるかに低いかもしれない。それは、常識的な推計はマスコミ報道に依拠するためである。記事を選別する場合、新聞社は世の中の出来事を無作為で選ぶのではなく、読者の興味や気を引くものを意図的に選ぶので、暴力事件が多く選ばれている。紛争が勃発すれば、それが注目記事になる確率は非常に高い。紛争がない場合は、ニュースになる出来事となり得ず、記事になる確率は非常に低くなる。マスコミの取材と科学のためのデータ収集は目的が異なる。科学的なデータは無作為であり、面白いケースもそうでないケースも対等に扱うので歪曲がない。よって、科学的なデータと常識的な情報は違う結論を導く。歴史的対立によって暴力を説明するよりも、むしろ歴史的対立にもかかわらず暴力はなぜそれほど少ないかを説明することが必要となろう。

結局、民族間の暴力とは人間にとって自然であるかもしれないが、必然ではないということだ。暴力的な騒動の必要条件がそろっていても、それは自然の均衡状態ではない。例えば、もしミルク、砂糖、卵とメリケン粉を容器に入れて待っていても、ケーキは自然にできてこないのと同様に、騒動の必要条件が全部そろっても、騒動は必ずしも起こらない。騒動を起こすためには、誰かが努力して作らなければならない。言い換えれば、必要条件に加えて、「作業」も必要となるということである。しかし騒動を作る作業はケーキのそれより複雑で、芝居のように複数の役割が果たされない限りできあがらないものである。その作業には刺激と反応のような相互作用もあり、時間的な順番もある。役割が全部、正しい順番に果たされなければ、騒動や虐待は起こらない。民族間の暴力が多発する地域では、皆が自分の役割を知り、暴力を作る作業をいつでも行える。また、下から自然に起こるよりも、むしろ上からの指令によって作業を始めることが少なくない。その指令を行い得る人は複数であろうが、政治家が少なくない（Brass, 2003）。

人間には虐待へと一歩一歩踏んでいく道があるように見えてきた。幸いに、その道は長いし、途中の一歩を踏まなければ、騒動や虐待まで行かない。それに最も楽観的な結果は、研究が進めば、有力な対策が見つかる可能性があるというものであろう（Varshney, 2002）。民族対立が多発する地域は、ケーキがあと少しだけ火を加えればできあがる状態のように、暴力の準備が常にできている地域である。準備ができているだけではなく、関係者も、繰り返し訓練してきたので、自分の役割を知っている。よって、いつでもすぐ暴力を作り出せる。

今までの研究で最もはっきりしてきた騒動への「一歩」は、黒い「噂」である。虐待事件の直前に「彼らは我々に対してひどいことをやった」という噂が出回ることが多い。その噂は事実的根拠のない場合が多い。しかし、情報としては間違っていても、その噂は虐待への一歩になる。その噂は情報ではなく、人に対してひどいことをする心の準備として機能するのである。ここから「彼らが我々にやっているのなら、我々も彼らに対してやっていい」という口実になるので、噂を聞いたら、それによって次の虐待行動をかなり予測できる。残念なことに、噂が流れた時点ではもう手遅れで、噂が嘘だと証明できても、暴力を抑えられる可能性は低い。

研究結果を要約すれば、民族間の暴力的な対立は自然であっても、必然ではないということになる。必要条件がそろっても、必ずしも暴力は出てこない。何らかの作業も必要となる。その「作業」が分析できれば、暴力を抑える対策も可能となる。

民族間の暴力と国家形成

国家というのは一つの民族の国と定義できる。民族も国家も「想像したコミュニティ」（想像の共同体）である（Anderson, 1983）。「想像した」というのは、必ずしも現実と一致しないことを示しているが、「我々国民は家族のような集団」と思い込むことが国家の前提にある。その思い込みが国力の秘訣であろう。よって、民族のアイデンティティ形成は国家形成の過程に大きな役割を果たしてきたし、民族間の暴力は国家形成と深い関係にもある。国家形成は、特定の地域別に特定の民族を一つに絞るために、すなわち「民族浄化」のために、大量虐殺や大量人口移動を伴う場合が少なくない。政府が人の移動を規制しなければ、ある都市に民族が自然に複数集まってくるので、一つの地域に一つの民族しか住んでいない地域は歴史的に稀である。だからこそ、国家形成において民族浄化のような暴力が必要となるのである（Gagnon, 2004）。

西欧の国家形成はカトリックとプロテスタントの宗派間の三十年戦争（一六一八～四八）に伴って起こった。この戦争によって後のドイツとなる地域では、人口の四割が死亡したと推計されている（Gustafson & Moen, 1992：4；MacCulloch, 2003：485）。宗派の入れ替えによる人口移動も激しかった。オスマン帝国崩壊とその後の国家形成にも同様の大量移動や大量虐殺があった（Mango, 1999）。国家形成が未完成のバルカン地域には、共産圏の崩壊後にはその現象が再来した。そして、インドとパキスタンの分裂においては三十年戦争と似た虐殺が起こったし、その後遺症として宗教・民族間の対立が現在に至るまで根強く残っている。インドにおけるヒンドゥー教の各宗教政党は、インド人にヒンドゥー族の意識と団結を高めるために、それまではばらばらであったヒンドゥー教を統一するうえで、イスラム教徒とパキスタンに対する敵対意識を利用している（Hannsen, 1999）。

アメリカでは、奴隷制度の歴史ゆえに、民族の最も自然な定義は外見だと思われているが、西欧では三十年戦争とナチスのユダヤ人に対する大虐殺の歴史から、民族の最も自然な定義は宗教だと思われている。例えば、ドイツでは法律上のコミュニティ（民族）の定義は宗教による（Kastoryano, 2002：119)。そして、宗教対立が特に激しいと考えるので、それを避けるための対策が多く打ち出されている。しかし実際的には、宗教対立と人種対立は両方とも民族対立の一種と考えたほうがよい。データを分析すれば、民族間の対立の四割弱は宗教の異なる集団の対立であったが、そのうち宗教が大きな役割を果たしたのは一五パーセント弱であった（Fox, 2004：60)。宗教が異なるから対立は必然だとはいえない。宗教対立の多くはキリスト教同士やイスラム教同士によるものである（Fox, 2004：68)。仏教同士の対立は民族対立ではなく、仏教国の内戦であった。民族間の暴力と同様に、宗教が違っても、対立は必ずしも起こらないし、宗教が同じでも対立が起こるかもしれない。人種（外見）・言語など、他の民族の定義についても、同じことがいえる。民族の「印」が宗教、外見、言語、いずれであろうと、恐るべき対立は民族対立であるといえる（Varshney, 2002：5)。

大虐殺の要因　民族大量虐殺は、国家・政府が失敗して、機能しなくなったことを示している。最も進んでいる統計学的な研究はハルフ（Harff, 2003）である。その結果は次の通りである。

(1)　大量虐殺の経験のある国は、それを繰り返す確率が高い。しかし、一五年間以上の歴史を知らなくてもよい。昔からの「歴史的対立」よりも、最近の経験が重要であるという結果が得られた。民族間の暴力を起こすためには、必要条件がそろっているだけではなく、「作業」も必要となる。その作業を繰り返し経験し、習熟することで、いつでも暴力を起こせるようになる。

(2)　主導権を握っているエリートのイデオロギーも関係する。この結果は、民族間の暴力が下から自然に出てくるよりも、上から利用されることが多いことを示唆している。

(3)　民主主義の国では大量虐殺が起こりにくい。幸いに民主主義には暴力を抑える機能がある。

(4) 民族（人種・宗教）の対立軸があってもなくても関係がないが、エリートが少数民族である場合、虐殺の可能性が高まる。

(5) 国際貿易の参加が多いほど、国家形成の失敗も、人権侵害も、虐殺も確率が低い。しかしながら経済発展は、国家形成の失敗を防ぐかもしれないが、民族大量虐殺とは関係がない。

アイデンティティ政治　移民や少数民族に関する政治は、利益政治よりもアイデンティティ政治と考えたほうがよい（Kastoryano, 2002）。国家・政府とその国の多数民族は国民の統一的なアイデンティティを保ちたい。他方、移民・少数民族は自分たちの慣習、文化、宗教などのアイデンティティを認めてほしい。西欧では国家形成後には、宗教の自由化などのように、別のアイデンティティを認める傾向が見られるが、それまでの抵抗も強い。国家は、アイデンティティ多様化の限界を模索する時代に入ったようである。その典型的な事例はフランスにおけるヒジャーブ（女性のイスラム教徒がかぶるスカーフ）問題であろう（Fetzer & Soper, 2005：78-84）。

二〇〇四年二月にフランス国会は、学生が学校で目立つような宗教的な「印」を身につけることを禁止した（Bittermann, 2004）。それにはキリスト教の十字なども含めたが、イスラム教のヒジャーブ禁止が真の目的であった。国会では四九四 対 三六で可決されて、世論の七割が支持した。女性のイスラム教徒からさえ四九パーセント 対 四三パーセントで支持された。そのきっかけはイスラム過激派の事件やユダヤ教に対する暴力事件であり、一般的にヒジャーブがイスラム教の過激派の象徴になってきたためであった。その提案理由は政教分離であり、単にイスラム教に対する攻撃ではなかった。イスラム教のトルコでも政教分離を理由にヒジャーブが問題になっている（Yavuz, 2003：99）。そしてフランスの法案では、バランスを取るために、イスラム教やユダヤ教の祭日を法的に認めることを加えた。目的はヒジャーブ禁止であったが、宗教の公的な表現を抑える手法を使ったので、カトリック教会を含む多くの宗教団体がヒジャーブ禁止に反対した。

フランスでは特に政教分離と世俗化を徹底しているが、これは宗教というよりもむしろアイデンティティ政治を否定する政策である。フランス国内においてフランス国民としてのアイデンティティ以外を公的な場で示すことを抑えるためであった。「フランス人は皆同じ」という建前を守るために、フランス人同士の違いを示すものを目立たなくするための政策である。しかし、フランスのイスラム教徒の中には、「イスラム教徒はフランス人になれない」ことを示す政策と受けとめて、反対運動を展開した人々もあった。その反対運動はフランス国外まで広がった。イラクの過激派がフランス人を拉致して、ヒジャーブ禁止法を実施すれば殺すと脅した。この時点から、アイデンティティ問題がはっきりしてきた。フランス人のイスラム教徒は、仲間は誰かと問われたのである。フランスの法律を守らなければ、彼らにとっての仲間はフランス国民ではなくイスラム教徒であると示すことになるので、彼らは法律を守った（Ganley, 2004）。現在は、他の西欧の国と同様に、フランスでもイスラム教徒のアイデンティティを否定せずに、イスラムの過激派を抑えきる政策を模索している。

5　移民・少数民族と民主主義

民主主義にとっての難しい問題として、移民問題や少数民族問題を分析してきた。総括すれば、問題はたしかに難しいが、民主主義の学習機能が十分働いたという結論に達する。民主主義の国では民族間の暴力が少ない。移民反対感情を利用することで票が増える場合があっても、一般的に選挙自体には対立を収める機能が見受けられる。さらにそれ以上に、選挙など民主主義の過程には、問題もあるが、学習機能もある。オーストリアの事例で見たように、右翼政党の躍進にも学習の機能が見られる。また、以下に示すクロアチアとセルビアの事例にはさらに説得力がある。

クロアチアとセルビアの民族浄化虐殺時代でも、選挙に勝つためには経済成長と平和を訴えることが得策であった。民族対立の訴えは票にならなかった。両国で見られた大衆デモは、民族対立のデモではなく、政府に反対し、経済と平和を要求するデモであった。選挙が近づくと、民族浄化を行っていた右翼与党さえ経済と平和を訴えた。それは偽りであることが見破られるまで時間がかかったし、彼らは選挙と選挙の間に民族浄化を訴え続けたが、選挙そのものは民主主義の期待通りに機能した。民族浄化を支持した国民は一五～二〇パーセントと推測されている(Gagnon, 2004：188)。それは西欧の右翼政党が躍進した上限に近い数字でもあるかもしれない。それ以上獲得するのは、移民反対や右翼的な訴えに、汚職問題や馴れ合い政治の批判を付け加えた選挙しかないと思われる。旧ユーゴを含めて、東欧では選挙を繰り返して、平和を訴える改革派が選挙に勝った。民主主義は、たとえ万能薬ではないにしても、最悪の場合でも機能し得る政治体制である。

「無権者」にとっても、少数派にとっても、民主主義は機能し得る。差別されている少数派が選挙のキャスティングボートを持つ場合には特に強いが、そうでない場合でも政党・候補者は少しでも多く票がほしいので、選挙は少数派のためにも機能する。もちろん、機能し得るという結論は、必ず機能するという結論ではないが、少数派にとって民主主義以上の制度は存在しないといえよう。

第5章　宗教と政治

第4章で見たように、宗教はアイデンティティ政治に中心的な役割を果たす。宗教は、個人のみならず、集団や民族にとってもアイデンティティ形成の材料となり得る。例えば、移民問題における文化的競争は必ずしも宗教的競争ではないが、現代西欧の移民問題の多くはキリスト教の伝統を持つ地域へのイスラム教徒の受け入れ問題でもある。前章では宗教のアイデンティティ形成機能を分析したが、本章では宗教の他の側面を分析しよう。

アイデンティティ政治を別にすれば、宗教の民主主義に及ぼす危険性は主に二つであろう。第一に、宗教に関して、立場が絶対的になり、妥協できないという心配がある。民主主義の基本は、互いに譲り合い、合意のために妥協することである。そのとき「神の教え」として妥協ができなければ、民主主義が機能しなくなる。西欧におけるその典型的な事例は妊娠中絶である。カトリック教会を中心として、キリスト教にとって妊娠中絶は罪であるので、この件についての妥協は考えられない。民主主義がこの絶対的な宗教的立場を処理できるかどうかは、疑わしいであろう。

もう一つは、宗教団体の信者に対する拘束力である。信者は、それを「神からの命令」と思えば、疑念をさし挟む余地がなくなる。宗教の指導者が「自殺しろ」と言えば、信徒はためらいなく自殺するかもしれない。「テロ活動をしろ」と言えば、ロボットのようにテロ活動を行うかもしれない。宗教団体の拘束力が強いことは特徴的であるが、その拘束力があまりに強くなれば、民主主義にとって危険をもたらし得るであろう。

政治学者は最近まで、近代化によって宗教の影響力は弱くなると考えていたから、宗教についてあまり研究してこなかった。しかしそれまで定説であった「世俗化」説は一九九〇年代頃から「反証」され、宗教と政治の関係についての研究が多くなった（Casanova, 1994；Kalyvas, 1996；Warner, 2000；Jelen & Wilcox (Ed.), 2002）。この研究の結果、宗教と宗教団体は、人間社会から消えることはなく、政治学にとっても無視できないし、各国の政府は何とか対応しなければならないということが分かってきた。本章のテーマは、宗教および宗教団体への対応、特に民主主義国における対応である。

1　世俗化説

宗教の弱体化？

政治学の「近代化」説と社会科学の「世俗化」説の両説は、宗教の政治などに対する影響力が長期的には減っていくと予測した。一九六〇年代には、この両説が圧倒的に強く、仮説よりも常識に近い考え方であったが、一九九〇年代からその常識が崩れてきた。

西欧の近代化を分析した当時の社会学者・政治学者は、それまで強大な権力を誇ってきたカトリック教会の弱体化を目のあたりにして、近代化の進展に伴って宗教の役割が減少するという「世俗化」の仮説を立てた。もっとも一口に「世俗化説」といっても、その内容は様々であった。科学があれば宗教が要らなくなると考えた研究者もいれば、宗教の公的な役割は消えるかもしれないが宗教の個人的な役割はいつまでも残ると考えた研究者もいた（Gorski, 2000：140）。しかし、近代社会における宗教の公的な役割が小さくなることについては、どの研究においても共通していたのである。

ところが世俗化説を考え直す過程で、二つの結論が明らかになっている。

(1)　世俗化は個人レベルと社会レベルで分けて考えなければならない。個人レベルでは、人間の宗教心には個人差があり、増減の波もあるかもしれないが、長期的な減少傾向は見られない。社会レベルでは、近代化過程の中で分業が進み、宗教の役割はたしかに狭くなってはきたが、狭くなった末に消滅するという徴候はない。

(2)　世俗化説はあまりにも西欧の歴史に頼っており、一般論にするためには、西欧の特徴をふまえたうえで、他文化圏の国々の研究も必要となる。視野を広げてみれば、宗教と近代化の関係は様々であることが明らかになるはずである。

人間の宗教心

近代国家形成後の西欧の歴史は、世俗化説を証明していたように見えた。キリスト教徒が毎週教会に通う率は低下してきたし、世論調査によれば、キリスト教徒であると答える人の割合も減少してきた。世論調査の分析では、経済的により豊かな国においては宗教の力がより弱いという相関はないが、都市化が進んでいる国ほど宗教が弱いという結果が得られ、都市化が世俗化を促進する傾向があるといえる（Barro & McCleary, 2003：767)。そして自称信徒の中にさえ、キリスト教の教えを全部信じる人は少なくなってきた。例えば、カトリック教会は離婚は罪と定めているが、カトリック信徒の中にさえそれを信じない人が多くなっている。不信仰が増えているように見受けられたので、世俗化説は証明されたと思われた。

しかし、以前は世論調査がなかったから「昔はみんな信じていた」という根拠がなく、歴史をより細かく分析すれば、不信仰や懐疑は昔から存在したことが分かるのである。データを集めるようになった時期からのみ分析するのでは、長期的傾向は判断できない。例えば、イギリスでは特定の教会に属する人が、一八〇〇年の人口比一二パーセントから一八五〇年に一七パーセントに上がったが、一九九〇年にも同じ一七パーセントであった（Stark, 1999：259)。そして、特定の宗教を問わずに聞けば、宗教心が現在でも根強いことが分かる。何か減ったとすれば、それは宗教心そのものではなく、特定の教会や既成宗派への所属である。

さらに、西欧から離れると、米国などのような例外が多く、世界全体として世俗化の傾向は見られない。現代社会を広く比較すれば、世俗化は東欧、西欧と北東アジア（特に日本と中国）に限定されているように見える（Ingelhart, 1997：335）。イスラム諸国においては逆に、近代化に伴って宗教心が強化している傾向が見受けられる（Stark, 1999：267；Yavuz, 2003）。特に、大学卒業者の宗教心が強いという調査結果は、西欧とは正反対の結果となっている。やはり、西欧の歴史的経験からは一般論は得られないのである。

人間には宗教心がある。もちろん、それには個人差があり、熱心な信者はいつでもどこでも少数だと思われる。個人レベルでは、世俗化は近代化に伴う必然的な現象ではなく、特定の条件のもとで定期的に起こる現象である。そして世俗化が起こった後には、その反作用として信仰復興運動が起こる傾向があるので、結果として、宗教の形は変わるかもしれないが、長期的に見れば宗教心自体が消失する傾向は見当たらない。

近代社会における宗教

前述のように個人の宗教心には長期的傾向が見られないが、たしかに近代化は、宗教・教会の社会的な役割を減らしてきた。近代社会における宗教の変化には様々の側面があるが、その一つは、近代化過程のどの分野においても見られる、役割分担の細分化である。伝統社会では、民族の智恵、知識、文化、慣習などは一体化したものだった。例えば、数学の知識を持ち、天文学を勉強して、カレンダーの管理をした人は、農作業の時期のためにもそれらの知識を用い、祝祭日の設定のためにも用いた。現代社会では、前者を科学、後者を宗教と区別しているが、両者は本来同じ職分だったのである。役割分担が進んだことによって、「宗教」といわれる分野が狭くなった。より正確にいえば、役割分担の細分化によって「宗教」という分野ができ、近代化過程では「宗教」の意味が変わってきたということである。

一七～一八世紀の西欧では、カトリック教会が社会的にも政治的にも強力であった。「カトリック」の原義は「万人に共通」という意味であり、神聖ローマ帝国下の教会は政治的権力を直接掌握した。このようなカトリック教会が、既成権力体制として近代化の新しい動きに抵抗するのは当然だった。特に以下に示すようにカトリック教会は四つの近代化を阻止しようとしたが、結局はできなかった。

第一は、国家の形成に反対したことである（MacCulloch, 2003：43ff）。教会としては人間（信徒）を国家単位に分けたり、対立させたりすることは決して望ましくなかった。国家は教会にとって、人間すべてが神の子であることを否定することにつながる。それゆえこの動きに対して抵抗したのだが、それでも国家は次第に強大になり、教会は弱体化した。しかし、弱体化したのはあくまでもカトリック教会のみであった。プロテスタント教会は逆に強くなったし、国家形成を支えた。キリスト教の分立、宗派間の対立が西欧における国家形成に大きな役割を果たしたように、世界史全体を見れば、宗教が国会形成を促進する事例は多い。

第二は、資本主義に対する挑戦であった。資本主義は信仰よりモノや金儲けを重視するもので、教会からすれば人間軽視にほかならなかった。しかし資本主義に反対すれば、中産階級を敵に回すことになる。結局その後の歴史では中産階級が強くなったので、教会の後退につながった。しかし、これもカトリック教会のみであった。プロテスタント教会が支配した地域には逆に資本経済が発展したので、ウェーバー（Weber, 1920）はプロテスタントは資本主義の精神を促進したと論じた。また近代トルコでは、イスラム教スフィ派は中産階級の宗教として発展してきた（Yavuz, 2003）。したがって宗教は必ずしも資本主義に矛盾しないことになる。

第三に、教会は科学をも抵抗すべき相手とした。歴史をより細かく研究すれば、宗教と科学の関係は様々であったことが分かる（Brooke, 1991；MacCulloch, 2003：683ff）。しかし結局、真理は聖書から導かれるものか、科学から導かれるものかという問題において、教会は聖書を選ばなければならなかった。ゆえに、科学の発展につれて教会の立場が弱くなったのである。しかし、ニュートンなどの科学者は熱心なキリスト教信者であったし、プロテスタント教会は、ダーウィンの進化論に至るまでの、科学の考え方と合致する宗教だと思われた。現代トルコでもイスラム教には、科学に合う、合理的な宗教とされる宗派がある（Yavuz, 2003）。このように宗教は必ずしも科学に矛盾しない。

そして第四に、教会は民主主義の動きにも抵抗してきた。ローマ時代からのキリスト教会は、王や領主といった権力者を信徒にできれば、その下の住民をもすべて信徒にできるという戦略をとった。この権力者戦略をとってきた教会は、民主主義的な戦略に切り替えることができなかった。聖書を解釈できるのは牧師・教会だけである。聖書は分かりにくいものであり、これを一人ひとりで読んで自分なりに解釈すれば、異教が生まれる。教会はこれを歴史的教訓と考えたので、民主主義のような個人主義に反対しなければならなかった。だが、民主主義の動きに対する抵抗もまたカトリック教会によるものであった。聖書を一人ひとりで読んで自分なりに解釈するということはプロテスタントの立場であり、民主主義の考え方に近かった。このように宗教は必ずしも民主主義に矛盾しない。

以上、述べてきたように、一九世紀の西欧においてカトリック教会は、近代化現象と対立して敗れた。敗れたことにより教会は弱体化し、その役割が縮小されたが、それだけではなく、抵抗の代償として強力な敵を作ってしまった。自由主義、社会主義、共産主義など近代的な思想には反宗教的な考え方が根強くなったし、「教権反対主義」は西欧の近代国家に根強い。西欧各国の政府は、教会の発言・要請を重視しなくなった。教会の最も大事にする政策は、教会の望んだ方向から後退し続けた。妊娠中絶も離婚も自由化の方向に進んできたし、教育は公立化され、道徳教育も少なくなった。教会はこのような政策に対してある程度抵抗ができたとしても、あくまで「抵抗」しかできなかった。新しい政策の実現は期待できなくなったので、教会の政治的な影響力は失われつつあるように見えた。しかし、弱体化したのは西欧のカトリック教会・既成宗教だけであり（Douglas, 1983；Casanova, 1994：26-27）、宗教そのものは依然として強い力を持っている。

世俗化説は科学的な仮説であるが、規範的な側面もある。宗教は、近代的な市民社会にとって相応しくないと思われた。自由主義の市民社会では、人は自分の仕事だけではなく自分の仲間やアイデンティティをも自由に選択できる。一方、人種、民族、宗教のような、生まれによって決まり死ぬまで変わらないアイデンティティや、それを代表する団体の起源は古く、近代社会に相応しくないので、宗教の影響力が残るほど、近代化が進んでいないことになる。よって、宗教の影響力は排除すべきと考えられた。

宗教と市民社会

だが、中世の西欧社会でこそ、こうした考え方はたしかに意味があったかもしれないが、一般論にはなり得ない。職業も生まれで決まった時代があったが、今日では自由に選べるようになった。宗教も同様に、現代では複数の教会・宗派から個人の意思で選ばれるようになった。すなわち宗教は必ずしも市民社会と矛盾しない。そして逆に、宗教は激しい弾圧に耐えることがあり、弱者・少数派のための力になった事例が多い。市民社会とは政府・権力体制の手が届かない空間と定義すれば、宗教が市民社会の形成に役立つ事例も多い。

例えば、旧ソビエトでは共産主義体制の反対勢力が、教会の、より自由な空間を使って、活動を発展させた。生活の隅々まで規制する中国の強力な体制でも、それに抵抗できる勢力として、例えば「法輪功」という宗教団体を挙げられよう。中国政府は太極拳など伝統的な健康法を自由化した結果、その健康法の一つが宗教として発展し、政府が抑えきれないほどの力をもつ宗教団体が組織されたのである（Chang, 2004）。アメリカ南部では、人権運動とその指導者を育成したのは黒人教会であった。白人と同じバプテスト教会での動きであったので、いくら黒人を抑えようとしても教会を抑える手だてがなかった。南米の貧しい農民のために戦ったのは、教会ではなかったが、身近な牧師であった（Gustafson, 1992）。アメリカ南部での例と同様に、貧困層と権力者が同じ宗教であったので、教会は弱いものの力になった。また、西欧におけるイスラム系外国人労働者は、宗教団体を通して自分たちの利益を守った。景気が良かった一九六〇年代には集団活動を必要としなかったが、景気が悪化すると、失業などの問題について、労働者一般として代表する労働組合とは別に、外国人労働者として代表してくれる団体が求められるようになった。そして団体を作るための共通点を探究する中で、やはりイスラム教が最も強いことが分かった（Leveau & Hunter, 2002：19)。

宗教は政府と協力する場合もあれば、対抗する場合もある。国教として市民社会を抑圧する機能もあれば、政府と対抗して市民社会形成のために機能する場合もある。

世俗化に抵抗する原理主義

世俗化に抵抗し、宗教社会に戻そうとする原理主義運動は、どの宗教・地域でも発生してきた。原理主義の建前は、元来の宗教的信条に戻ろうというものであるが、実際には、信条を選別したり、再解釈したりしていて、必ずしも伝統を大事にしているわけではない。そして、原則として近代社会を否定しているにもかかわらず、マスコミからインターネットまで、近代技術を上手に利用している。すなわち原理主義の基本は、伝統を守ることではなく、人間中心の社会から「神」中心の社会への転換にある。マスコミで目立つ原理主義はテロや暴力につながっているが、暴力とまったく縁のない原理主義も多い。原理主義は必ずしも平和や民主主義上の問題にならないが、特にイラン革命以降、原理主義が問題視されてきた。平和や民主主義に抵抗する宗教を「強い宗教」と名づけた研究プロジェクトは、原理主義の特徴を九つにまとめた（Almond & Scott, Sivan, 2003)。しかし、最初の二つが原理主義の特徴で、後の七つは「強い宗教」の特徴と考えたほうがよい。その九つの特徴は次の通りである。

(1)　原理主義は近代化への反作用である。
この特徴は原理主義の定義と考えてよい。

(2)　原理主義は伝統と近代から選別する。

近代化は多様な過程であるので、その中で肯定する側面と否定する側面が出てくるのである。人間中心主義を否定することは原理主義全般に共通であるが、それ以外は、特定の原理主義ごとに選択が異なる。科学を肯定する原理主義は少なくないし、テレビ、インターネットなどの技術を肯定する原理主義も多い。例えば、イスラムの原理主義には近代化反対というよりも、西洋化に反対し、自国の伝統・文化を肯定する運動が多いと思われる。しかし、トルコの原理主義には科学・技術だけではなく、資本主義・個人的自由・民主主義まで肯定するスフィ派がある（Yavuz, 2003）。それはトルコに近代化を導入したアタチュルク大統領が、フランス革命を手本にして、徹底的な世俗化政策を打ち出したからである。アタチュルク主義は、宗教団体を抑えて、軍隊、官僚、大企業を支えてきたので、既成勢力に対立する勢力は自然と宗教用語などを利用してきた。中産階級が既成勢力に反対したので、その原理主義は中産階級に相応しい宗教に発展してきた。つまりトルコにおけるイスラム原理主義は、西欧のプロテスタントと同様に、資本主義・民主主義促進の役割を果たしているのである。トルコの例を見れば、原理主義の多様性が明らかになろう。世俗化の反作用といっても、特定の宗教や地域の原理主義を理解するためには、それが何に対しての反作用であるのかを考察しなければならない。

先に述べたように、「原理主義」というよりもむしろ「強い宗教」の特徴は次の通りである。

(3)　何でも白か黒か、善か悪かに分ける。

これは民主主義に矛盾する絶対主義である。

(4)　指導者や聖書などの無謬性を信じる。

これは懸念すべき信徒への過度の拘束力である。

(5)　至福千年を待望している。

原理主義者の理解し難い行動の多くは、彼らが「この世はどうせすぐ終わり、至福千年が訪れるので、現世で計画的に行動する必要はない」と信じていることで説明できる。至福千年主義は、暴力につながりやすい非合理主義であるといえよう。

(6)「我々は少数の『選ばれた民』である」と信じる。この信仰は、外部の人に対してどんな行動でも許されるという口実になりやすい。

(7)「我々」と「他人」をはっきりと区別する。これはアイデンティティ形成の行き過ぎと考えてもよい。第3章の「柱政党」で見たように、宗教は、周りの社会とあまり交流しない、団結の強い「小社会」を形成できる。さらに極端な場合、互いに見知る仲間だけの孤立集団ができる。孤立集団では、外部からの情報が耳に入らないので、非常識な信仰や行動をなし得るようになる。もちろん、小社会や孤立集団を形成するのは宗教だけではない。例えば、労働組合は小社会を作ったし、六〇年代にテロ活動を行ったのは典型的な孤立集団であった。強い宗教団体は、強い組織の一般論で説明できる。

(8)指導はカリスマによることが多く、組織は独裁的な傾向が強い。

(9)強い宗教団体に入会すれば、要求される行動が多く、自制できる時間がなくなる。

したがって、民主主義にとっては、原理主義よりもむしろ、強い宗教団体が危険であろう。より正確に言えば、強い団体が民主主義にとって危険であり、強い団体に宗教団体が多いということである。しかし、強い宗教団体があれば、弱い宗教団体もある。例えば、西欧では、カトリック教会がいくら離婚・妊娠中絶に反対しても、信徒は離婚したり、妊娠中絶を行ったり、両法案の近代化を支持したりする（第9章のイタリアの場合を参照）。絶対であるはずの妊娠中絶禁止についても、カトリック教会は信徒に対する拘束力が必ずしも強くない。

イスラム教も例外ではない。例えば、一九二四年までのオスマン帝国の皇帝はイスラム教の最高権力者というカリフを兼務していた。第一次世界大戦でそのカリフは宗教的権限を利用して、聖戦ファトワー（宣言）した。原則としては、イスラム教徒はファトワーに従わなければならないにもかかわらず、実際には信徒はその宣言を無視した（Mango, 1999 : 136）。近年においては、「聖戦」や「ファトワー」と聞けば、それはオサーマ・ビン・ラーディンなどのイスラム系テロ組織の話であるが、絶対的に聞こえる「ファトワー」でも必ずしも拘束力が強くないのである。

原理主義は世俗化に抵抗するが、世俗化に抵抗する宗教団体が必ずしも原理主義であるわけではない。どの宗教団体も、宗教の役割を肯定する結果、世俗化に反対する側面がある。例えば、イスラム教の団体が西欧各国に対して要求する場合、キリスト教の団体は、既得権を守るためにその要求に反対すると思うかもしれないが、実は支持する場合が多い（Fetzer & Soper, 2005）。それは、彼らがその要求をキリスト教対イスラム教と見なすよりも、宗教対世俗化の問題と見なすからである。

2　西欧における宗教と政治の特徴

西欧の歴史的経験に基づいて近代化・政教分離・宗教と政治の問題を一般論として扱ってきたが、世界史全体から見れば、これは実に独自的な経験である。その特徴は少なくとも二つある。すなわち、⑴神聖ローマ帝国の歴史とその後の政教分離の過程と、⑵キリスト教の宗教としての特徴である。

神聖ローマ帝国と政教分離

　神聖ローマ帝国のように教会が直接政治的権力を握ることは世界史上珍しい現象である。例えば、西欧に隣接する競争相手であったオスマン帝国では、法王にあたるカリフが君主にあたるスルタンと同一人物であったし、政教分離は想像できなかった。

　西欧の国家形成にあたって政教分離が必要になった原因を突きつめれば、この神聖ローマ帝国の存在であった。政教分離はもともと政治と宗教の分離ではなく、政府と教会の分離であった。歴史的な出来事としての政教分離は、国家が、教会の財産・特権・公的な権限を政府と教会とで分ける作業であった。そして、同じ西欧といっても政教分離についてどこの国でもまったく同じだとはいえない。各国の歴史的経験は多様であったし、現在の政治と宗教の関係を形成したのは、その国の政教分離当時の歴史だからである（Monsma & Soper, 1997）。例えば、西欧各国のイスラム教に対する政策には、その国の従来の政府とキリスト教会との関係が手本になる（Fetzer & Soper, 2005）。第Ⅲ部では、イギリス、ドイツ、イタリアにおける政治と宗教の関係を分析するが、そのときにも、この歴史的背景は無視できない。

　各国の政教分離は、歴史的背景によって、その意味が違ってくる。例えば、アメリカは西洋であるし、同じキリスト教国でもあるが、宗教と政治の関係については西欧とは異なる。アメリカには神聖ローマ帝国の歴史的経験がないので、教権反対主義がほとんどないし、教権反対主義がないからこそ新キリスト教系保守主義などが可能となった。教会に通う人口の割合も、神を信じる人の数も西欧より多い。そして、アメリカでは政教分離とは政治と宗教の間に壁を置かなければならないという建前であるが、西欧での政教分離の意味するところは、政府が各宗教に対して対等な援助をしなければならないという原則である（Monsma & Soper, 1997）。

　また、西欧にも、世俗化説にあてはまらない興味深い例外がある。すなわち、アイルランドでは宗教・教会の弱体化があまり見られない。それはこの国においてカトリック教会は国家の敵ではなく、味方だったからである。アイルランドの国家形成の敵は、イギリス国家とそのプロテスタント教会であった。現在に至るまでアイルランド人のアイデンティティにはカトリックが含まれており、宗教の政治的・社会的な影響力はそれほど減っていない。東欧のポーランドにおいてもアイルランドと同様にカトリック教会は国家の味方であり、現在に至るまで宗教・教会が強力である。

西欧近代化の歴史には政教分離が大きな役割を果たした。西欧の歴史は近代化の手本となったので、西欧の近代化のあり方は一般論であると解されてきた。しかし、比較研究が進むにつれて、西欧の特徴と一般論をよりよく区別できるようになった。その比較研究をまとめてみると、西欧では思っているほど宗教や宗教団体を特別に扱う必要がないことが分かってきた。政治学の圧力団体の理論や帰属意識の理論などは宗教団体にあてはめることができるし、政治学者は宗教団体の政治活動を分析することができる。しかし他方、宗教団体の特徴も分析しなければならない。特に、宗教のコミュニティ、団結を形成する機能についての研究は、政治学に役立つと思われる。

神聖ローマ帝国のもう一つの特徴は、宗教統一原則であった。元来「カトリック」は「万人に共通」を意味したし、イスラム教のオスマン帝国との戦いによって、内部の宗教統一を狙い、他の宗教を追い出したり、改宗させたりした。帝国は、多民族体制でありつつも、原則として宗教は一つであった。オスマン帝国の場合、イスラム教の政治体制であったが、他の民族や宗教の自治権をある程度与えたが、神聖ローマ帝国の場合、ユダヤ教のみに自治権を与えた（Vichniac, 1998）。それは、キリスト教の新約聖書の中でユダヤ人の役割が預言されたからである。西欧では三十年戦争時代に、宗派別に国家が形成された。西欧は国家形成の手本になったので、統一宗教原則が普及した。そのため、宗教的自由を確保することが難題となった。最近カナダでは、他宗教の民族に、ある程度の自治権を認める政策を打ち出している（Lithwick, 2004）。このように、近代化につれて宗教政策は必ずしも統一化されるわけではなく、逆戻りに見える現象もある。

キリスト教の特徴

西欧の宗教と政治のいくつかの特徴は、キリスト教の特徴でもある。宗教には慣習の側面と信仰の側面があり（Bell, 1997）、慣習中心の宗教も多いが、キリスト教とイスラム教は逆に信仰中心の宗教である。信仰中心の宗教は異教に敏感でなければならないし、政治との関わりでは信仰と政策の関係が主になるが、それはどの宗教にもあてはまる一般論とはいえない。

ただ実際には、キリスト教には慣習の側面もないわけではない。厳密に言えば、信仰中心といっても、信徒の人生の中では慣習中心になりがちである。西欧の政教分離政策における「宗教」とはキリスト教であった。宗教問題はキリスト教の宗派の間の問題であったが、キリスト教の基本的信仰は国民の共通のものであった。強いて言えば、ユダヤ教に配慮しなければならないが、それでも共通点が多いという前提で政策を打ち出してきた。しかし、一九九〇年代くらいからイスラム教信徒が多くなり、宗教政策の落とし穴も、キリスト教の慣習の面も明らかになった。例えば、キリスト教の象徴である十字架を学校全部に飾ることは、ただの慣習として宗教問題とされない。厳格な立場をとるはずのローマ法王までが、十字架はイタリア人共通の文化であるから、学校に飾ることを宗教問題にすることはおかしいと発言したことがある（Fetzer & Soper, 2005）。やはり、いくらキリスト教が信仰中心といっても、慣習・文化の側面も強いのである。

西欧各国の政府は、イスラム教を既成の宗教行政の仕組みに取り込む政策を積極的に試みているが、やはり既成体制はキリスト教とユダヤ教を前提にしているので、困難に直面している。西欧大陸の多くの国では、カトリック教会の代表とプロテスタント教会の代表とユダヤ教の代表が政府の代表と宗教政策を協議する場を設けており、政府はイスラム教の代表を送ってくれれば、他の宗教と対等に要求を聞いて対策を考えると言っている（Leveau & Hunter, 2002）。しかし、イスラム教には、代表を選べるほどまとまった組織がまだない。イスラム教はキリスト教と同程度に多様性を抱えているし、西欧のイスラム教徒は同じイスラム教といっても母国はばらばらで、なかなかイスラム教徒の大勢が納得できる代表が選出されない。フランスでは、二〇〇三年までにイスラム教徒の全国組織ができたが、まだうまく機能していない（Sciolino, 2003）。

宗教が政治問題になるのは、どちらかといえば、慣習の側面よりもむしろ信仰の側面が多いし、いったん問題になれば、信仰については妥協しにくい。カトリック教会の妊娠中絶、間引き、離婚、同性愛などへの反対は、聖書に明記されていることではなく、宗派によって聖書の解釈が異なるが、これらはキリスト教の形成期から社会問題になっていた（Stark, 1996；MacCulloch, 2003：610ff）。カトリック教会にとって、この「罪」を人間社会から排除したことは道徳水準を高めた歴史的貢献と考えている。したがって、社会がいくら変化しても、カトリック教会は立場を変えない。宗教政党は、妥協できない宗教団体と、変わってしまった社会との間に立って苦渋している。

3　政治学から見た宗教団体

宗教の定義については、宗教学者の間での合意すらできていないから、政治学者にとってはさらに困難であろう（Casanova, 1994：26）。ただ、政治学の観点から宗教についていえることはいくつかあると思われる。人間には宗教的といえる経験があり、この経験は多様かもしれないが、それによって宗教団体とその団体に対する帰属意識が形成される。政治学者は宗教の定義はできなくても、宗教団体の政治的活動や、宗教に対する帰属意識が政治的行動に及ぼす影響を分析することはできる。

宗教団体の特徴の一つは団結が強いことであるが、少なくとも五つの集団を区別して分析しなければならない。すなわち、⑴教会執行部、⑵現場の聖職者、⑶系列団体、⑷信徒個人、⑸帰属意識者である。各集団はお互いに政治についての意見が必ずしも一致しないから、これらは別々に分析されなければならない。前の三者までは宗教団体の組織内部の集団であるが、後の二者は外部の支持者である。ここでは圧力団体と同じように、組織として分析した後に、支持者について分析することにした。

組織としての宗教団体

宗教団体には、創設者一人が指導する小さな宗派もあれば、巨大で国際的な官僚的組織もある。大きな団体の中にも、カトリック教会のような中央集権的なピラミッド型の階層制もあれば、分権的な集会中心のプロテスタント教会やイスラム教、修道院中心の仏教もある。多様な宗教団体についての一般論はあまりないが、概して教会執行部は政府と接触することが多く、現場の聖職者は社会の弱者に接触することが多いといえる。そして、信仰に最も拘束されるのが執行部と現場を含む聖職者で、最も弾力的に行動できるのが系列団体であるといえよう。

教会執行部は宗教・組織全体の責任を担う集団である。大きな宗派から見て理想的な政教関係は、政府から認定された国家教会であろう。政府から見ても国家教会には利点が多い。三十年戦争後の西欧の歴史においては、一国一宗教は政治の常識と考えられ、国家宗教は安定した政治の必要条件とされてきた。現代に至るまで、大きな既成宗教団体は政府に特権を要求する一方、小さな宗教団体を「カルト」として抑えるべきであると訴えてきた。しかし西欧など先進国では、国家宗教以外の宗教を抑えきれなくなったので、政府は宗教の自由を消極的選択肢として決定してきた。もちろん、小さな宗教団体自身も、国家宗教を目指しても無理なので、宗教の自由を求めるわけである。

国家教会として認定された教会は政府から支援も特権も与えられるし、宗教関係の政策にも強い影響力を有するが、他方でコストもある。そのコストの一つは、政府による規制である。例えば南欧および南米では、政府は、カトリック教会に国家宗教認定を与える代わりに、教会の役職人事の拒否権を持つことが普通であった。認定コストのもう一つは、教会が既成体制の一部になることである。政府の「御用団体」と見なされる以上、その体制に問題が起これぱそれは教会の問題にもなる。例えば政治腐敗が発生した場合、教会に近い政府や政党であるので、教会は道徳的な立場に立って批判することが難しくなる。それによって教会は弱いものの立場ではなく、強いものの味方になるとすれば、信徒が少なくなる可能性が出てくる。イタリア中部では教会が地主の立場を支持したので、借地人はカトリック信徒でありながら、共産党を支持するようになった（第9章参照）。また、政府の支援を受ければ、政府の政策に反対することができなくなるかもしれない。例えば、政府が国民の要求に応えて離婚を認める法案を提出したとき、教会は独自の立場をとって反対することが難しくなる。したがって、宗教団体は既成体制の一部となるよりも、自立した団体として政治的活動をしたほうが有利と思われる。近代国家におけるほとんどの圧力団体は、特定政党を支持するより、政策によって自由に行動したほうが得策と決めている。宗教団体もまたその例外ではない。

国教を定めず、宗教を自由化することを一種の規制緩和と解釈する研究者もいる（Chaves & Cann, 1992）。これは宗教団体間の自由競争が宗教全体のためになるという説である。例えば、台湾で政府が認定した仏教団体は人気があまりなく、宗教自由化後に独立した団体に競争上は負けたが、仏教界全体としては活性化された（Laliberte, 2004）。イギリス政府は英国国教会を国教として認めているが、最近低調であるので、教会側から政教分離を求める声も出てきた（第7章参照）。このように宗教にとっては、特権よりも、自由競争が得策であるのかもしれない。

現場の聖職者は教会執行部とその信徒の間に立つ。教会執行部の組織防衛は、聖職者の信仰を守ることや信徒の立場をとることとは、必ずしも一致しない。教会が政府と妥協すれば、聖職者や信徒の主張が、宗教の原点であるべき信仰の立場から、逆に教会と対立することもある。現場の聖職者は教会の指導者に従って信徒を指導することもあれば、信徒の立場に立って指導者に対抗することもある。その対立を最も典型的に示す現象は、南米の「革命神学」である。そこでは現場の聖職者は貧困者の立場をとって、教会を含む権力体制と戦った。教会が既成体制の一部であったにもかかわらず、聖職者は貧困な一般信徒の立場をとって、反体制勢力となったのである。聖職者は、教会と協力するよりも、宗教を否定する反対勢力の共産主義者と協力するようになった。

聖職者の宗教心から発生する行動も必ずしも教会執行部の指導通りではない。例えば、六〇～七〇年代の反戦運動に参加した人々には、通常は敵対視し合っているはずの左翼主義者、キリスト教の聖職者や信徒、双方ともに多かった（Bartholomew, 1992）。それら信徒が反戦運動に参加したのは教会からの指導があったからではなく（場合によっては教会の方針に反していた）、個々の宗教心から戦争に反対しなければならないと考えたからであった。反戦運動に対する教会の役割は小さかったが、宗教の役割は大きかったのである。

また、世俗化が最も進んでいると思われる、教権反対主義が根強いフランスでも、宗教心が政治行動に影響を及ぼすことがある（Dulong, 1982）。例えば、ブルトン地方は農業中心の伝統的社会を形成していたが、農業の近代化に伴って伝統社会は崩壊していた。農民の組織としては教会くらいしかなく、しかもその教会は非常に保守的であった。既成権力体制の一部として、ブルトンの教会は政府のとる政策に反対できなかった。そこで非常に中央集権的な教会の方針とは関わりなく、若手の農民が教会で自主的に集まり、直面している問題について議論した結果、政府の農業政策に対する反対運動を展開した。その運動は少数とはいえ動員能力が抜群であった。団結、動員力は宗教団体の特徴といってもよいであろう。ブルトンの農民社会においては教会の役割は弱体化していたかもしれないが、宗教の役割は大きかったのである。

宗教団体は、執行部と現場の聖職者とは別に、普通の信徒から形成される系列組織を多く作る（例えば、イスラム教について、Clark, 2004 を参照）。系列団体の活動によって、信徒同士の付き合いを増やし、団結を高めて、生活の中の宗教的側面を意識させる目的である。例えば日本の創価学会には音楽の団体が多い（McLaughlin, 2003）。福祉、教育などの奉仕活動のための系列団体も多い。信徒の人生・活動の大部分が系列団体の中で行われるようになれば、宗教政党などを支える「小社会」を形成できる（第3章を参照）。一九世紀西欧における系列団体について水島治郎は次のように述べる。

教育の世俗化反対運動が幅広く行われた国々においては、その担い手と重なる層、すなわち下級聖職者や地域の有力信徒層が、この社会問題に積極的に対応していく。彼らは信徒労働者を動員して独自の労働組合の結成を進め、社会主義勢力の伸張に対抗したのをはじめとして、雇用者団体・自営業者団体などの階層別組織、農村部では協同組合などを次々発足させていったのである。特にオランダ、ベルギーやオーストリアのようにこれらに加えて宗派別の余暇団体・高齢者団体など幅広い系列団体が結成され、信徒の全生活に及ぶ組織化が進む。

（水島、二〇〇二、三七頁）

西欧における「世俗化」の最も根本的な意味は、この系列組織の弱体化、信徒への拘束力の低下、宗教団体の組織票があてにならなくなること、にある（Luther & Deschouwer (Ed.), 1999）。

宗教と政治を混同すべきでないという立場には様々な意味があり、その一つは混同すればマスコミなどに批判されるということである。また、教会・聖職者が直接政治に介入すれば、その結果に責任を取らなければならないし、それは教会・聖職者の立場に相応しくない。その結果、教会の政治活動は系列団体に依頼されることが多い。それゆえ政治学者は系列団体を研究したいが、系列団体は、政治活動を行っているからこそ、研究されたくない。例えば西欧では、カトリック教会が政治活動のために、カトリック・アクションという秘密結社を作って、各国の戦後政治史に大きな役割を果たしてきたが、これに関する研究は少ない。

系列団体は、執行部・聖職者の利用のために設立されるが、自立することもある。例えば、中国の仏教においては聖職者組織が伝統的に政府との対立を避けるので、改革の原動力は系列団体から発生することが多かった(Laliberte, 2004)。また、西欧の平和運動では宗教団体、特にプロテスタントの団体が活躍するが、教会・聖職者・一般信徒よりも、若者の信徒組織の方が熱心である(Bartholomew, 1992)。平和運動を支持するのは宗教よりも平和を優先する人々であるから、カトリック系列の信徒組織といっても、無宗教の若者も参加している。教会から見れば、無宗教の若者を系列団体に参加させれば、宗教に興味を持たせる絶好の機会になる。宗教政党は、教会執行部の言いなりで、系列組織の一つにすぎない場合もあるが、教会の意図と選挙に勝つための戦略が不一致の場合には、自立する傾向が見られる(Casanova, 1994)。第9章に紹介するように、イタリアのキリスト教民主党は教会から自立するために努力してきた。しかし、たとえ宗教政党が教会から自立していても、系列組織がその集票活動の選挙母体となることに変わりはない。

宗教団体の立場を執行部の正式的な立場と思い込むのは単純である。実態は常にそれより複雑である。宗教団体内部の集団によって、国によって、そして時代によっても立場が異なってくる。具体的に誰が反対し、誰が賛成しているかは特定できない。カトリック教会は妊娠中絶反対を訴えているが、カトリック信徒は必ずしもそうではない。妊娠中絶に対する態度は、各国の教会の立場によって違うし、ローマ教会の立場でさえ法王の交代のたびに微妙に変わってくる。宗教団体の政治活動を分析するにあたっては、組織内部の温度差を分析しなければならないのである。

宗教団体の支持者

多くの研究によって、いわゆる信徒であるからといって、必ずしもその宗教の信仰を信じていないことが分かってきた。熱心さの度合いは様々であるが、少なくとも信徒と帰属意識者に区別しなければならない。キリスト教の場合、教会に通う頻度で両者は区別できる。信徒は毎週のように教会に通うが、帰属意識者は一年に一、二回(主としてクリスマスと復活祭)しか行かない。世論調査の宗教に関する質問に対して、「カトリックです」とか「プロテスタントです」と同様に答えるが、両者は宗教団体においても、政治意識も、政治行動も異なっているのである。

原理主義者は、他の信徒を「信徒らしい行動が見られないので、本当の信徒ではない」として批判する。これは、信徒の帰属意識者に対する批判である。イスラムの原理主義者は単なる帰属意識者を「地理的イスラム教徒」と呼ぶ（Almond & Scott, Sivan, 2003：24）。その人々のイスラム教はどこにあるかといえば、その信仰・慣習にではなく、住んでいる国のみにあるという指摘である。ユダヤ教の信徒がイスラエルへ移ってから、「イスラエルがユダヤ教の国とは思えない」と感じるのも同じ批判であろう。

宗教団体から見れば、帰属意識者が指導に従う確率は信徒のそれよりも低いであろう。政治意識・行動にも様々に差があると思われるが、従来の研究で最もはっきりしているのは、移民に対する態度である。西欧において、信徒は、教会の寛容の教えに従うので右翼政党に投票する確率は低い。しかし帰属意識者にとっては、キリスト教に帰属することは、キリスト教への信仰からというよりも、民族意識などの「われわれ」の定義の一つと考え、単に他人（外国人を含む）と違うことを示す意味しかないので、右翼政党に投票する確率がより高いのである（Soper & Fetzer, 2002：182）。

信仰を理解すれば、その信徒の行動を予測・説明できると思うかもしれないが、実際には理解に苦しむ場合が多い。宗教の教えと正反対の行動も少なくないのである。信仰と行動の間にギャップが発生する場合、その行動主は、信徒ではなく、信仰をあまり気にしていない帰属意識者であるということがその説明になるかもしれない。

宗教団体と行政　宗教団体は自発的な活動を通じて、行政に役立つことが多い。近代国家が形成される以前、教育・福祉などは宗教団体に任せられたが、国がその責任を負うようになって以後も、宗教団体の役割は存続している。すなわち宗教団体は、教育・福祉などの行政に対して、委託先にもなり、圧力団体にもなる。行政側から見れば、宗教団体に委託することが非常に効率的である一方、委託すれば影響力を宗教団体に譲ることにもなるということである。

公務員だけで実施しても効率が低い政策分野では、私的団体の協力を得れば予算の節約にもなるし、政策の効果も高める。その主な事例は、専門知識が必要な分野を有資格者団体に委託することである。例えば、どこの国でも医療関係の規制・管理は官僚よりも、医師のほうが詳しいので、医師会に委託することが普通である。宗教団体の専門知識を認める葬式などについても、少ないがゼロではない。臓器移植など医学政策について、専門知識を認める場合もある。専門知識とはいえないかもしれないが、どこの国でも宗教団体が結婚式など様々な「式」を挙げる役割を果たしている。また政策との関係はさらに薄くなるが、どこの社会でも「祭り」が必要とされているし、宗教団体が祭りに大きな役割を果たしている。「式」や「祭り」において、宗教の社会的な役割を最もはっきり見ることができるであろう。政府は、その役割を抑えきれないので、規制しながら支援することが得策と思われる。

宗教団体が委託先になるのは、専門知識よりもボランティア活動による事例が多い。政府にとっては、人を雇って給料を払うよりも、ボランティア精神・宗教心を借りることが節約になる。宗教団体は自発的に奉仕活動をするので、その活動が政策の目標に合致すれば、政府から支援したり委託したりすることが多い。だが、そこで宗教団体が医学・福祉・災害援助などの活動をすれば、行政の負担は軽くなるが、影響力を譲ることにもなる。例えば政府が、すべての病院に妊娠中絶の相談を義務づけても、カトリック系の病院は断わるかもしれない。医療体制が宗教団体に頼れば頼るほど、医療対策についての発言権を宗教団体に与えることになる。

宗教団体は、幼稚園から大学まで、教育に熱心で貢献することが大きい。政府はそれを支援することも多いが、教育の分野での政教対立も多い。例えば、フランスでは教職員組合が根強い教権反対主義であるので、イスラム教のヒジャーブをかぶる学生を教えることを拒否してストライキをすることがある。しかし、一方イギリスでは協力・支援が目立つ。小学生の三割が宗教学校で勉強しており、宗教学校は人気が高い。それは教育レベルが高いからということだけではなく、父母自身が宗教熱心でなくても、子供に宗教・道徳教育を望むからである（Fetzer & Soper, 2005：43-44）。宗教学校はたしかに政府にとって節約になるが、「進化論」などの教え方から、道徳教育のあり方に至るまで、政治的問題になりやすい問題が多い。

ほとんどの団体は圧力団体の役割を果たすが、宗教団体もその例外ではない。他の団体と同様に福祉、医療、教育、家族など関心のある政策について発言したりするが、彼らは基本的に組織防衛のための政策を要求する。宗教団体の場合の組織防衛とは、宗教の規制および税制優遇などの特権廃止に対して反対することである。最も難しい問題は、宗教団体の法的な定義と行政からの認定であろう。宗教の看板の下で詐欺をする団体もたしかに存在するが、宗教は科学ではないので、宗教団体が「宣伝」するサービスを本当に提供できるかどうかを確認しにくく、法学的に宗教と詐欺の区別は必ずしも明確ではない。

政府から見れば、宗教に自由を与えたいが、それを正当な宗教団体に限ることは難しい。宗教団体から見れば、政府が「カルト」や「邪教」を規制してくれれば、競争を抑制することができる。しかし、現在認められている宗教団体にも、創設時にはカルトとされていたものもあり、カルトを規制することは、単に既成宗教の保護にすぎなくなる恐れがある。このように宗教行政には難問が多く、比較研究が少ない。

宗教団体と選挙

宗教団体が選挙に参加する場合、その方式は様々である。例えば、指導者・聖職者が信徒に対して投票指導をすることがある。その指導には、「従わなければ地獄行き」というような極端な脅しもあれば、単なる推薦の場合もある。そして極端な命令であっても、信徒は必ずしも従うわけではない。例えば一九五〇年代のイタリアでは、カトリック教会が絶対に共産党に投票しないよう指導したが、ある地域の有権者は、教会より共産党こそ弱い者の味方であるので、いくら信徒であっても牧師の指導を無視しよう、と考えた。

教会に通いつつも牧師の指導を無視し、共産党を支持したわけである（第9章参照）。

西欧では投票指導は推薦レベルでとどまる傾向が強く、近年では指導そのものが少なくなってきている。そして指導よりも、間接的な交際効果の方が、投票行動に影響があると思われている。イギリスでは聖職者が投票指導することはほとんどないが、英国国教会の信徒は保守党に投票する確率が高い（第7章参照）。それは信徒同士が交際する機会が多く、そこでは政治的な話も出やすいからである。特に自分の政治意識が薄い信徒にとって、「われわれは保守党支持」という気持ちになることは自然なのである（Wald et al., 1988）。

宗教が投票行動に影響を及ぼす仕組みは、次の四つに分けることができる。

(1)　信仰と政策の関係である。例えば、有権者は「私はカトリックであるから、離婚に反対する。離婚に反対する政党はキリスト教民主党であるから、その政党を支持する」と考えることがある。これは、政党の政策が信仰と一致するから支持を決めるということになり、政策的な投票行動といえる。

(2)　帰属意識である。世論調査で「宗教は何ですか」と聞かれ、「カトリック」と答える人であっても必ずしも教会に通わないし、必ずしもカトリックの信仰を信じないし、必ずしもカトリックとの組織に属さない。にもかかわらず、「自分はカトリックである」と意識する。このような人々はカトリックとの関係は帰属意識しかないのだが、様々な帰属意識は投票行動に影響を及ぼし、宗教に対する帰属意識もまた例外ではない。集団の推薦はその帰属意識者の投票行動を決定することが多く、宗教団体も例外ではない。例えば、カトリックの信仰を疑っても、そしてキリスト教民主党の政策を別に支持しなくても、カトリック系の労働組合などに参加すれば、組合の推薦に従って支持することがある。教会が直接に政党を推薦することもある。

(3)　「交際効果」である。政治的な立場が異なっても、付き合っている仲間と同じ投票をする傾向がある。教会で付き合う仲間もその例外ではない。

表5－1　宗教と投票行動の関係

	投票行動との相関関係	無宗教の比率
イギリス	0.076	33.1
アイルランド	0.123	3.4
デンマーク	0.140	21.2
ドイツ	0.160	10.4
フランス	0.177	26.0
ベルギー	0.210	24.5
イタリア	0.216	7.2
オランダ	0.289	44.4

出所：Knutsen, 2004 から作成。

(4)　いわゆる「組織票」として選挙運動を行う組織である。宗教が特定の政党の選挙母体として非常に強いことは再度にわたって確認されている。西欧の民主化時代には、宗教政党の成功の秘訣は信徒個人の意識よりも組織にあった。以来現在に至るまで、労働組合以上に選挙活動が行える組織は、宗教団体ぐらいであろう。宗教活動のための組織は、選挙活動のためにも最適なのである。

一般的には、投票行動を説明するうえでの社会的属性の要因が弱くなる傾向にあるが、宗教と階級の影響力を比較すれば、宗教のそれのほうが強く残っている国が多いことが分かる。例えば、ベルギー、カナダ、南アフリカとスイスを比較して、宗教の影響力は、言語よりも、階級よりも強いという結果がある（Lijphart, 1979）。レイプハルトの別の研究によれば、ベルギー、ドイツ、イタリア、オランダ、ノルウェイ、スイスといった西欧諸国には、宗教の強い対立軸がある（前掲表3－3参照）。

しかし、宗教を信じる人の割合が高い国が、必ずしも宗教の投票行動への影響力の強い国ではない。宗教の社会的な影響力と政治的な影響力は必ずしも一致しない。

表5－1に、世論調査で宗教の属性と投票行動の相関関係と、信仰している宗教についての質問に対して「無宗教」と答えた割合を並べている。宗教の投票行動への影響力が最も高い国はオランダであるが、そのオランダが、無宗教と答えた割合も最も高い。それは、オランダ社会は世俗化が進んでいるにもかかわらず、宗教政党があるので、宗教の対立軸があるからである。フランスとベルギーも無宗教の人が多いが、宗教の投票行動に対する影響力

が強い。アイルランドは逆に無宗教の人が最も低いが、宗教の投票行動への影響力は低い。それはアイルランド人の中にカトリックが圧倒的に多く、対立軸にできるライバルの宗教がないからである。イタリアにもカトリックが圧倒的に多いが、共産党がライバルになっているので、宗教が対立軸になっている。

強く見える宗教団体が命令を出しても必ずしも信徒の投票行動に影響しないが、強いと見えない宗教団体の推薦が信徒の投票行動に影響を及ぼすことがある。宗教の投票行動に対する影響力は様々であるといえよう。宗教団体と選挙の一般論ははっきりしないが、宗教の投票行動に対する影響力が消える様子は見受けられない。

4　宗教と民主主義

西欧における政教分離の歴史は学問の世界にも残っている。政治と宗教を混ぜてはいけないという考え方は常識になっているし、政治学には、宗教団体や宗教に対する帰属意識などを、一般論と同じにするのではなく、別格扱いしなければならないという考え方が強い。しかし、「宗教団体はその例外ではない」と何度となく指摘したように、比較政治学の一般論は、宗教団体にも十分あてはまる。宗教の特質をふまえなければならないが、別格扱いする必要はどこにもない。宗教政党には特徴があるものの、大衆政党の理論が十分あてはまる。宗教が形成する小社会は労組などが形成する小社会に似ている。ここでも宗教団体は独自の特徴を持ちながら、圧力団体、委託団体、選挙母体などの理論が十分あてはまる。宗教に対する帰属意識にも特徴があるけれども、投票行動に対して他への帰属意識と同様な影響力を与える。宗教戦争はたしかに激しいといえるが、それにも民族戦争の理論が十分あてはまる。今後の宗教と政治の研究は一般論をあてはめながら、宗教の特徴を明らかにすることを目指すべきであると思われる。

民主主義から見た宗教についての懸念はたしかにあるが、それでも別格のものではない。宗教団体の特徴は信徒に対する拘束力が強いことであるといっても、必ずしも他の政党や団体よりも強くはない。「強い宗教」は民主主義にとって危険であるかもしれないが、それは宗教団体に限らない。右翼・左翼団体にも同様の現象が見られる。危険なのは宗教団体ではなく、会員に対する拘束力の強すぎる団体全般というべきであろう。

宗教政党や団体は、民主主義にとって危険視されることが多い。西欧の宗教政党がもともと民主主義に反対したように、インドのヒンドゥー教系のＢＪＰ（インド人民党）や、日本の公明党は、非民主主義的と批判されてきた。その批判には根拠がたしかにあるが、宗教政党は選挙などに参加すれば、妥協をするようになり、普通の政党に似てくる傾向がある。西欧における宗教政党の歴史についての研究は、民主主義の経験は民主主義者を育成するという結論に達する（Kalyvas, 1998b）。その仕組みは次の通りである。すなわち、民主主義に反対する宗教団体は臨時的な戦略として選挙に参加することにする。選挙に参加すればするほど、当選が団体内部での出世の要因となる人・集団が出てくる。当選に頼る人が多くなれば、その集団は団体内に影響力が強くなり、ある程度選挙母体である宗教団体から自立する。選挙参加を続ければ、宗教政党は宗教団体を選挙母体とする普通の政党になる。この「民主主義は民主主義者を育成する」仕組みは宗教政党の研究から分かったが、他の政党にもあてはまる。民主主義を否定する右翼・左翼政党が選挙に参加すると、民主主義を肯定する傾向が出る。もちろん、この仕組みが働くには時間がかかるし、政治の様々の仕組みの中の一つにすぎないが、それでも意外と強い影響力を持つのである。

第6章　政治腐敗と政治改革

ベルリンの壁が崩壊して、冷戦は民主主義の「勝利」で終わったが、その後民主主義内部の問題が目立ちはじめた。民主主義体制と共産主義体制を比較する意味がなくなったので、民主主義の理想と現実を比較するようになり、各国の民主主義の問題点が浮かび上がってきたのである。その結果は、政治不信であった。民主主義が行き詰まってきた感じが強くなった。そこで最も目立った問題は政治腐敗である（Anderson & Tverdova, 2003）。政治腐敗で長らく困ってきたイタリアをはじめとして、政治が比較的クリーンだと評判されてきたイギリスとドイツまで政治腐敗が明らかになった。

というわけで、政治腐敗・政治汚職についての研究が非常に多い（主な論文集は、Markovits & Silverstein (Ed.), 1988 ; Heidenheimer, 1993a ; Williams, 2000 ; Williams & Theobald (Ed.), 2000 ; Williams, Moran & Fanary (Ed.), 2000 ; Williams & Doig (Ed.), 2000 である）。しかし、政治腐敗は分析しにくいテーマであるので、研究の発展が進んでいるとはいえない。政治腐敗を研究するためには、まず、データの問題がある。他の違法行為と同様に、ばれた犯罪と捕まった犯人しか分析できない。腐敗の全体像を把握することは無理であろう。よって、政治腐敗の研究には、たまに出た「汚職事件」や「スキャンダル」の事例研究が最も多い。より科学的に分析可能なデータが入手できることは珍しい。

いうまでもなく、政治腐敗は民主主義が健全に機能していないことを意味する。政治腐敗の定義については合意がないが、民主主義に対する危険性は確かであろう。第4章で見たように、躍進する右翼政党が選挙運動にあたって利用できる問題は、移民問題に次いでは、汚職問題である。民主主義国と非民主主義国を比較することは困難であるが、民主主義国に腐敗が多いとはいえない。逆に、発展途上国のみならず、共産主義圏に、西欧より腐敗が多いと思われる。民主主義国における特徴は、腐敗の量よりもそれが明らかになる確率にある。非民主主義国では、腐敗があっても、揉み消しができるので明らかにならないが、民主主義の国では、相対的に政治腐敗は多くなくとも、報道の自由などによって、その腐敗が明らかになりやすいのである。政党間の競争もスキャンダルを促進する。スキャンダルがあれば、票が動くので、野党は常に与党の腐敗を明らかにするために努力する。民主主義がうまく機能していれば、腐敗の揉み消しはできず、明らかになれば改善策を打つ。しかし、必ずしもそこまでうまく機能しないので、民主主義の自浄能力を研究する必要があろう。

一九九〇年代は政治腐敗の時代であったと同時に、政治改革の時代でもあった。政治腐敗、政治不信、民主主義に対する不満などが原動力になって、民主主義の問題点を直すために改革案が多く議論されて、その多くが実施に至った。民主主義国はめったに選挙制度を変えないが、イタリアは九〇年代にスキャンダルが多発した後、選挙制度を改正する大きな政治改革を行った（第9章参照）。日本も一九九四年に、似た理由から、同様の改革を実施した。ニュージーランドの問題は政治腐敗ではなかったが、同様に選挙制度を変えた。この三大政治改革に加えて、多くの国は住民投票、予備選挙など、より直接的な民主主義への改革を試みた。これらは一方では、民主主義の自浄の試みにあたるが、他方では、改革になぜ何十年間もかかったかを問わねばならない。改革の効果も疑わなければならないが、この様々な改革は、成功しても、失敗しても、民主主義の行方と民主主義の意味を変える可能性が高いので、政治腐敗・政治改革についての研究は、民主主義の展望を占うために欠かせない研究であろう。

1　政治腐敗とは何か

政治腐敗の定義は意外と難しい。政治腐敗の普遍的な定義を様々に試みるが、合意に至らない。事例研究の多くは、偶発的に起こった大きな事件を分析するにあたって、なぜ悪いかを論ずるのでなく、はじめから明らかにこれは腐敗であると考えて、定義問題を避ける。統計学的な研究は、たまたま入手したデータを分析するしかできず、簡単な定義を利用することを余儀なくされて、結果として定義問題を避ける。偶発的に起こった事件やたまたま入手したデータの分析だけでは、普遍論はあまり期待できないであろう。(定義問題についての試みについて、Heidenheimer, 1993c；Johnston, 1986；Lowenstein, 1993；Friedrich, 1993；Thompson, 1993；Philp, 1997 を参照)。

定義問題を理解するために、次の実話について考えてみてほしい。市町村合併によって、大都市に編入した田舎の地域がある。それは大都市がいつかここまで成長すると思って、計画的に合併した産物であったが、その地域にはなかなか都市化が進まなかった。様々の問題を抱えたが、市役所から遠く、人口も少なく、あまり相手にしてくれなかった。例えば、山道にカーブミラーがほしいと陳情しても、無視された。そこでその地域に長く住む人が、会社を退職して暇ができたので、地域のために何かしようと思った。目をつけたのは、選挙基盤がまだ安定していない若手の市会議員であった。カーブミラーの設置などに力を貸してくれれば、少ないながら票をまとめると打診した。そして地域を回って、住民に「この市議選の候補者は力を貸してくれると言っているから、もし他に支持する候補者がいなければ、よろしく」と言っていった。結局、その市議は再選され、カーブミラーが設置された。

一方では、これは典型的な民主主義の話であろう。選挙を通じて政府が市民の要求に応えたわけである。しかし他方、利益誘導でもある。これがもし、「山道のカーブミラー」より拡大して、予算何億円の土木事業であれば、政治腐敗とされる。考えてみれば、政治腐敗と民主主義は意外と区別しにくい（Thompson, 1993）。利益誘導型の政治家は、逮捕されたときに「これは汚職ではなく、民主主義である」と驚いて反論するが、それも当然であるかもしれない。またドイツでは、非常に厳しい政治腐敗防止法案を作成したが、この法案が成立すれば、政党が選挙公約することそのものが違法行為になると指摘されて、廃案にしたことがある（Lowenstein, 1993）。公約が票との取引であることが民主主義であるとすれば、政治腐敗とされる利益誘導のどこに問題があるだろうか。国民の要求の中に、正当な要求と不正な要求をどう区別できるか。結局、民主主義と政治腐敗をそう簡単に区別することはできない。

政治腐敗を定義する試みは、道徳的な定義と法学的な定義に分けることができるが、双方とも科学的な研究問題とするには問題が多い。

道徳問題としての政治腐敗　政治腐敗をなぜ研究するかといえば、政治家や公務員に対して怒っているから、という理由が最も多いと思われる。「国のために努力しているはずの人がなぜ悪いことをするのか」知りたいのは当然である。しかし、「悪いこと」を客観的に定義することは難しい。問題は様々であるが、まず、誰の価値観に基づいて定義すべきであろうか。民主主義の観点から見れば、国民の価値観を信頼すべきであろうが、実行しようとすると問題が多いことが分かる。

まず、道徳観自体、国民により、国内の地域により、年齢により、そして時期によって異なるものだという問題がある。政治腐敗を市民の価値観で定義すれば、普遍論ではなく、文化論になり、比較しにくい現象となる。市民の価値観は変化するので、特定の事件の事例研究には相応しいかもしれないが、政治腐敗の一般論には発展しにくいであろう。

そこで一般論をあきらめ、文化論を利用することにして、市民の価値観に基づき「腐敗とは、もし明らかになれば、スキャンダルになる出来事である」と定義してもよいと思われる。しかし、以下でより詳しく説明するように、スキャンダルは単なる醜聞の露見現象ではない。スキャンダルは必要な材料がそろったら自然に起こる現象ではなく、野党・マスコミなどが作り出す現象である。その作成過程では、その政治家や公務員の行動がなぜ悪しきことであるかを説明して、国民を納得させる必要がある。スキャンダルは、国民が既存の価値観によって判断する問題というよりも、むしろマスコミの説明に納得がいくかいかないかという問題で、つまりは国民の価値観を変える作業である。よって、国民が安定した価値観を持っていることを前提にする腐敗の定義は使えない。

政治腐敗についての関心は根本的に規範的であるので、規範的な定義がほしい。しかし、科学的な研究のためには、規範的な定義ではなく、客観的な定義がほしい。そこで最も使われている客観的な定義が「法律違反」であるが、法学的な定義にも問題が多い。

違法行為としての政治腐敗　法律違反であれば汚職である、という法学的な定義は客観的であるし、法律を作る人には法律を守ってもらいたい、というのは当然の要求であろう。法的な定義は規範性と客観性を兼ね備えているが、それでも問題が多い。

まず、誰でも何かの法律を破っているという問題がある。例えば日本の法律では、厳密に言えば、二〇歳になるまで酒を飲んではいけないが、二〇歳まで待つ人は非常に少ないと思われる。この法律は大学生の中では「守らなくてもよい法律」であることが常識になっているようである。両親は大学生が酒を飲んでいることをスキャンダルと思うかもしれないが、本人たちはそれが大した法律ではなく、破る人が犯罪者とされることのほうがおかしいと思うであろう。政治や行政のスキャンダルが発生したとき、その容疑者がいつも「悪いことはしていない」と訴えることは、この大学生と同様に、「それは破ってもよい法律であるので、破る人を犯罪者とすることがおかしい」と考えるからである。こういう「明らかになればスキャンダルになるかもしれないが、守らなくてもよい法律」や

「厳密に言えば違法であるが、現実的には必要悪である」という常識はどこの分野でもある。例えば、タクシー運転手はある程度交通違反をしなければ商売にならない、と考えるであろう。常識的な行動は、それが違法であっても、悪いことをやっているという意識を生じさせない。政治家や公務員もその例外ではない。「厳密に言えばこれは選挙違反であるが、誰でもやっている」という政治家の常識があれば、「厳密に言えばこの予算の使い方は法律違反であるかもしれないが、実際のところ国のためになっている」という公務員の常識もある。よって、「政治家や公務員はなぜ悪いことをするのか」というよりも「この違法行動はなぜ政治家や公務員の間に常識になったか」と問うたほうがよいと思われる。

スキャンダルになってからの「大した法律は破っていない」という発言は、口実にしか聞こえないかもしれないが、場合によってはたしかに法律があまりにも細かく、あまりにも非現実的で、法律そのものに問題があるというケースもある。例えば、労働組合がストライキをする代わりに行う、いわゆる順法闘争がある。それは、ルールをすべて厳密に守れば、仕事が進まず、ストライキに準ずるように機能することを利用するものである。それはまた、普段常識的に無視しているルールが多いことの証明でもある。政治家や公務員に関するルールは特に細かいと思われる。厳密に守ると、政治や行政がよく機能しなくなる法律があれば、違法行為を腐敗とは言いにくいであろう。

政治や行政などには、仕事をやっていく中で「守らなくてもいい法律」が自然にできてきて、多くなる。「守らなければならない法律」を、仕事をより効率的に行うために、今回に限って守らなくてもよいことにすることはあるが、それが習慣になれば「守らなくてもよい法律」になってしまう。こうして守られていない法律が多くなれば、それが明らかになり、スキャンダルが発生する確率が高くなる。同じ腐敗が二度と起こらないために改革を行うが、それが単にルールをさらに厳しくすることであれば、悪循環になる可能性がある。アネチアリコとジェーコブス(Anechiarico & Jacobs, 1996)はニューヨーク市の政治腐敗を研究して、汚職が多いのはルールが多すぎるからだという結論に達した。スキャンダルが出るたびに、改革をして、ルールがより多く、より細かくなる。その結果、法律を専門的に勉強している会社しか土木事業ができなくなる。その会社は市役所との付き合いが深まり、その商売は自然と、土木よりも、法律と政治になる。

また、スキャンダル・改革のたびにルールを多く、細かく、厳しくすれば、政治家・公務員の裁量が狭まる。例えば、縁故採用をなくすために、局長の人事権が狭まって、行政管理がほとんどできなくなっているケースが見られる。管理をするためには、ルールをある程度無視しなければならないので、そのルールを無視してもよいという常識が形成される。そこでスキャンダルが発生して、改革によって局長の裁量がさらに狭まるという悪循環になる。腐敗防止の根本的な問題は、政策実施に必要な裁量を行政に与えれば、政策を実施できるが、汚職もできるようになる。逆に、汚職ができないように裁量を狭めれば、政策をうまく実施できなくなる。政治家についても同様のことがいえる。政治家に政策作成に必要な権限を与えれば、その権限は汚職のためにも使える。しかし、汚職できないように権限を減らせば、政策をうまく作成できなくなる。望ましい目的通りにしか使えない裁量や権限は存在しない。裁量や権限があれば、いいことも悪いこともできる。裁量や権限がなければ、いいことも悪いこともできない。

さらに、また別の意味でも改革が腐敗を誘発することがある。それは改革が法律を変えるので、従来常識であった行動を違法行為にするというケースである。法律が改正されただけでは行動はすぐ変わらない。その法律を実施しなければならない。実施には司法も必要であろうが、それよりも政治家と公務員自身の常識を変えなければならない。だが、常識を変えるのに時間がかかる。そこでその間、スキャンダルが多発すると予測できる。例えばイタリアでは、一九七四年から腐敗防止法の違反が多発した。その理由は、政治家が悪くなったからではなく、従来の行動が突然違法行動となったからである（Golden & Chang, 2001：595）。日本でも同様に、一九五二年総選挙で選挙違反の検挙数が急に増えたが、それも政治家が急に悪くなったからではなく、選挙法を厳しくしたからである。

政治腐敗を違法行為と定義すれば、その定義は改革のたびに変わる。例えば、インサイダー取引を違法にする法律改正前であれば、インサイダー取引は腐敗ではないが、改正後には腐敗となる。月曜日に行った合法的な行動が、火曜日に同じ行動をしたら腐敗となるような定義には問題があろう。また、日本のリクルート事件には違法行為は少なかったが、スキャンダルになったし、投票行動に影響を及ぼした。リクルート事件は違法行為ではなくとも、政治腐敗であったと思われる。

つまり、法律による定義は狭すぎると同時に広すぎる。その行動は法律違反ではないが、それでも汚職であると考えられる場合もあれば、その行動は法律違反であるが、そう悪いことではないと思われる場合もある。法学的な定義は司法に必要であるが、政治学的な分析に役立つわけではない。

民主主義の病理としての政治腐敗　道徳的な定義にも、法学的な定義にも問題がある以上、原点に戻って考え直す必要があろう。「腐敗」の反対は「健全」であるので、腐敗は一種の病理と考えたほうがよいであろう。政治腐敗の研究で、最も頻繁に使われている定義は「個人利益のために公的な権限を利用すること」である。これはたしかに腐敗であるが、官僚制が成立した時代の定義であるので、一般論とは思われない。当時の問題意識は、親戚や盟友を優遇する習慣を官僚体制からなくすことにあったが、同じ定義を選挙法違反やセックス・スキャンダル、薬害エイズ・スキャンダルなどにあてはめるには無理がある。戦後民主主義諸国の腐敗には、私的な利益を得ることよりも党利党略によるものが多い（Thompson, 1993）。人間が病気にかかる原因が病気ごとに異なるのと同様に、政治家や公務員の汚職も、その汚職ごとに中身によって原因が異なるし、違法行為もその法律ごとに原因が異なる。病理にも政治腐敗にも一般論はない。

政治腐敗を政治的な病理と考えれば、まず政治の健全な機能のどこが歪んだかも説明する必要がある。例えばウォーレン（Warren, 2004）は、官僚体制の腐敗に加えて、民主主義の腐敗には別の定義が必要であると論じる。そのために、官僚、裁判、国会、世論形成、市民社会形成、市場、それぞれの腐敗について別々に定義を試みた。例えば官僚制は、健全に機能すれば、身分などを問わず、国民一人ひとりに対して法律を対等にあてはめる。しかし金をくれた人に公務員が優遇すれば、官僚制の公正に害を与えるので、賄賂という腐敗になる。また選挙は、健全に機能すれば、有権者一人ひとりは十分な情報をもって、自己判断によって投票する。選挙法違反は情報を歪めたり、有権者に圧力をかけたりするので、腐敗である（Lehoucq, 2003）。

政治腐敗を病理と考えることには規範的な側面があるが、単にそれに対して怒ればよいのではない。どこが悪いか説明しなければならない。例えば、九〇年代のフランスと日本などでは、薬害エイズ事件が発生した（Kirp & Bayer (Ed.), 1992）。両国の厚生省が、血液業界を保護するために、エイズ感染の危険のあった血液を国民に提供したことである。厚生省は国民の健康を守る機関であるので、逆に国民の健康に害を与えたことは腐敗といわなければならない。行政学者は、業界を規制する行政機関がその業界の発展も担当するので、腐敗が発生しやすいと指摘する。しかし、「その代議士は同性愛者だ」とか「あの代議士が浮気した」などのセックス・スキャンダルはどこに害を与えたと説明できない以上は、個人の罪ではあっても、政治腐敗とはいえないであろう。このように、政治腐敗を病理と考えれば、その規範的な側面ははっきりしながらも、科学的な分析のためにもなると思われる。

2　スキャンダル

スキャンダルとは、不祥事として非難されている問題について社会が騒ぎ立て、世論が憤慨することである（Esser & Hartung, 2004）。目立つ現象で、新聞さえ読めばスキャンダルのことが分かるので、政治腐敗と違って、定義にも資料収集にも困らない。しかし、スキャンダルによって明らかになった腐敗はよく研究されている一方、スキャンダルそのものはあまり研究されていない。それは、不祥事が明らかになれば、スキャンダルが自然に発生すると思われたからであろう。しかし、スキャンダルは第4章で用いたケーキの比喩のように、必要条件がそろいさえすれば、自然に発生するというものではなく、誰かが努力して作らなければならない現象である。スキャンダルを作る作業にはまた、芝居のように、いくつかの役割があり、それが全部そろっていなければ、スキャンダルは発生しない。言い換えれば、スキャンダルは「公的機関が腐敗しているとラベルを貼り付ける儀式」(Sherman, 1993) である。マスコミなどの騒ぎによって腐敗というラベルが貼られたら、市民は怒り、政治体制が対応しなければならない状況となる。

スキャンダル作成過程には、三つの「段階」や「幕」がある。スキャンダルの「幕」は芝居のようにきれいに分けることができないし、途中で終わることもあるが、その順番は大体決まっている。

開幕——不祥事を明らかにする　スキャンダルの開幕は、汚職とされ得る事実が明らかになることである。明らかになる過程は様々であるが、主に三つのパターンがある。すなわち、内部告発、マスコミの調査報告およびマスコミのスポットライト報道である (Liebes & Blum-Kulka, 2004)。どちらにしても、マスコミの役割が大きい。内部告発にしても、マスコミに対して告発することが多い。

内部告発は組織の機密を守る仕組みの失敗にあたる。従来機密を守ってきたにもかかわらず告発に転じた人は、不祥事の「被害者」と、内部対立から発生する組織への「裏切り者」の二つのパターンに分けられる。被害者告発の場合、一人が出れば、他の被害者が次々と出てくることが多い。内部対立の場合、告発を政争の武器として、敵が汚れていると攻撃する。内部のライバルについて黒い噂を知っても、それをすぐ告白するのではなく、秘密にしておいて、内部政争の都合によって戦略的に告発する。他に、内部の不祥事の共犯者が良心から嫌がって、告白するパターンもあるが、特に理由がなく、偶然に露見することも少なくない。

アメリカの一九七二年のウォーターゲート事件以来、マスコミによる調査報道が流行ってきた。この事件は、二人のジャーナリストの努力によって、不祥事が明らかになり、アメリカ政治史上初めての大統領辞任にまで発展した事件であり、世界中のジャーナリストがそれを高く評価して、自国でも見ならおうと考えるようになった。どこの国の不祥事でも「何々ゲート事件」と呼ばれるようになった。そのすぐ後のロッキード事件は、アメリカ国会内の告発から、多くの国にスキャンダルをもたらした。この二つの事件以来、マスコミの調査報道機能が強化されて、九〇年代のスキャンダル多発に大きな役割を果たした。

マスコミの調査報道は、知られなかった事実を明らかにすることであるが、スポットライト報道は既に知られた事実をまとめて報道し、注目を浴びせることである。その典型的な事例として、立花隆の「田中角栄研究——その金脈と人脈」(一九七四)がある。新しい事実は判明しなかったが、ウォーターゲート事件の最中に政治腐敗が話題になり、日本の政治腐敗といえば田中首相(当時)の話ということで、田中首相の黒い噂をまとめて書いたこの文章が、首相辞任にまで発展した。

マスコミにとって、調査報道と比べ、スポットライト報道はタイミングの自由度が高い。特に面白い報道がなければ、いつでも政治腐敗のような恒久的な社会問題にスポットライトを浴びせることができる。長期的な問題は無視される傾向があるので、定期的にスポットを当てるほうがよいと思われるが、この場合のスキャンダル発生の説明は、新しい事実が明らかになったことでも、問題が最近深刻になっていることでもなく、マスコミが別に報道することがなかったということになる。逆に、他に大きなニュースがあるので、不祥事に注目できないこともある。

スキャンダル発生には、マスコミの都合が大きなファクターとなる。

告発の役割を果たす人物の地位と信頼性が、スキャンダルの行方を大きく左右する。告白の動機が問われるので、自身が第三者として信頼されることもあるが、審議会や国際機関は第三者の役割をよりよく果たせる。「犠牲者」は「共犯者」や「政敵」より信頼されやすい。最も信頼される告白者は「第三者」であろう。マスコミ

第二幕――脚本を作成

市民が怒らなければ、スキャンダルではない。怒らせるためには道徳的な教訓のある、納得がいくような脚本を作成しなければならない。明らかになった出来事は「怒るべき腐敗であり、責任者は悪者である」ことを納得させなければならない。脚本を成功させるためには、まずマスコミが積極的に取り上げて、聴衆を確保することが必要である。汚職の容疑者はその事実などを否定するので、非難者 対 否定者の論議となる。否定者の否定作戦が成功すれば、スキャンダルは発生しない。ゆえに、この問題はただ悪者がいるということではなく、組織ぐるみの社会問題であり、改革が必要だと納得させなければならない。

マスコミが汚職を積極的に取り上げるかどうかは、汚職事件の深刻性だけではなく、その「ニュース性」にも左右される。例えば、深刻な問題であっても、説明しにくい事件であれば取り上げないかもしれない。逆に、有名人が関わった、ドラマ性のある話であれば、取り上げる確率が高くなる。そして、他のニュースと比較して、どちらが注目を集めるかを判断する。汚職問題が最近既に話題になっていれば、汚職事件の記事を取り上げる確率が高くなる。例えば、一九九〇年代のイタリアでの汚職事件連発の後で、西欧各国のマスコミは「自国はどうか」という記事を書くために政治腐敗を調べた。政治腐敗は急増することはないかもしれないが、スキャンダルは一つ発生すれば多発する傾向がある。

汚職の容疑者は悪いことをやったという意識が全くない場合が多い。違法行為であっても、たいした法律ではなく、常識的な行動と思い、現実上、国のための必要悪であり、逆に法律のほうが悪いと考える人が多い（イタリアについて、della Porta, 1996：360-361 を参照）。非難されている人々は驚いたり、否定したり、反論したりする。その反論は、直接事実を否定したり、事実は認めるが汚職ではないと解釈したり、事実は認めるが組織や制度の問題で

はなく特定個人の問題にすぎないと解釈したり、暴露した人物を非難したり、非難の目的は政治浄化ではなく政争のみであることを主張したり、「我々だけではなく、非難者も汚い」と訴えるなど様々な形をとる。否定はそのまま成功することが少ないが、否定したことによって混乱を起こすことは少なくない。混乱によって、悪者がはっきりしなければ、スキャンダルは拡大しないかもしれないが、「政治家・官僚の誰でも悪者だ」という印象が残り、政治不信につながることが多い。

非難者は、主として四つ、すなわち⑴反体制集団、⑵野党、体制内のライバル集団、⑶党内ライバル、⑷マスコミである（Esser & Hartung, 2004）。反体制集団は、不祥事は制度そのものが悪いことを証明する、と論じる。右翼政党は、移民対策に次いで、政治腐敗を非難する。民主主義が正しく機能している場合、野党は与党を非難して、政権交代を目指す。有権者の反応が強ければ、政権を交代させて、新与党は不祥事が二度と起こらないような改革を行う。党内ライバルは批判者の役割を果たせるが、単なる派閥闘争になれば、選挙や民主主義とは関係がないので、改善や改革につながらない。言い換えれば、非難者が党内からであれば、制度的な学習効果は期待できない。マスコミや評論家も非難するが、脚本の段階ではマスコミは役者というよりも、役者の競う舞台にあたる。

不祥事に「改革を必要とすべき腐敗」とラベルを貼り付ける脚本を成功させるうえで最も高い壁は、その腐敗が組織ぐるみであることを納得させることにある。ただ悪い人がいたというだけではなく、組織や制度そのものに問題があるので、政府や政治の自浄能力が信頼できないということを証明しなければ、改革を起こすスキャンダルにまで発展しない。組織や制度的な問題を説得するためには、汚職事件が一回だけではなかなかスキャンダルは発生しない。汚職が連続発生したり、多発したりすれば、スキャンダルの脚本に説得力を増す。シャーマン（Sherman, 1993）が研究したアメリカの警察不祥事は、全部二回目に起きたスキャンダルであった。最初の不祥事はスキャンダルまで発展しなかった。二回目は一回目より深刻とはいえなかったが、二回目の不祥事であったからこそ、組織ぐるみであることを証明したように見えた。

そして、スキャンダル形成過程で道徳基準を改めて定義することもある。その行動はなぜ悪いかを繰り返して説明する。その説明が通じていけば、市民の価値観を変えることにもなる。こうしてスキャンダル発生のたびにその国の公的道徳基準は進化する。

終幕――改革　シャーマン（Sherman, 1993）はアメリカの警察不祥事を研究したため、終幕は裁判となった。裁判で終わるスキャンダルはあるが、政治学者としては、終幕では裁判よりも改革に注目したい。同じような不祥事が二度と起こらないように法律を改正したり、制度を改革したりする。政治腐敗→スキャンダル→改革というパターンは民主主義体制の学習にあたる。しかしスキャンダルは必ずしも改革まで発展しないし、政治改革は必ずしもスキャンダルに由来しない。よって、政治改革の分析を別のテーマとして下に示すことにしよう。

3　政治腐敗についての科学的研究

政治腐敗の分析　政治腐敗について科学的に研究するためには、定義を狭くして、客観的な指数を利用しなければならない。事例研究として、誰の目から見ても汚職という事件を分析すれば、定義問題を避けられる。統計学的な分析では、たまたま入手できた資料を使うことが多いが、ゲーリングとサッカー（Gerring & Thacker, 2004）はできるだけ多くのデータを集めて分析した。その結果の先進国の分だけピックアップしたものが表6-1である。

先進国が比較的クリーンであるということは、指数が全部マイナスであることが示している。最もクリーンな国はイメージ通りに、スウェーデン、ニュージーランドで、汚い国はイタリアと日本である。日本がイタリアより汚いとされているのは意外であるが、このデータがイタリアの政治改革後のものであるためだろう。戦後から九〇年代までは、イタリアは先進国の中で最も汚い国とされてきた。

ゲーリングとサッカー（Gerring & Thacker, 2004）は、表6－1の国に加え、発展途上国も含めた総計一二五カ国を統計学的に分析した。最も安定した結果は、経済が発展しているほど、また、民主主義の経験が長いほど、腐敗が少ないことである。逆に社会主義体制の経験のある国と、経済を石油などに頼る国には、腐敗が多い。さらに、最も話題を呼ぶ結果として、連邦制と大統領制には腐敗が多いことがある。一般に、各国内の地方自治体の腐敗が中央政府より多いことから見れば、連邦制度はより汚い地方自治体に権限を与えるので、全体として腐敗が多いのかもしれない。大統領制のアメリカとフランスには腐敗が多いように見受けられるが、その因果関係はまだはっきりしない。

政治腐敗について国ごとに比較した研究には問題が多く、限界があるので、ここではデータがより信頼できる国内比較の研究を紹介しよう。政治腐敗についての科学的な研究が最も進んでいる国は、資料の多い、汚職大国のアメリカ（van Klaveron, 1993; Heidenheimer, 1993B）とイタリア（della Porta, 1997）である。以下にその研究を簡単に紹介する。

表6－1　政治腐敗の国際比較

スウェーデン	−2.085
ニュージーランド	−2.075
カナダ	−2.055
オランダ	−2.026
イギリス	−1.707
ドイツ	−1.62
オーストラリア	−1.601
アイルランド	−1.567
アメリカ	−1.407
フランス	−1.282
スペイン	−1.214
イタリア	−0.802
ベルギー	−0.672
日本	−0.139

出所：Gerring & Thacker, 2004：329から作成。
注：1997-98年のデータによる。低いほどクリーン。

アメリカの州政府の腐敗を比較した結果は、(1)都市化が進んでいるほど汚職が多い、(2)経済が豊かであるほど、汚職が少ない、(3)教育水準の平均が高いほど汚職が少ない、(4)政府が大きいほど汚職が多い、ことである（Meier & Holbrook, 1992; Alt & Lassen, 2003）。チャンとゴールデン（Chang & Golden, 2005）は、イタリアでの選挙区を比較した。代議士の逮捕状申請があった事件数を分析したが、その結果は、平均教育水準が高いほど、地域が豊かであるほど、汚職が少なかった。やはり、経済が発展すれば汚職が減るという結果は一般論と思われる。

チャンとゴールデン（Chang & Golden, 2005）のもう一つの結果は、選挙区の定数が多いほど汚職が多いことと、党内競争が汚職を促進することである。これは当選するために個人票が必要であるほど汚職が多いという仮説を支える結果である。定数が多いほど、同じ政党から複数の候補者が立候補して、党内競争が激しくなる。党内競争は政策ではなく、個人票によるものであるから、利益誘導の選挙運動が多くなる。利益誘導の政治は、汚職に堕ちやすい。

スキャンダルと選挙

選挙と金の関係は第1章で分析したが、ここではスキャンダルが選挙に及ぼす影響を分析する。スキャンダルの選挙結果に対する多様な影響も立証されている。ピーターズとウェルチ（Peters & Welch, 1980）のアメリカ国会議員の研究によれば、候補者にスキャンダルがあれば、得票率が六〜一一パーセント減るが、アメリカの小選挙区制では現職が強いので、それでも七五パーセント再選される。その七五パーセントという高い再選率は再出馬候補者に限るので、予備選挙で負けた候補者を入れれば、六二パーセントに落ちる。キーウィートとツォン（Kiewiet & Zeng, 1993）は一九四七〜八六年における国会議員の引退を研究して、やはりスキャンダル発生があれば引退する確率が大いに高くなることが分かった。

アメリカの一九九二年国会選挙ではスキャンダルが二つ発生したので、データが多く入手でき、分析が多い（例えば、Alford et al., 1994；Jacobson & Dimcock, 1994；Hall & Van Houweling, 1995）。スキャンダルの一つは、多くの国会議員が議員専用銀行の杜撰な運営を悪用したことであった。また、政治資金法の改正により、一九九二年選挙に出馬すれば、政治献金を自分の私的な金にできなくなったが、一九九二年までに引退すれば、溜まった献金を自分の金にできることとなったので、早めに引退した国会議員も出た。その分析結果は、スキャンダルに関わった議員の選挙区では、⑴現職の引退する確率が高くなった、⑵予備選挙に挑戦者が立候補する確率が高くなった、⑶現職の予備選挙で負ける確率が高くなったが、⑷得票率に影響がなかった、⑸再選率に影響がなかった、というものであった。⑷と⑸の結果については、一九九二年のスキャンダルが違法行為ではなく、不道徳の行為であったから、票を動かさなかったのかもしれない。

アメリカ以外でも、このような研究が、少ないものの少しずつ出はじめた。イタリアではアメリカと同様に、汚職問題のある候補者は得票率が八パーセントほどマイナスになるが、それでも六割が再選される（Chang & Golden, 2004）。そして、日本とイギリスではスキャンダルがあれば票は減るが、再選されるという結果も出た（Reed, 1999）。日本の場合、汚職の噂がマスコミに出ても、警察が取り調べなければ再選率は八割であるが、警察が取り調べると四割に落ちる。また選挙違反が話題になった候補者は得票率が減るものの、次の選挙で六割は再選される。

スキャンダルと選挙の研究は結論に達したとは思えないが、今までの結果には共通点が多い。すなわち、⑴スキャンダルがあれば、票が減る。アメリカ、イタリア、日本、イギリスでも一割弱の推計で一致している。どこの有権者もスキャンダルに同様に反応する。⑵票が減っても、再選率は高い。長期的な政治生命には影響がそうないようである。この矛盾の説明は、有力議員にしかスキャンダルが起こらないことにあると思われるが、研究はまだ不十分である。有力議員の話であれば、マスコミの取り上げる確率が高くなるので、他の議員と同様な汚職であっても、スキャンダルが多く発生する。しかし、有力議員は選挙に強いので、スキャンダルが発生しても再選される。例えば、スキャンダルのない場合の再選率が九割であれば、スキャンダルがあっても八割までしか落ちないかもしれない。

4　政治改革

政治改革についての研究には事例研究が多い（論文集では、Shugart & Wattenberg (Ed.), 2001；Gallagher & Mitchell (Ed.), 2005；日本について Reed, 1999；イタリアについて Donovan, 1995；ニュージーランドについて Vowles, 1995 参照）。一九九〇年代に入ってから選挙制度までの大きな政治改革を行った日本、イタリア、ニュージーランドについての研究は特に多い。しかし、事例研究の限界を超えた研究は、ドイツにおける州や市町村レベルでの分析しか見当たらない。

スカロー（Scarrow, 1996b）はドイツの地方自治体が行った二〇の政治改革を研究して、政党はなぜ政党に不利な改革を行うのかを分析し、その理由を三つに分けて説明した。第一に、改革を訴えれば選挙に有利だからという「選挙競争説」が最も多く、一二ケースを説明できた。第二に、政治汚職事件に対する対応のためで五ケースはあてはまった。この「不祥事説」は政治腐敗→スキャンダル→改革という定番のパターンであるが、データを集めて分析してみると、別のパターンが多いことが分かる。やはり、民主主義は、選挙が中心である。そして第三の仮説、「市民からの要求」で説明できたのは二ケースのみであった。この「要求説」は国政レベルではあまり見られないが、九〇年代の三大改革にあてはめると、ニュージーランドは選挙競争説で、イタリアと日本は不祥事説で説明できる。イタリアの場合を第9章に分析するが、ここでは選挙競争の典型的な事例であるニュージーランドの場合を簡単に紹介しよう。

各国の政治改革

ニュージーランドはイギリスの旧植民地であり、小選挙区制を採用して二大政党制となった典型的なイギリス型の政治体制であった。第2章で見たように、二大政党制は選択肢を分かりやすく二つに絞って、与党に権力を多く与えて、民主主義を政権交代に委ねる特徴を持つ。ニュージーランドの二大政党制は長く順調に機能したが、一九八〇年代ぐらいから民主主義が行き詰まってきた。新しい対立軸が発生して、二つの選択肢は有権者の望む選択肢と一致しなくなり、第一党と第二党の合計得票率が下がって、第三党の票が伸びた。従来、二大政党制の利点とされた政府の指導能力は独裁的な民主主義と見えてきたのである。

イギリス型の政治体制では、選挙と選挙の間、政府与党は自由に政策を打ち出せる。換言すれば、次の審判である選挙までは有権者を無視できる。ニュージーランドの場合は、労働党政権が公約を破り、支持者を無視して、保守的な貿易自由化中心の経済政策を打ち出したことが、それであった（Vowles, 1995）。この経済政策自身は経済学者には高く評価されて、後の経済効果は高かったとはいえ、そのやり方は民主主義として評価しがたいし、国民の不満は高まった。保守的な野党は、左派のはずであった与党の保守的な経済政策を支持したので、政権交代も機能しなくなった。政権交代しても、経済政策は変わらない。二大政党制の利点とされてきた野党の、批判票の受け皿機能が消えた。この状況の中で小選挙区制・二大政党制に対する批判が高まった。

その批判票を獲得するために、両党が政治改革を訴えたのである。そんななか、一九八七年総選挙で、労働党の総理大臣は誤って、選挙制度についての住民投票を公約した（Vowles, 1995：103）。そういう公約をするつもりがなかったにしても、言ってしまった以上、イギリス型政治体制と矛盾する住民投票が話題になった。第一・第二党は、与野党同士、政治改革という公約で競争しあって、互いに有利な小選挙区制を守りたかったが、住民投票を行わなければならない状況になった。住民投票の選択肢をできるだけ現状維持が有利になるよう設定したが、それでも有権者は比例代表制に重きを置いた併用制を選び、予想外に大きな政治改革が実現できた。

ある意味において、二大政党制は理論通りに機能した。第一・第二党の与野党両党が反対にもかかわらず、有権者が要求した改革が実現できたのだから。やはり、選挙に勝つためには、有権者の要求に応えなければならない。

直接民主主義の目玉である住民投票も、与野党反対の障害を乗り越えて、理論通りに機能した。政党の負け、有権者の勝ちであったので、民主主義といわなければならない。しかし一方では、結果として併用制が実施されて後、ニュージーランドの民主主義がよくなったとはいいがたい。逆に不慣れな連立政権に対する、国民の不満がさらに高まっている。もっとも長期的には国民も、政治家も新しい制度に慣れると思われるが、今は将来の評価は予測できない。しかし少なくとも、政治改革は民主主義の行き詰まりを乗り越えたといえよう。

イタリアと日本の政治改革は、ニュージーランドの政党競争の場合と違って、長期的な政治腐敗への対応であった。イタリアと日本は二大政党制ではなく、一党優位制（第3章を参照）であったので政権交代がなかったし、改革の必要性が明らかになってから実施されるまで、二、三〇年間かかった。イタリアの場合、改革のきっかけは裁判長らの政治腐敗に対する立ち上がりと新党の躍進であった。住民投票も大きな役割を果たした。日本の場合、連発する汚職事件と新党の躍進による政権交代がきっかけとなった。

一般論としては、一党による長期政権は政治腐敗を誘発し、政権交代は政治腐敗の薬になると考えられる。長期政権説には腐敗の少ないスウェーデンの目立つ例外があるが、イタリア、日本、アイルランドなどの該当する事例が多いので、相関関係はある。しかし相関関係以上に、政権交代の政治改革を促進するというメカニズムには説得力があると思われる。一党優位制では、与党は万年与党であり、いつか野党になるかもしれないという意識がないので、野党に不利な仕組みを改善する動機がない。しかし、政権交代が多くなれば、与党は次の選挙で野党になるかもしれないと考えて、野党に不利な仕組みはいつか自分自身にも不利に働くと考えなければならないので、改善する動機が生じる。

この政権交代と政治改革のメカニズムを明快に示す事例は、アイルランドにおける選挙区の区割り改革である。アイルランドは、九〇年代までのイタリア・日本と同様に、一党優位制であった。アイルランドの万年与党はフィアナ・ファイルであったが、イタリア・日本とは違って、時には野党連立による政権交代が起こった。政権交代を阻止した一つの要因は、選挙前に与党が恣意的に区割りできたことであった。一九七三年に連立政権ができ、連立政権は次の選挙までにフィアナ・ファイルに不利な区割りを徹底して、連立による長期政権を図った（Lee, 1989 : 481-486）。しかし、次の一九七七年総選挙でフィアナ・ファイルは不利な区割りを乗り越えて、勝利し、再び政権交代を起こした。再び与党になったフィアナ・ファイルは不公平な区割りが二度とできないように、超党派の審議会制度を作った。当時の連立政権が作った区割りはフィアナ・ファイルにとって非常に不利であったので、公正な改革が得策であっただけではなく、改革のイメージも出せた。この改革は党利党略によるものであったが、その結果の産物は公正な区割りであった。予期された通り、選挙競争は政治改革を生むし、政権交代は政治腐敗という病理への薬になり得る。

政治改革の効果

単にルールを多く、細かく、厳しくすることであれば、政治改革の効果が逆に腐敗を誘発することがある。民主主義の病理である政治腐敗に効く薬についての研究は進んでいない（Williams & Doig (Ed.), 2000）が、その一方で、規制よりも制度改革が、政治腐敗には効くと思われる。しかし、国民が要求する制度改革が必ずしも期待通りに機能するわけではない。国民が求めた薬がただの偽薬（プラシーボ）であったときには、有権者の気分は快適になったとしても、問題の解決とはならず、民主主義の自浄効果が問われることになる。

政治腐敗が明らかになれば、国民の改革を求める声が高まるのは当然であろう。そして、国民が求める改革は、住民投票、予備選挙、首相公選制など、より純粋・直接的な民主主義である。しかし、第1章で見たように、この直接民主主義的な仕組みは必ずしも期待通りに機能しない。実施してからの期待はずれが多い。期待がはずれたら、政治不信を増やす悪循環になる。根本的な問題は、有権者の民主主義への期待が非現実的で矛盾するものだということにある。例えば、どこの国でも多くの有権者は、一方では、政党は公約をはっきりすべきだ、守るべきだと信じるが、もう一方では、代議士は国会で政党の拘束を無視しても、自分の理念に従って行動すべきだと信じる。有権者の、政党本位の選挙への要求と、代議士個人本位の国会への要求は矛盾するので、要求に応えようがない。政党や政治家はこの矛盾する要求に応え得るわけがないが、応える様子を見せなければ、票が減る。よって、政治家は選挙戦略のために非現実的な公約をする場合が多い。民主主義は、不満がいつまでも解消できない政治体制である。改革の要求は定期的に出るが、どう改革しても何年後かに不満がまた発生して、改革の要求が出る。しかし、決して理想的な天国のような政治体制が見えなくても、学習や改善は見られる。政治改革は無駄ではなく、効果があるのである。

イタリアと日本が小選挙区制中心の選挙制度を導入した目的としては、多党制から二大政党制へ近づくことと、政治腐敗を減らすことがあった。しかしながら、政治改革は期待通りには機能しなかった。効果が見えるまで時間がかかっているし、達成度も完全ではない。反面、両国では二大政党制へ向かっているし、政治腐敗の改善は見えてきた（イタリアについて Reed, 2001；日本について Reed, 2002）。イタリアは二大政党制というより、むしろ二大勢力制になっているが、改革前より政権交代が増えた。日本は二大政党制に近づいているが、政権交代はまだない。両国では政治汚職は消えてはいないが、改善が見られる。政治汚職のまったくない国は世界史上一度も存在していないので、汚職ゼロは無理であろうが、改善は可能である。

政治腐敗を民主主義の病理と考えれば、政治改革はその治療にあたる。政治腐敗に対して万能薬はないにしろ、治療は可能である。例えば、どの選挙制度にも問題があり、最善な選挙制度などというものはないが、特定の問題を改善し得る選挙制度はあると思われる。ニュージーランドは小選挙区制の長い経験を反省して、比例代表制に切り替えた。イタリアは逆に比例代表制の長い経験を反省して、小選挙区制に切り替えた。選んだ選挙制度は異なるが、両国は正しい選択をしたと思われる。ニュージーランドの民主主義の問題はイタリアの民主主義の問題とは異なったので、治療法も違ったということである。

5　政治腐敗・政治改革と民主主義

政治腐敗は民主主義の最悪の側面で、政治改革は最善の側面であるといえるだろう。政治腐敗は民主主義の病理で、政治改革は民主主義の治療、学習、改善効果である。病理のない理想的な民主主義国は存在しない。どこの国でも、民主主義が機能しなくなり、行き詰まることがある。しかし、行き詰まったら、そのうちに改革する。改革が遅くなったり、間に合わなかったりすることもあるが、非民主主義国よりも改革・改善を行う確率が高い。改革は万能薬ではないが、改善につながることが多い。改革という治療は、効く場合と、効かない場合と、逆効果の場合があるが、病理があるなら、少なくとも放置するよりも、治療したほうがよいと思われる。

コラム　比較政治学の面白さ

自分の育ってきた社会と（文化、政治、宗教、経済などあらゆる面において）最も異なる人間社会というのは、どのぐらい違うものだろうか。「日本社会とアメリカ社会ではまったく違う」、「西洋と東洋ではまるで異なる」などとよくいわれるが、それでも人間社会と宇宙人社会（？）ほど違うはずはない。人間社会においては、どんなに違っているようでも、共通の現象が多いものである。そこで国の共通点と差異点を区別するために、「比較」が必要となる。

だが、いざ比較してみると驚くことが多いのも事実である。どこでも同じと思われる現象に実際は大きな差異があり、完全に相違していると思われる現象が実際はほとんど変わらないということもある。明解と思われた事象をより深く勉強してみると実は難解なこともあれば、一見特異に思われた事象を研究してみると実は人間社会に共通の現象の表出だと分かることもある。それらに驚くたびに自身の人間観が変化し、より現実的になってくる。比較政治学者にとってその驚きは、楽しみでも、勉強でもある。

日本は、外国人研究者からも日本人研究者からも、異質な国と捉えられてきた。私自身、日本研究を選んだ理由の一つは、日本が私の「最も異なる国」かもしれないと思ったからである。しかし研究してみれば、意外と普通の国だと分かった。例えば、こんな話を聞いた。「コンピュータの導入によって紙の使用量が少なくなると思われたが、日本では逆に使用量が多くなった。日本人は何回も印刷するので、コンピュータのまわりに捨てられた紙の山ができる。日本はやはり異質な国だね」。しかし実際に比較してみれば、どこの国でも日本と同様、コンピュータ導入にもかかわらず紙の使用量が逆に多くなったことが分かる。よって、この現象は日本に特異的なものではなく人間社会の共通現象である。

一方、同じはずだと思ったことが実は違うということも多い。例えば、ゼミでの教え方は万国共通だと思っていたが、アメリカでうまくいく教え方が日本では通用しないことが分かった。アメリカでは、学生が自ら挙手しないかぎり、教師の側から指名して質問することは失礼にあたる（実際にはアメリカは一つの文化ではなく、地域によって習慣は異なるが、私のアメリカ経験および自国の文化では、学生は指名されることを嫌う）。日本でゼミを受け持ったとき、学生がな

かなか手を挙げてくれないので、しかたなく初めて学生を指名して質問したとき、驚いた。その学生は、嫌がるどころか喜んで答えてくれたのである。この反応は予想外であった。このように同じ刺激に対する異なった反応を体験することは、文化摩擦の最も根本的な経験であろう。考えてみれば、私の最も売れていた本（*Making Common Sense of Japan*）の中に次のような一節があった。

　アメリカと日本の文化摩擦は、個人情報交換における異なったルールに由来することが多い。例えば、人の名前を知りたいときにどうすればよいであろうか。アメリカでは、相手が子供でないかぎり、「お名前は何ですか」とは聞かない。まず、自分の名前を名乗る。そこで相手も名前を教えてくれたら、対話が成立する。名前などを直接尋ねることはプライバシー侵害にあたる感じがする。日本では逆に、自分のことを勝手に話し出すことは無礼なこととされる。

　もちろん、どちらのルールでも個人情報交換は十分に可能だ。どちらがよいかと聞くことは、左側通行と右側通行はどちらがよいかと同様に、意味がない。どちらでもよい。が、一つに決めなければ困る（国民の半分が左側通行、半分が右側通行にすればどんなことが起こるか、その結果を想像してください）。

　アメリカ人と日本人が出会って個人情報を交換するとき、アメリカ人は自分のことばかりを話し、日本人は質問はするかもしれないが、自分のことは話さない。あとでそのアメリカ人が、「日本人はやはり秘密主義ですね。私が自分のことをいくら教えても、何も教えてくれない」と思い込むのはおかしくない。逆に日本人が、「アメリカ人はやはり個人主義ですね。自分のことばかり話して、私のことを何一つ聞かなかった」と思い込むことも当然であろう。

これを文化摩擦という。

私は三〇年以上日本を研究してきて、日本社会の最もはっきりした文化的特徴は、何でも「正解」をつくることにあると思ってきた。例えば、私の大好きなバスケットボールでは、シュートフォームは個人個人のもので、正しい決まったやり方は存在しないと思っているが、日本の選手は全員同じフォームを目指しているように見える。「やはり日本的だ」と思ったが、野球の投手の場合は違う。アメリカの投手は全員同じフォームを目指すが、日本人投手のフォームはばらばらで個人差が大きい。どの社会でも、決まったやり方のある分野と個人差を許す分野がある。日本には前者が多く、アメリカには後者が多いのかもしれないが、捜せばどこの国でも双方あるものだ。文化には一般論がない。その具体的な事実を比較してみなければ分からないのである。

比較政治学は一般論を目指すが、その一般論は国ごとの特徴という形をとらない。一般論ができれば、「決まったやり方の形成過程」や「決まったやり方を作る場合」はどこの人間社会でも同じという形をとる。よって比較政治学には、「日本研究」はなく、「選挙研究」がある。私は日本を研究しない。日本で選挙を研究する学者である。

第Ⅲ部　三つの国の戦後政治史

共通の歴史を持つ国は比較しやすい

第Ⅰ部と第Ⅱ部において選挙と政策の一般論を紹介したが、一般論だけでは物足りない。第Ⅲ部では三つの国の事例を通して、一般論を特定の国の政治に具体的にあてはめることを試みる。

読者は「イギリスはどういう国ですか」というような質問についての答えを期待するかもしれない。しかし、ここでは別の質問に答える。各国の「写真」ではなく、その「動画」を提供する。例えば、「写真」では「イギリスは二大政党制」だといえるかもしれないが、「動画」では一党支配期を含み少なくとも四期に分ける必要があると分かる。動画の発想は「イギリスはここから来て、こういう道をたどって、こういう方向へ向かっている」というような説明を目指す。よって、各国の戦後政治史を紹介して、先に紹介した一般論を利用して分析する。そして、結論は各国の民主主義の展望ということになる。

第7章　戦後イギリスの民主主義

イギリスの民主主義は早くからできあがったので、多くの国の手本となった。国会議事堂の所在地名である「ウェストミンスター」が小選挙区制、二大政党制、過半数主義型の民主主義の代名詞となっているように、民主主義理論にもイギリスの事例は大きな役割を果たしてきた。よって、イギリスの政治は、最も研究されている事例の一つでありながら、民主主義の理解のために不可欠の課題でもある。しかし、イギリス政治は民主主義の抽象的にとどまるものではなく、進化してきた政治体制でもある。実際に、イギリスでもウェストミンスター型民主主義は特定の時期にしかあてはまらない。そういうわけで、イギリスの戦後政治史は、単なる抽象的なモデル以上に、勉強する価値があると思われる。

1　イギリスの小選挙区制と二大政党制

イギリスは小選挙区制の典型である。九〇年代まで、小選挙区制はイギリスとイギリス旧植民地の選挙制度であった。そして、デュヴェルジェの法則（第1章参照）の予測通りに、小選挙区の採用によって、二大政党制が生まれた。より正確に言えば、イギリスが小選挙区制かつ二大政党制であるから、デュヴェルジェはその法則を提案したのである。

小選挙区制

小選挙区制は国を地理的に選挙区に分けて、その選挙区内で得票数の最も多い候補者が当選する仕組みである。この選挙制度の特徴は、政党の得票率と議席率が必ずしも一致しないことにある。大きな政党、特に第一党にとっては、議席率が得票率を上回ることになって有利で、小さな政党、特に第三党以下の政党にとっては、議席率が得票率を下回ることになって不利である。イギリスはその典型である。一九四五年から二〇〇一年までに各選挙の第一党は平均して四四パーセントの得票率であったが、その議席率は五五パーセントであったので、一一パーセントの「過剰代表」があったことになる。逆に、第三党にも平均して同じ一一パーセントのギャップがあったが、それは得票率が議席率を上回ったことによるもので「過少代表」であった。そして、七〇年代から第三党が強くなったので、両方の代表ギャップは一五パーセントに上った。一九九七年と二〇〇一年の総選挙では第一党労働党のギャップは二〇パーセントを超えた。過半数主義の理論は、得票数の過半数ではなく、議席数の過半数を指しているので、得票率が過半数までいかなくても、議席率が過半数であれば、政権を担当することになる。よって、小選挙区制は国会に議席の過半数を持つ政党を設ける機能がある。国民の中での過半数でなくても、国会の中では過半数ということが多い。

過剰代表・過少代表現象に加えて、小選挙区制では、各政党の議席率と得票率が一定の関係を保っていないことがある。第一党が有利という結果が多いが、第二党に逆転されることもある。イギリスでは、一九五一年総選挙に労働党の得票率が高かったにもかかわらず、保守党の議席率が高かったので、保守党政権が誕生した。逆に、一九七四年二月総選挙では、保守党が得票率では第一党であったが、労働党の議席が多かったので、労働政権が誕生した。

小選挙区制で最も困るのは第三党である。図7-1では第三党の得票率と議席率を比較している。第三党の得票率は順調に伸びたが、議席率はほとんど動かなかった。例えば、一九七四年に自由党の得票率は七パーセントから

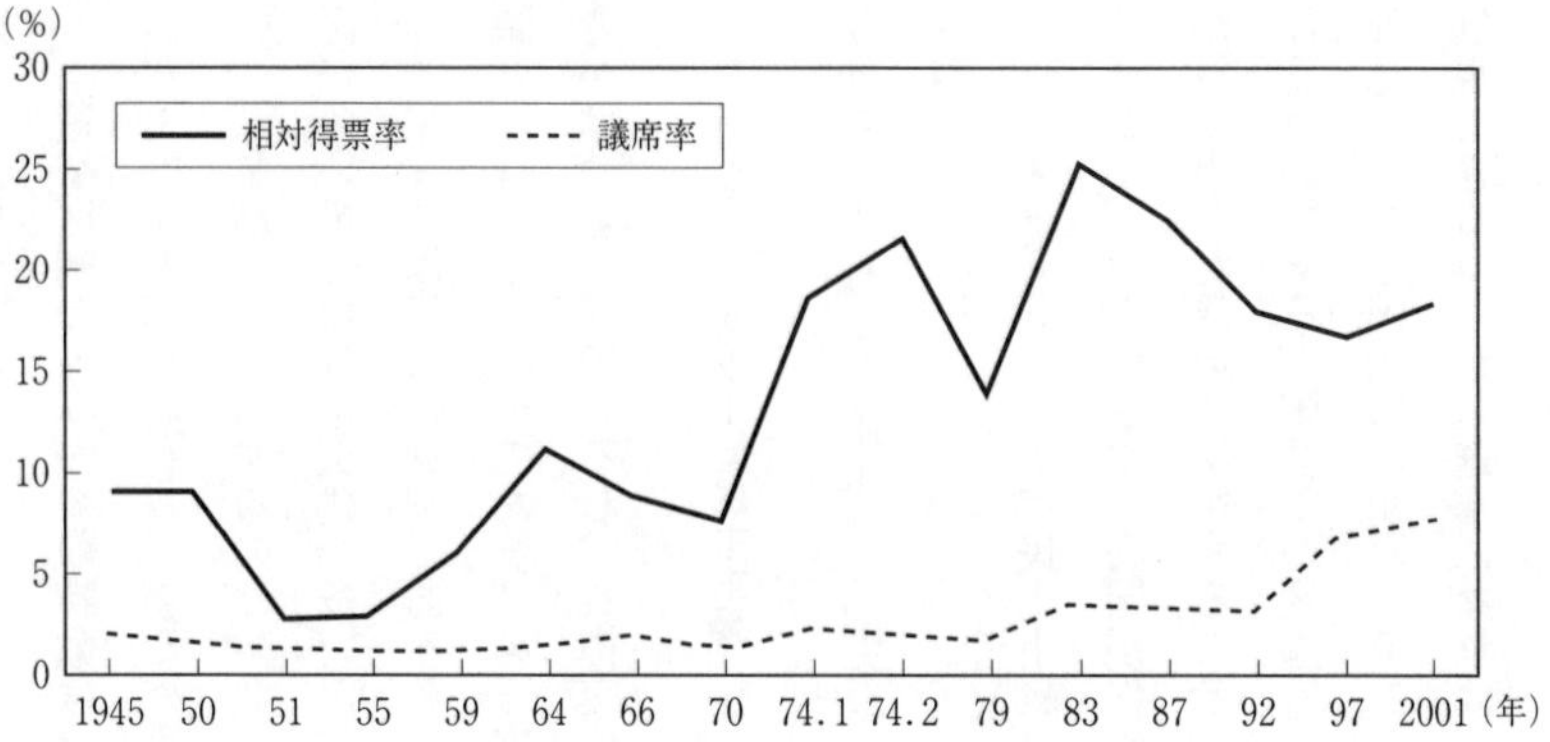

図７－１　第三党の得票率と議席率

出所：著者作成。

一九パーセントまで躍進したが、議席率は一パーセントから二パーセントまでしか伸びなかった。得票率は二割でありながら、議席率が五パーセントを越えたのは一九九七年と二〇〇一年の労働党との選挙協力によるケースしかなかった。小選挙区制では第三党以下の得票率が上がっても、議席率が上がらないということだけではない。支持したい有権者も、どうせ負けるからと考えて棄権する現象がある。それは戦略的投票行動と呼ばれる（第2章参照）。この状況の下で、第三党が一貫して比例代表制を唱えてきたのは当然のなりゆきであろう。

小選挙区制は第三党にさえ不利であるのだから、より小さな政党に対して議席を全く与えないという傾向が強い。例えば、移民に反対する右翼政党「イギリス国民党」が議席を一つも獲得していないのは、支持されていないからではなく、小選挙区制のために支持を集めても議席につながらないためである。イギリスには、移民反対感情がたしかにあるが、右翼政党の問題はあまりない。同様に、イギリスの緑の党も議席が獲得できたのは、比例代表制で選ばれているEU選挙のみである。小さな政党は議席が獲得できないという原則の例外は、地域政党である。全国的には小さな政党であっても、特定の地域において第一党になれば、議席を獲得できる。小選挙区制は、右翼政党や環境政党に議席を与えていないが、スコットランド国民党とウェールズ国民党には与えている。

小選挙区制のもう一つの特徴は現職の強みと無風区である。一九五〇年から九七年までは、再出馬した現職の九〇パーセントが当選した（Norris, 1999）。多くの選挙区は、保守党や労働党の牙城で、交代の可能性が非常に小さい。選挙結果を左右するのは少数の接戦のある競合選挙区である。イギリスの戦後政治史で見られるように、競合区が多い場合は政権交代が多いが、逆に牙城が多くなれば、政権交代も難しくなるという傾向が見受けられる。

イギリスは二大政党制であるが、それは国民が二大政党制を望んでいるからではなく、選挙制度が第三党以下に議席を与えないためである。第三党以下の議席を抑えることによって、連立政権は一回もなく、政策・業績の責任者がはっきりしているし、政権交代が多い。これがイギリス型民主主義である。

ウェストミンスター型民主主義　小選挙区制は各選挙区における二人の有力候補の一騎打ちを促進するが、各選挙区の候補者が二つの政党にまとまるかどうかは、選挙制度よりも国会制度に左右される。そして、イギリス国会では与党・総理大臣が非常に強いので、二大政党制はさらに促進された（Cox, 1987）。

ウェストミンスター型民主主義では与党の役割は内閣を形成し、それを支えることにある。内閣形成後は、与党はほとんど口を出さず、内閣が作成する法案に賛成票を投じる以外の役割はあまりない。逆に、野党の役割は内閣が打ち出した政策に反対することである。それは野党の意見を政策に反映させるためではなく、次の選挙の争点を作る目的である。国会での議論は、立法過程というよりも、次の選挙の準備として、与党の責任をはっきりさせて、野党の対案を国民に示すためである。選挙と選挙の間には、内閣は世論、野党、党内の反対を気にする必要がなく、無視できる。しかし選挙になれば、政権の業績から逃げられないし、有権者に業績を評価されなければ、政権交代の可能性が高い。ウェストミンスター型民主主義の基本は、はっきりした責任と政権交代にある。

2 イギリスの政党

イギリスでは、選挙、特に選挙区の選挙資金について、昔から厳しく規制しているが、政党の起こりは予想外の自然現象であったので、法律で規制したり、補助したりすることが少ない。一九七五年から政党助成金制度ができたが、それは選挙を運営する政党組織への補助ではなく、国会内の会派への補助である。党本部に対する選挙資金の規制は一九九七年から始まった。

保守党

保守党は典型的な「国会内部からできた政党」である。もともとは名望家政党で、選挙区に住んでいた貴族、地主などの偉い人が地域代表として国会へ送られた。当選した議員の集まりとして政党を作ったので、選挙とあまり関わらない政党として生まれた。しかし、労働党などとの競争が激しくなってから、味方の候補者を当選させるために、選挙運動のための組織を付け加えた。それにしても、現在に至るまで国会議員主導の政党であるし、保守党の独自の文化として、党首主導でもある。保守党の歴史は党首名で語れるし、保守党の最も重大な作業は党首を選ぶことにある。

一九六五年まで保守党では党首を選ぶプロセスは正式に決められておらず、ただ話し合いの中から浮かんでくるように合意形成してきた。だが、一九六三年のヒューム党首の選定過程とその結果に対する不満が高まったので、国会議員による投票制を正式に採択した。この制度を初めて使った総裁選挙で、中産階級のヒース候補が貴族のヒューム候補を破ったことによって、制度だけではなく、保守党そのものが変わったという印象を残した。そして二〇〇一年から、さらに「近代化」して、党員による予備選挙を実施した（渡辺、二〇〇四）。近代化のきっかけは、一九六三年と同様に、旧制度で選ばれた党首に対する不満であった。党員による予備選挙を実施するための条件は、党員や党組織の充実であるので、今や、保守党は、国会内の名望家政党から脱皮したと思われる。

労働党

労働党は典型的な「国会外部からできた政党」かつ「大衆政党」である。労働組合は既成政党に不満を持っていたので、自らの政党を作った。第二次世界大戦中、全政党による大連立に参加したことによって、労働党は、その政権担当能力を証明した。さらに戦後には単独政権によりイギリスの福祉国家を形成した。

労働党は建前としては党員主導の政党であるが、事実上、労組主導であった。すなわち、かたや党内民主主義は整っており、最高意思決定機関は、党大会と、大会が選ぶ党運営部門であるところの全国執行委員会（ＮＥＣ）であるが、かたや党大会、ＮＥＣのいずれも、大手労組主導である（Webb, 1994）。党員の多くは、意図的に入党したのではなく、労働組合員として自動的に入党させられた者である。そしてその労組は入党させた党員の数に比例して、党内での発言権を持つ。よって、幽霊党員も少なくない。一九八〇年まで、各支部が党員一〇〇〇人以下では加入できなかったので、たとえ党員が一〇〇〇人いなくても、一〇〇〇人分の会費を支払っていた。そのルールを緩和した直後、名目上の党員数が激減した。こうしてイギリス労働党は西欧大陸の社会党とは異なり、労働者を多様な系列組織にかき込まれることなく、党組織は労組をそのまま利用したものとなった。

国会議員の会派組織と党員（労組）の党組織には政策対立が多い。国会における政党組織は政権獲得を最優先して、ダウンズ説の予測通りに中立の立場をとる傾向があるが、党員組織は労働階級の代表として、より左派の政策を支持する傾向がある。この党内議論のバランスは選挙結果に影響される。野党時代が長くなるにつれて、選挙に勝つことを優先する国会と右派の立場が強くなるが、与党の経験が長くなるにつれて、党員組織と左派の不満が高まって、政策重視の立場が強くなる。左派は、政権獲得のために妥協してもよいが、労働党政権は保守党政権と違う政策を打ち出さなければ意味がない、という立場である。ウィルソン党首時代（一九六四〜七六年）には国会主導であったが、一九七九年から左派が反発して党内改革を実現した。その改革は、⑴マニフェストを党員組織が決めること、⑵現職の自動的な再公認をやめて、現職でも公認を申請しなければならないこととすること、⑶党首の党員による予備選挙制、の三点であった。このような党員組織主導の大衆政党は、当選第一主義ではないので、選挙に弱い。

党改革の結果の一つは、分裂であった。離党組が社民党を創設して、一九八三年総選挙で「連合」という旗の下で自由党と選挙協力した。結局、社民党は失敗に終わったが、その後一九九七年まで、労働党は社民党を目指した政党に変身した。労働党は、一九八三年の惨敗から国会中心の改革を実現して、一九九七年総選挙でブレア党首の下、「新労働党」として圧勝して、長期政権の条件がそろった。こうして労働党も「国会外からの大衆政党」から、包括政党に完全に変身できたと思われる。国会議員主導の包括政党は、当選第一主義であるので、選挙に強い。

第三党――自由党・自由民主党

自由党は、保守党と同様に国会内部からできた名望家政党であったが、戦後に第三党に転落してから性格が変わってきた。第三党として、自由党には安定した支持者が少なく、二大政党の支持者の、渡り鳥的な臨時宿泊所として機能してきた。例えば、労働党の支持者が労働党に対して不満を感じた場合、保守党に入れるよりも棄権したり自由党に入れたりすることが多い。保守党の支持者も同様に、保守党に入れない場合、棄権したり自由党に入れたりしたが、ライバルの労働党に入れることは少なかった。よって、自由党に入れる有権者は、前回、保守党や労働党に入れた人が多く、次回は自由党を支持しないことが多い。つまり、二回連続自由党に入れる有権者は少ない。こうして自由党は、批判票の受け皿として機能するものの、政権交代とは関わりのない政党となった。

自由党は一九六〇年代から、地方自治体中心の選挙戦略を展開してきた。総選挙の間に支部組織が弱ったり、崩壊したりする傾向があったので、地方選挙で戦えば、組織を維持できると考えた。この戦略は一九七四年からの復帰の基礎を敷いた。自治体での活躍により、組織が安定して、総選挙に負けても組織を維持できるようになって、批判票の受け皿としての役割が続けられた。

一九八七年総選挙後、自由党は労働党から分裂した社民党と合併して、自由民主党（自民党）になった。両党にとって不可欠の合併であったが、各党の組織文化があまりにも違って、スムーズに進まなかった。結局、できあがった政党は旧自由党の役割を継続することしかできなかった。

イギリスの二大政党制における第三党には、連立政権や選挙制度改革しか期待できない。イギリス（とその旧植民地）の政治文化では、連立政権をできるだけ避ける傾向が強い。合理的に連立政権を組んでもいい場合でも、少数単独政権を選ぶので、第三党の役割は他の国より小さい。自由党と自民党は、たえず比例代表制を唱えてきた。選挙協力と国会内協力の条件は、いつも「比例代表制の検討」である。検討されたことは多いが、実行まで至ったことはない。

3　イギリスの戦後政治史

イギリス民主主義の歴史は長いが、第二次世界大戦は大きな断絶であり、戦後政治史について独自に分析できる。戦時中、選挙が中断されたため、戦前最後の一九三五年総選挙と戦後最初の一九四五年総選挙の間に一〇年間のギャップがあった。一九四五年総選挙で初めて投票権を持った若者が非常に多く、戦前からの投票経験者も多く亡くなったので、戦後の有権者層は大きく変わっていた。政党の選択肢もずいぶん変わってきた。戦前の保守党 対 自由党の二大政党制は、労働党の登場に揺さぶられたが、戦後すぐから保守党 対 労働党に定着した。自由党には第三党の役割しか残らなかった。そして、戦後最初の一九四五年総選挙の結果である、史上初めての労働党政権が大きな政策転換を実施したことも、戦前との断絶を示した。この事実は、戦前の歴史を無視してよいというわけではないが、イギリスの戦後民主主義を、イギリス政治史の中で一つの時代として分析することが十分可能であることを示している。

イギリスの戦後政治史は四期に分けられる。第一期は、二大政党制の黄金時代で、一九四五~七四年であった。一九七四~八三年の第二期は、階級的な投票行動が弱くなって、二大政党制が揺れる時代であった。一九八三~九七年の第三期には、二大政党制が崩れて、サッチャーが率いる保守党の一党優位体制ができた。第四期は、一九九七年のブレア率いる新労働党の登場からであるが、二〇〇一年まで二連勝を収めたものの労働党の一党優位体制と呼ぶのはまだ早いであろう。だが、サッチャー時代はたしかに終わった。イギリスは二大政党制の典型というが、それは一九七〇年ぐらいまでの話が中心である。

第一期——二大政党制の黄金時代、一九四五~七四年

イギリス民主主義のイメージをつくったのはこの第一期である。この三〇年間弱の期間には、イギリスはたしかに典型的な二大政党制であった。その二大政党制の特徴は次の通りである（Crewe, 1985）。

(1) 保守党と労働党は対等に戦って、勝負は少数の中立的な有権者の動向に決められた。この時期には多くの有権者は階級で「編成」されていた。というのは、労働階級の有権者の多くが労働党に入れたし、中産階級以上の有権者の多くが保守党に入れた。両党には安定した支持があった。有権者の社会的な立場が分かっていれば、投票行動も自明となった。

(2) 各党得票率の増減は全国的に一律であった。

(3) 政権交代が多かった。

この三つの特徴は、二大政党制の特徴となっているが、イギリスでも典型的な二大政党制は長く続かなかったし、安定できる政治体制ではなさそうである。

第一期の基礎を築いたのは一九四五年の総選挙であった。当時の保守党総理大臣は国民的な英雄であるチャーチル首相だった。戦争に勝利した後の総選挙は前史には二回あって、両方とも与党が勝った。第二次世界大戦勝後もそうなると予測されたが、ふたを開けてみると、与党保守党の惨敗、野党労働党の圧勝であった。当時、新しくできた世論調査はその結果を予測していたが、誰も信頼していなかった（Addison, 1997：148）。しかしながら戦時中の補欠選挙を分析すれば、同じ予測ができた。振り返ってみれば、手がかりは多くあったし、十分説明可能なことだが、当時その結果は大きなショックであった。では、労働党はなぜ勝ったのか。

まず、戦時中の大連立政権であった。戦前は、労働党は新しい左派の政党として、政権担当能力が疑われた。これはどこの国でも、新党への政権交代のハードルになる点である。しかし、労働党は戦時中の大連立政権に参加したことによって、政権担当能力を国民にはっきりと示すことができた（Butler, 1989：9）。

一九四五年総選挙では、初めて投票する有権者の割合が非常に高かった。新しい有権者が多いほど、選挙は予測しにくく、変化が起こり得るという一般原則通りの結果となった。一〇年間のギャップがあったので、その一〇年間で有権者になった若者も多かったし、戦時中の厳しい状況の中で亡くなった老人も多かったのである（Franklin & Ladner, 1995：437）。

労働党の政策も政権交代に大きな役割を果たした。戦時中のイギリス政府のスローガンは「ドイツは戦争国家であるが、イギリスは福祉国家になる」というものであった。福祉国家＝社会主義ではないが、保守党よりは、むしろ労働党の立場に近い。戦時中の計画経済とフェア・シェア（公正に分け合う）政策も成功したので、労働党の訴える政策の現実性を証明したように見えた。そして何よりも、この福祉国家概念を具体的に示したのが、ベヴァリッジ審議会の報告書であった。保守、労働両党ともこの報告書を実施することを公約したが、保守党が本当に実施するかと疑われたし、労働党は「福祉を保守党に任せない」、「第一次世界大戦後と同様に、保守党は金持ちだけを守るであろう」と強く訴えた（McCallum & Readman, 1999：51）。一九四三年に報告書を国会で議論した際、労働党九七人が造反して、早期実施を訴えたことによって、国民には政党間の温度差が見えた（Addison, 1997：140）。その時点から、保守党への不満が労働党の支持につながったと思われる。

選挙戦の表面には出なかったが、戦争責任の争点もあった。戦争は勝利に終わったが、準備不足問題があった。「もし十分に戦争の準備ができていたなら、戦争する必要がなかったかもしれないし、戦争になってもそんなに長く続かなかったはずだ」と考えた国民が多かったのである。労働党は選挙にあたっては「準備不足責任」を訴えはしなかったが、広く読まれた左翼の出版物上では訴えたので、労働党のためになったと思われる（McCallum & Readman, 1999：50-51）。

戦前に準備不足を最も訴えた人物がチャーチル首相であったことも、労働党に有利に働いた。労働党は人気の高いチャーチル首相を直接攻撃できず、首相と保守党を区別しなければならなかった。そして選挙運動の序盤にあったラジオ討論会ではその区別を印象づけることができた。チャーチル首相が社会主義を激しく非難した後、アトリー労働党党首は、戦時中のチャーチル首相は尊敬しているが、今発言した保守党党首のことは支持できないと訴えたのである（McCallum & Readman, 1999：142-143）。結局、多くの有権者は、アトリー党首に同意して、チャーチル首相を支持しても、保守党を支持しなかった。

初めて政権を獲得した労働党は、早速ベヴァリッジ報告をほとんど実施して、福祉国家への大きな政策転換を成功させた。歴史的な実績ができたが、その成功は次の問題の種ともなった。党内に合意があった政策はベヴァリッジ報告のみであったので、それがすべて実現してしまうと、左右対立の政策しか残らなかった。労働党の掲げた第一のビジョンは実施できたが、次のビジョンがなかったからである。労働党右派は、有権者の大多数を占める中立の有権者が支持できる政策を打ち出すべきであるという立場をとり、左派は労働党らしい、社会主義の理念に沿った政策を国民に提供しなければならないという立場をとった。

結局、党内右派の強い国会議員が主導権を握って、労働組合などの党内左派が不満を抱くこととなった。国民は福祉政策を強く支持したので、保守党は反論も見直しもできなかった。政権交代があっても、福祉国家という政策は変わらない。二大政党の間に広い合意ができて、それ以外の争点について議論するようになった。ダウンズ説の予測通りに、二大政党制により、両党が中立的な立場をとることとなったのである。

一九五〇年総選挙では労働党が後退して、一九五一年に保守党と政権交代した。保守党政権は、福祉国家政策における後戻りはないという公約が政権獲得の条件となり、大きな政策転換を行わなかった。保守党政権は一九五五年と一九五九年に連勝したが、一九六四年にウィルソン労働党党首が中立的な政策を唱えて、労働党政権が復活した。労働党政権は一九六六年に再選されたが、一九七〇年に政権交代がまた起こった。理論通りに政権交代が多かったわけだが、それにも問題はあった。それは保守党が福祉国家を認め、労働党が自由経済を認め、両党の政策が似てきたということである。どちらが勝っても、政策はあまり変わらない。ある意味では、政策が似てきたのは、それが国民は望んだ政策だったからだが、両党の公約の差ほど期待通りに政策に反映されなかった。労働党に期待された失業対策が失敗したし、保守党に期待されたインフレ対策が失敗した（Alt, 1984：299）。いずれも、国民には公約破りに見えたので、二大政党制に対する不満が高まった。

第二期――階級的な投票行動の弱体化、一九七四～八三年

二大政党制の完成度は第一党と第二党の絶対得票率の合計で測ることができる。図７－２に見られるように一九五五年から落ちはじめて、七〇年代に入ってから六割を切った。その理由は、第三党の伸び（前掲図１－１を参照）と投票率の低下の二つである。投票所に足を運ぶ人が少なくなり、かつ投票者中の保守党や労働党を選ぶ比率が低下した。有権者は二大政党制に対して不満や不信を抱いてきたようである。イギリスは政党間の対立軸について「脱編成」（第３章参照）の時代に入った。労働階級

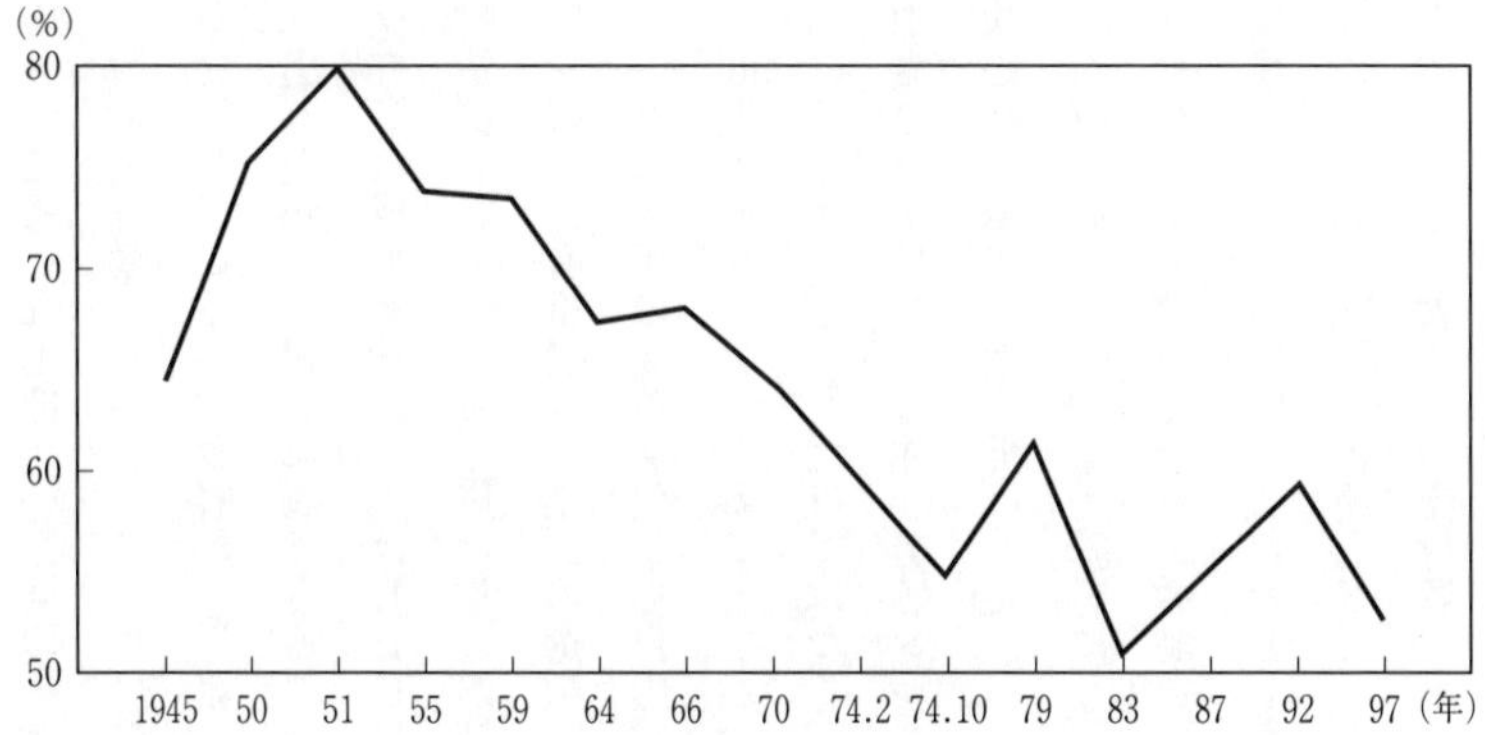

図７－２　二大政党の総計絶対得票率

出所：著者作成。

の有権者は必ずしも労働党に入れなくなり、中産階級の有権者も必ずしも保守党に入れなくなった。特定政党の強い支持者が激減した。投票行動は、あまり変化しない社会的な要因や安定した政党支持よりも、より変化しやすい政策、業績評価、党首のイメージなどに左右されるようになった。それにしたがって、選挙結果も流動化してきた。

　不満の理由は様々であったが、その一つは、二大政党の政策が似てきたことにあった。一九五五年には、有権者の七四パーセントが両党の政策は異なっていると答えたが、その後低下して、一九七〇年には五四パーセントに落ちてきた（Butler & Kavanaugh, 1974：64）。政策が似てくることは、ダウンズ説の予測通りであるし、対立を抑える機能であるといえるが、その一方で、意味のある選択肢がなければ、投票する意味がないことにもなる。

　もう一つの理由は、「公約破り」現象にあった。労働党は失業対策を優先するはずであったが、二度の労働党政権下に失業率が倍増した。保守党は失業よりもインフレ対策を優先するはずであったが、二度の保守党政権下にインフレが倍増した（Alt, 1984：299）。そして、一九七〇～七四年の保守党政権は公約に反する「Ｕターン」政策の批判を浴びた。最も目立ったのは、所得政策（賃金・物価などの抑制によるインフレ抑制政策）を絶対しないという公約を破り、実施したことである。似たような状況下では、ニュージーランドが小選挙区制を廃する政治改革を実施したことがある（第6章）。イギリスでも一九七四年の二回の総選挙は二大政党制の危機であった。

解散総選挙のきっかけは、炭鉱労のストライキであった。保守党は、相手が労組であるかのように、「イギリスを統治しているのは政府か、労組か」という選択肢で訴えた。労働党は保守党政権の業績に対する非難を前面に押し出したが、労組と協調できることもアピールした。保守党政権は人気がなかったが、労働党にも問題が多かった。保守党政権の業績の一つはEEC加入であったが、ヨーロッパ問題は両党内に対立があった。労働党はヨーロッパ対策についての分裂を避けるのが精一杯であった。党内左派が強くなり、政策も中立から離れた。二大政党の選択肢を嫌った有権者は、第三の選択肢を求め、自由党のチャンスが到来した。

一九六七年の党首交代から自由党は新しい戦略を立てた。それはコミュニティ政治に重点をおいて、地方の細かい問題に直接行動をとることであった。保守、労働両党からは非難されたが、効果が上がった。地方自治体議会における議席が増えただけではなく、国会の補欠選挙に当選することにもつながった。一九七三年の補欠選挙では自由党の得票数が、保守、労働党を上回った（Butler & Kavanaugh, 1974：26)。議席数はあまり伸びなかったものの、次の総選挙でも票を伸ばした。

有権者の投票行動も不安定になって、対立軸の弱い「脱編成」の時代が始まった。労働党の支持者が保守党に入れたり、保守党の支持者が労働党に入れたりすることまではあまりしないが、自分の支持政党に不満を感じた場合、棄権したり、自由党に入れたりした。自由党は躍進ができたが、安定した支持層は形成できなかった。前述したように渡り鳥の臨時宿泊所としてしか機能できなかった。選挙結果は中立的な有権者の選択によって左右されるよりも、むしろ二大政党の支持者の棄権率によって左右されるようになり、より多く支持者を動員した政党が勝つことになった。最もはっきりしたのは一九七〇年総選挙であった。労働党の敗因は、党員・運動員が労働政権の業績を恥と考え、選挙運動を熱心に行わず、労働党の支持者が多く棄権したことにあった（Pulzer, 1979：361）。

小選挙区制の特徴ははっきりした責任のある政権党を作ることにあるが、一九七四年二月総選挙の結果はその例外であった。国民は保守党政権を否定したが、かといって労働党政権も選ばなかった。自由党と地域政党が躍進し、保守党が得票率のうえで第一党になったが、議席数では労働党が第一党になった。そして、いずれの政党も過半数を獲得できなかった。ヒース首相は自由党との連立によって居座りを図ろうとしたが、連立を組んでもなお過半数に届かないし、自由党の支持者は反発したので、連立に参加すれば分裂になりかねなかった。やはり、イギリスでは連立政権は難しい。労働党と自由党の連立政権でも過半数に届かないので、結局、労働党の単独少数政権になった。不慣れな少数政権は六カ月しかもたなかった。一〇月に一九七四年の二回目の総選挙が行われ、労働党が過半数を獲得したが、二大政党制の黄金時代は終焉を迎え、イギリスの民主主義は行きづまり、機能しなくなった。

次の一九七九年総選挙で保守党は、ダウンズ説を無視して、党内右派のサッチャー党首を選んだ。その後、労働党も党内左派が主導権を握った。両党とも、中立の党首と政策が失敗を繰り返したので、何か別のことをしなければならないと考えた。行き詰まりの打開策を模索した結果、「今のままではだめだ」と訴えて、少数派であった保守党右派と労働党左派がそれぞれ主導権を握ったのである。この両極化によって、「二大政党間の差異が見えない」という「争点なし問題」は解決された。しかし、問題が一つ解決すれば、別の問題が生まれる。「争点なし問題」の解決は「一党支配問題」を生んだ。

第三期――サッチャー時代、一九八三～九七年　保守党は、サッチャーを選んだ時点では、政策転換を望んだというよりも、現職のヒース党首を否定する目的であった。より右翼的な政策を望んだ人もいたが、といって保守党が意図的にサッチャーの政策を選んだとはいえない。そして一九七九年総選挙は、保守党は黙っていても労働党政権への批判票で勝てる選挙であったので、サッチャー党首は政策を前面に出さなかった。国民もまた政策転換を望んだというよりも、労働党政権を否定することを求めていた。保守党の選挙運動ではたしかにより右翼的な政策が訴えられたが、どうせ与党になれば政策はUターンするであろうと思われた。しかし、サッチャー政権はUターンをしなかった。逆に公約を積極的に実施し始めた。実施した政策とサッチャー首相自身の人気は低かったが、首相の意思が強く、党内外の反対を抑えたり、無視したりして、大きな政策転換を実現した。民主主義の理論通りに公約は守ったが、その一方で世論を無視した。それゆえに有権者は流動する可能性があったが、結局労働党には流れなかった。安定した支持層は設けられなかった。サッチャー政権の支持率は上がったり下がったりしたが、安定しなかった。その理由は保守党の人気よりも、労働党の魅力のなさにあった（Denver, 2003：93）。

イギリスの過半数主義型の民主主義では、与党と首相は次の選挙まで国民を無視できる。「不満があれば、次の選挙で政権交代を起こせばいい」ということになる。しかし、二大政党制の黄金時代では、世論を無視すれば次の総選挙で政権交代、となったであろうが、サッチャー政権を助けたことが二つあった。すなわち、労働党の分裂とフォークランド紛争である。

第3章で見たように、一党優位制を形成する要因は、野党が選挙協力しないことにある。イギリスで一党優位制の条件を整えたのは、労働党分裂であった。労働党内部では右派と左派が一貫して対立してきたが、ダウンズ説の理論通りに、党内右派（全国民の中立に近い）が主導権を握った。しかし、この右派主導で不満が高まった。左派は選挙に勝つためには政策をある程度我慢しなければならないことは認めたが、にもかかわらず選挙に負けたので我慢ができなくなったのである。労働党の支持母体である労組も、労働党政権の政策に対する不満を募らせ、左派が労組の主導権を握るようになった。党内民主主義を唱えて、公約破りのUターンが二度と起こらないように、代議士の力を弱く、党組織の力を強くする党改革が実施された。左派労組が党組織の新しい権限を利用して、マニフェストを書き直した。このマニフェストは「核抜き防衛」「EEC脱会」「国営化」など国民に人気のない公約が多

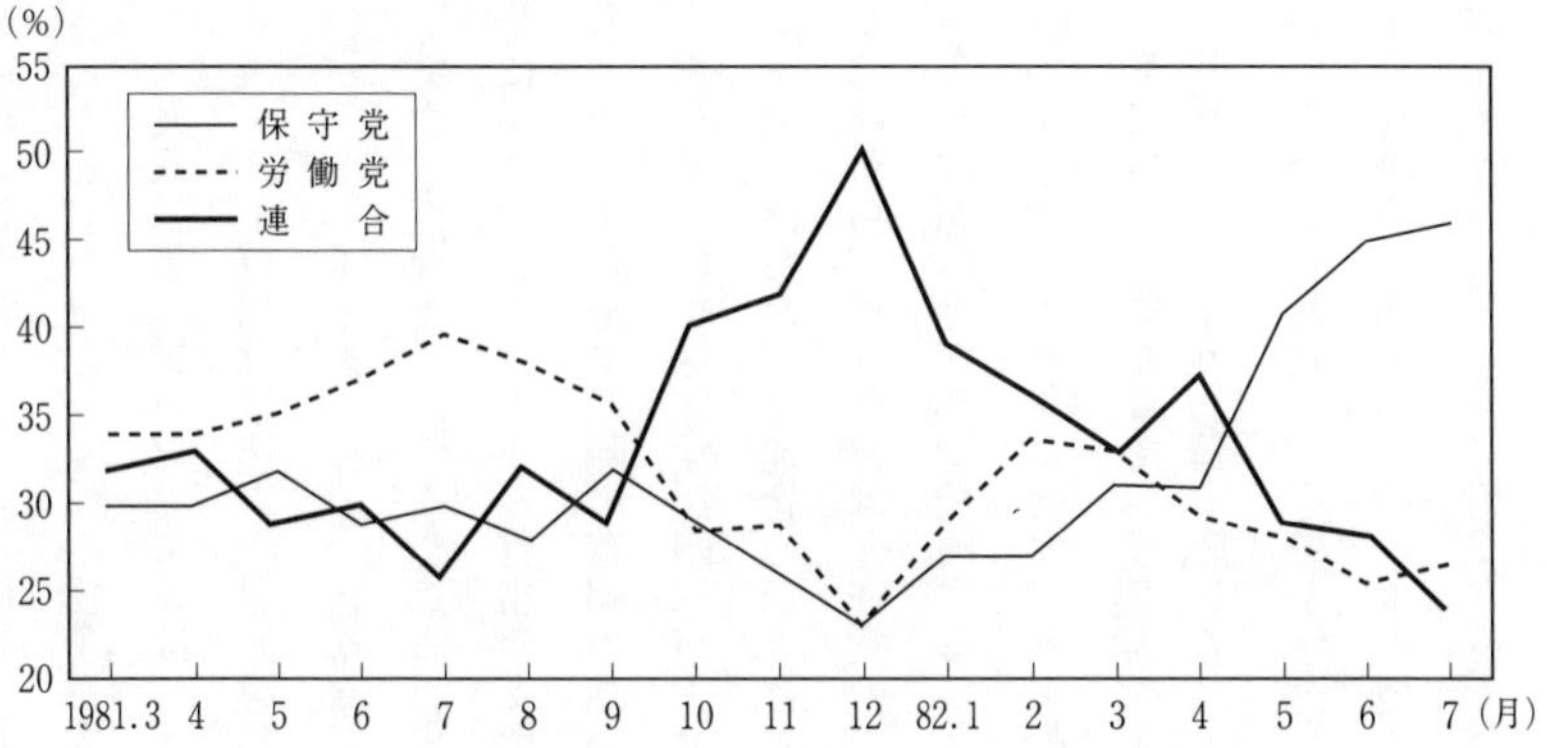

図7-3　1983年総選挙前の政党支持率（1981年3月～82年7月）

出所：MORIの調査より作成。

かったので、「史上最も長い自殺遺書」といわれた。党首も交代し、左派長老で分裂回避を優先する妥協主義のフット氏が選ばれた。さらに選挙運動も失敗だらけで、結局サッチャー政権に対して力強い挑戦はできなかった。その挙げ句に、党も分裂した。

党内右派、特にヨーロッパ肯定グループは、労働党内には将来性がないと判断し、離党して社民党を形成し、自由党と連携をとって、両党の「連合」として選挙を運んだ。図7-3に見られるように、この連合は世論調査での第一党となるまでの支持を集めた。マスコミの大騒ぎのなかで一九八一年の補欠選挙で三勝一敗の好成績も誇った。もしその時期に総選挙が行われたとしたら、イギリス政治史が大きく変わったかもしれないが、解散権は与党にあるので、サッチャー政権はより有利な時期を待った。そして世論の流れを変えたのがフォークランド紛争であった。

戦時中には、首相や大統領の支持率が上がる傾向がどこの国でも見られる。それは、首相には、与党の党首と国の指導者という二つの役割があるからである。与党党首としてだけなら、国民の半分程度しか代表しておらず、批判され得る存在である。しかし、国の指導者として国民全体の代表の立場にあれば、首相への批判は自国に対する批判と見られる。平時であれば、自国を批判してもよいかもしれないが、戦時中の批判は反逆行動と解釈されるので、与党党首は支持しなくても、同一人物である国の指導者は支持するようになる。フォークランド紛争は大きな戦争ではなかったが、それでもサッチャー支持につながった。

一九八二年、アルゼンチンは、イギリスとの間で統治権について対立してきた英領フォークランド島を侵略した。サッチャー首相は早速軍隊を派遣して、イギリスの統治権を守った。紛争前の四ヵ月では保守党の支持率は平均三〇パーセントであったが、紛争後の四ヵ月の平均は四五パーセントに上昇した（Stevenson, 1997：241）。戦時中は「外交」が世論の「最も大事な問題」であったが、危機が終わればすぐ、国民の関心はまた「経済」に戻った。同時に保守党とサッチャー首相の支持率も下がったが、元には戻らなかった。すなわち戦時中の上昇の半分ぐらいが残った。また選挙の際の首相の強い指導力のイメージも残った（Miller, 1984：373-374）。

選挙結果は、保守党が四二パーセントの得票率で議席の六一パーセントを獲得した。労働党の得票率は一〇ポイント近く落ちたが、連合の二五パーセントの得票率を上回る二七パーセントで第二党の座をぎりぎりで守った。しかしながら、野党分裂は保守党の一党優位体制の条件をつくった。労働党の課題は選挙に勝てる党作りであった。連合の課題は存在感を発揮することにあった。野党がいろいろな課題を解決するまで、保守党政権は万年与党で、次の選挙をあまり気にせず、政策転換をどんどん打ち出した。

第四期――新労働党登場、一九九七年以降

労働党の回帰への道は一九八三年総選挙直後から始まった。最初に、左派のフットから左派中立、党改革派のキノックに党首交代した。その交代は初めての党員参加による予備選挙によって行われた。その予備選挙においてキノック候補は、党員の九一パーセント、労組の七三パーセント、および代議士の四七パーセントの票を獲得して当選した（Butler & Kavanaugh, 1988：48）。そして早速公約の改革に踏み出した。党内の抵抗勢力をある程度抑えて、より現実的な公約ができた。選挙運動もよりよくできた。サッチャー政権の最も悪いイメージは、有権者を無視していたことであったので、労働党のスローガンを「労働党は有権者に耳を傾ける」とした。しかし、「安全保障に弱い」（一方的武装解除政策）、「治安に弱い」、「増税・大きな政府」という党のイメージから抜け出せなかった。そのため結局、保守党の圧勝に終わった。

一九九二年総選挙は労働党にとって勝てるはずの選挙であった。一方では、保守党政権には問題が多かった。景気も悪かったし、サッチャー首相の支持は低かった。その一方で、労働党は政策を中位有権者に近づけて、「左翼」のイメージから脱却できた。そして党改革が進み、党本部と党首に権限を集中させて、政権担当能力のある政党というイメージづくりに成功し、政権交代の受け皿になった。一九九二年の労働党は、一九八三年に労働党から分裂して生まれた社民党の目指した政党になった。社民党は政党としては失敗に終わったが、労働党改革を通して、イギリス政治を変えたといえる。それでも労働党は選挙にもう一回負けた。

一九九二年の保守党の逆転勝因は、⑴党首交代による責任回避と、⑵労働党キノック党首の不人気と、⑶経済管理能力の差、にあった。この中では党首交代が逆転の最も大きな秘訣であった。

サッチャー首相はこれまで通り世論も、党内の反論も無視し続けたが、「人頭税」の増税案に対する反発が特に激しかった。一九九〇年一一月の支持率は二六パーセントにまで落ちて、不支持率は六九パーセントに上がった。それで保守党内に反乱が起こって、サッチャー党首を降ろした。後継者はサッチャー派のメージャー党首であったが、それでも保守党は責任回避ができた。一九九〇年一二月のメージャー政権の支持率は五割に上昇した。有権者の四割は不景気の責任はサッチャー政権にあると答え、メージャー政権にあると答えた者は四パーセントにすぎなかった（Sanders, 1993：199-200）。このような党首交代による責任回避は、イギリスだけではなく、多くの国に見られる現象であるが、一九九二年総選挙では、労働党が勝てるはずの選挙に負けてしまったので、政権交代を一回遅らせた結果になった。

一九九二年の保守党逆転勝利の条件は、一九九七年総選挙までにすべて消えた。景気はよくなったが、保守党政権の経済管理能力のイメージが消えた。一九九二年九月に為替レートの危機が発生したが、世論はその責任がメージャー政権にあると判断した。支持率が激減して、総選挙まで回復しなかった（Gavin & Sanders, 1997）。そして、保守党の経済政策と労働党の経済政策を比較してみれば、有権者全体だけではなく、保守党支持者でさえ労働党の政策により賛同できた（Norris, 1999：34）。この点について、一九九七年の保守党は一九八三年の労働党に似てきた。それに長期政権の「疲労」ともいえる「黒い霧」（sleaze；低俗さ）問題が多かった。国民は、もうそろそろ政権交代の時期と実感したようである。

メージャー政権の問題に加えて、労働党が党首を交代し、党改革と政策転換を徹底してきた。一九九七年のブレア党首は一九七九年のサッチャー党首にならい、強い指導力を見せて、高い人気を獲得した。ブレア党首は就任以来、メージャー首相よりも首相に相応しいとされた。そしてこれまた一九七九年のサッチャー党首にならって、争点を避けた。保守党は労働党を「政策泥棒」と批判したが、勝てる選挙であれば、争点を避けることは得策である。労働党のイメージを徹底的に変えるために、ブレア党首は「新労働党」を宣言した。政策より、若さと新鮮さを売り物にして、政権交代を望んでいた有権者に不安なく投票できる受け皿を提供した。

選挙は労働党の圧勝と保守党の全滅に近い結果に終わった。普通九割であった現職の再選率は七五パーセントに落ちた。保守党は一九九二年の得票数の四分の一、内閣の三分の一、そして議席の半分以上を失った。保守党の組織と指導層は再起不能に思われるほどの結果であった。まるで、一九八三年総選挙後の労働党に似ていた。逆に、労働党は二八年ぶりに与党の座を獲得して、新人候補者が大量当選した。続く二〇〇一年総選挙で二回連続圧勝したことは、長期政権の条件をそろえたように見える。しかし、一九八三年の総選挙で保守党が大勝したときには労働党の復活も無理と思われていた。政権交代は二大政党制の黄金時代より時間はかかるかもしれないが、政権交代は十分可能であろう。

4 イギリスにおける政治腐敗と政治改革

イギリス政治は比較的にキレイ

ドイツ、イタリアなどから見れば、イギリスの政治腐敗問題は贅沢な悩みにしか見えないだろう。戦後スキャンダルになった事件は、金権政治よりもセックス・スキャンダルが圧倒的に多く(Gaster, 1988)、他方、金権政治的な腐敗についても、民主主義や政策にたいした害を与えていないからである。内閣辞任するような特定個人のスキャンダルなどの問題が少なくないが、制度的な問題は少ない。

候補者が当選するためには、自分の政党の強い選挙区の公認が第一、党首の人気が第二で、候補者自身の努力は票にあまりつながらない。候補者の個人票はたしかにあるし、候補者も努力して有権者の面倒を見るが、それによって動く票は少ない。利益誘導など金権政治をする動機が薄弱である。そして利益誘導をしようとしても、現実にできることが少ない。国会内における代議士一人の役割は、内閣や影の内閣を支持すること以外にはあまりないのである。

こうして代議士が賄賂などを要求する動機が薄弱であり、賄賂をもらっても売る物が少ないが、売り物があれば、他の国の代議士と同様に、賄賂を受けて売る。代議士の数少ない売り物としては、国会での内閣への質問がある。イギリスには情報公開の権利がないので、会社や圧力団体などにとって情報収集が非常に難しい。政府は、代議士の質問に対しては答える義務があるので、場合によっては、これが情報収集の唯一の手段となる。その場合、圧力団体が金を払って、代議士に質問させることがある。九〇年代に質問の値段は一〇〇〇ポンドであったらしい(Oliver, 1997：129-130)。ある意味では、代議士の質問する権利を金で売ることは政治腐敗の一つと考えてもよいかもしれないが、政府の答えは買い手にだけではなく、国民全体に公開されるので、政策への害は少ないと思われる。

国民が代議士の行動に対して怒ることは当然であるものの、他の国と比較すれば贅沢な悩みであろう。

また、選挙違反が少ない。それは、利益誘導の動機が弱いことに加えて、選挙規制体制が整っているからである。選挙区で使える資金は厳しく規制されており、選挙管理の法的責任者である「エージェント」を指名しなければならない。選挙管理「エージェント」の資格までであるが、各政党の全選挙区で行われるまでには人手が足りない。規制が厳しくても、よく使っている業者であれば、選挙期間中の印刷などを安くして、選挙が終わってからの印刷を高くするようなごまかしも多い。とはいえ、これもやはり贅沢な悩みであろう。厳しい規制は選挙期間中に限られるので、事前運動はあまり規制されていない。一九五九年総選挙公示前に、保守党は、より国民的なイメージを示すために、長期的な宣伝運動を展開した。そのため、選挙が公示されてから、政治的な広報活動が減るという皮肉な現象が見られた（Butler & Rose, 1960：24）。

イギリス国民の政治不信　イギリスの政治腐敗がいくら贅沢な悩みに見えても、イギリス国民は外国と比較するわけではないので、当然怒ることもある。特に一九七九年から九七年までの保守党長期政権下の「黒い霧問題」は、一九九七年総選挙の政権交代を促進した。マスコミの騒ぎも政治不信につながった。一九九四年の世論調査では、国民の六四パーセントが「代議士は特権を利用して金儲けをしている」と答えたし、国会への信頼は一九七三年の五四パーセントから九五年の三七パーセントに落ちていた（Mortimore, 1995）。政治不信は腐敗の度合いに比例するとは限らないのである。

イギリスの政治腐敗に贅沢な悩みが多くても、懸念すべき問題もある。従来、最も深刻な問題は地方自治体にあるとされたが、それよりも、政党の選挙資金についての不安が多い。一九九一年まで、政党の選挙資金規制がなかったし、本格的な規制は一九九七年総選挙後の労働党政権から始まったといってよい。政党資金にも情報公開がなかったので、分析不可能であるが、ドイツ、フランスと同様に、政党資金における腐敗が多かったかもしれない。

イギリスの政治改革

イギリスでは政治腐敗を直すための政治改革は、すでに昔話（主に一八六七、一八八四、一九一八年）である。戦後のセックス・スキャンダルを直すためには、政治改革は役に立たない。ブレア政権の政党資金の改革はこれにあてはまるかもしれないが、イギリスの改革は腐敗とあまり関係がない。とはいえ、イギリスにおいても政治不信を収めるための政治改革は話題になっている。

国民にとって、最も重大な問題は選挙制度の公平性にある。七〇年代から、第三党の支持率が増えながら、議席が増えなかったことは、政治不信につながった。一九九二〜九七年の世論調査によれば、有権者の三分の一以上が小選挙区を改革すべきだと思ったし、四割が連立政権を望んだ（Webb, 2002: 37）。小選挙区制と二大政党制への不満が高まって、選挙制度の改革が話題になった。自由党の選挙協力を得るためにブレア党首は選挙制度について考えなおすと約束したが、圧勝してからはその約束を忘れた。それにしてもＥＵ議会、スコットランド議会、ウェールズ議会のために新しい選挙制度を選ぶときには、単純小選挙区制度ではなく、比例代表制を加味したイギリス型並立制を選んだ。

ブレア首相の政治改革は、労働党の昔から訴えてきた貴族院改革と、スコットランドやウェールズへの地方分権が中心となった。政治腐敗と直接つながらない政治改革であっても、国民に評価されて、ブレア人気につながったのである。

5　イギリスにおける移民問題

植民地時代の後遺症

イギリスは一九三〇年代から移民を送る国から移民を受け入れる国に転換した。移民問題は、第二次世界大戦後も選挙争点とはならなかったが、政府内では議論されていた。その議論の結果は、正式的な政策とするよりも暗黙の合意とすることであった。その合意とはイギリス社会に同化できる人種と同化できない人種に分けて、「黒人」の移民を最低限に抑えるべきであるというものであった。イギリスにおける「黒人」の意味することは、アメリカとは異なり、アフリカ系よりもインド系を指す。どちらにしろ、科学的な根拠はないが、歴史的な根拠はある。アメリカでは「黒人」はアフリカからの奴隷であったが、イギリスにとっては「黒人」は植民地の住民であったということである（Weil & Crowley, 1994：116；Layton-Henry, 1994：274)。最も同化できる民族としてアイランド人の出入りを自由にしたが、ジャマイカ人、インド人、パキスタン人の入国を抑えた。その一方で、イギリス外交は旧植民地から形成される英連邦を中心とすることも決めたので、英連邦の各国の国民はイギリスに自由に出入りできることを決めた。戦後当時は問題ではなかったが、後にこの矛盾が問題になった。

移民反対感情が社会問題になったのは、一九五八年のノッティンガム騒動であった。世論調査では八割が移民を減らすべきだとしただけではなく、七一パーセントは異人種間結婚反対、六一パーセントは黒人が多くなれば必ず引っ越す、五四パーセントは白人と黒人の対等な公営住宅の入居に反対した（Layton-Henry 1992：40)。そして一九六三年総選挙で、保守党公認候補者の一人が「もし黒人が隣に住んでもよければ、どうぞ労働党に投票してください」と移民反対を訴えて、全国の労働党の追い風選挙に対して、一つの選挙区内に逆風を起こして当選した。その選挙結果は、「イギリス人という民族は差別しない」という既成概念を壊してしまった。イギリス人もやはり普通の人間である。両党は何とか対応をしなければならなかった。

政党の対応

保守党支持者の中では移民反対勢力が強かった。例えば、一九六一年の党大会では移民規制要求が三九支部から提案された（Layton-Henry 1992：75)。しかし、党執行部はこの圧力に抵抗して、移民反対を否定した。労働党は差別反対の伝統があって、移民を規制したくなかったが、ウィルソン政権はある程度妥協した。移民規制の必要性を否定しなくなったが、その代わりに差別反対の政策を強化するという保身策を打ち出した。つまり新しい移民を減らす政策を認めながら、既にイギリスに住んでいる移民を差別してはならないという立場をとったのである。

イギリス国民の中に移民反対感情はあったが、それに応じる政党がなかった。その理由の一つは保守・労働両党間に、移民や人種を争点化して、選挙に利用すべきでないという暗黙の合意ができたからである。その合意によって各党の移民対策には差が見えなかったので、有権者の移民反対感情は投票行動に反映できなかった（Studlar, 1978）。表7－1に見えるように、一九六四年と一九六六年に政党の政策を区別できない有権者が過半数で、どちらかといえば保守党は移民に厳しいという判断といえようが、その差は一〇ポイントくらいしかなかった。しかし一九六九年に世論が急に変わった。一九六九年から「区別できない」や「わからない」とする有権者は四割に減って、保守党と労働党の間の差は四〇ポイントと四倍に上昇した。何か世論を大きく動かす出来事があったはずである。それは、保守党の党首候補、パウエルの劇的発言であった。

表7－1　移民を抑制する政党はどちらだと思いますか

（%）

	1964	1966	1969	1970
保守党	26	26	50	57
労働党	19	13	6	4
区別できない	41	53	36	33
わかりません	15	8	8	6

出所：Butler & Stokes, 1974：306.

労働党政権の「人種間関係法案」についての議論において、保守党右派のパウエルは法案反対を唱えた演説の中で、「（移民を容認すれば）かつてのローマ人のごとく血のテヴェレ川を見ることになろう」という劇的な表現を利用して話題を呼んだ。当時のヒース党首はパウエルを更迭して、保守党は移民反対を容認しないことを示した。パウエルの政治生命は終わったが、保守党の移民反対のイメージが固まった。一九七〇年総選挙では保守党が、公式には移民反対を否定しながら、非公式のイメージによって移民反対票も政権も獲得した。

旧植民地に難民が出た場合（一九六七年ケニヤ、一九七二年ウガンダ、一九七六年マラウィ）、どちらの政権も責任をもって受け入れることしかできなかった。しかし、受け入れるたびに、移民反対感情が高まり、右翼の国民党の票が伸びた。一九七七年の補欠選挙で移民反対の右翼政党「国民党」が躍進した。小選挙区制では議席を取れなかったが、それでも保守党には脅威であった。一九七九年総選挙の公約として、保守党が掲げた唯一具体的な公約が、移民反対であった。移民反対感情を反映しなければ、票が国民党に流れると考え、サッチャー党首も移民反対について発言した。移民反対感情を認めたが、その一方で、選挙結果の一つは、サッチャー党首の予測通りに、国民党全滅であった。そして、サッチャー政権は早速法律を改正して、「イギリス人」の定義を変えた。この改正によって、旧植民地からも入国しにくくなった。

保守党は移民反対感情の受け皿になったので、労働党は逆に少数民族の国民の票を多く獲得した。選挙結果を左右するほどでないかもしれないが、移民は政治・選挙に積極的に参加するようになっている。

6　イギリスにおける宗教と政治

イギリスは早くカトリック教会から独立したため、西欧大陸ほど政教分離問題がなかった。一五五九年から英国国教会をイギリスの国教と決めて、現在に至るまで政教分離ができていない。それにしても宗教は政治に対する影響力が低く、宗教的な問題・争点が少ない。保守党 対 自由党の二大政党制時代には、宗教は投票行動に影響を与えたが、一九二〇年代以降は保守党 対 労働党になり、階級投票が圧倒的に強くなった。宗派の投票行動に対しての影響力として、聖職者が信者を指導することはほとんどない。教会は組織票にはなっていない。それにしても、英国国教会の信者は保守党に投票する傾向がある。それは信者が保守支持層と交際する機会が多く、話の中で政治的なテーマも出る。特に自分の政治意識が薄い信者にとって、「我々は保守党支持」という気持ちになることは自然である（Wald et al., 1988）。これはコンテキスト効果という（第2章参照）。

最近英国国教会は低調であり、その長であるカンタベリーの大主教大主は国教信仰復興のためにいろいろ新しいことを試している。その一つは政教分離を考えることである（Hoge, 2003）。現在、国教があることの影響を探せば、それは教育政策にある。小学生の二五パーセントは教会附属学校（主に英国国教会とカトリック）に通っている（Monsma & Soper, 1997：137）。教会附属学校は公立学校より業績が良く、自身は教会に通わなくても、子どもに宗教と道徳教育を希望する親が多い。一九八八年のサッチャー保守政権は、宗教・道徳教育を強化する法を制定し、後の労働党政権が宗教の教育に対する影響力を弱めるような法案を作成したとき、キリスト教の各会派は統一して抵抗に成功できた。イギリスでは圧力団体としての宗教団体にはまだ力があることが分かった。

宗教政策の問題点といえば、関係法の中において、宗教すなわちキリスト教であるという前提が根強く残っていることである。学校の宗教教育ではキリスト教の各会派については対等に扱われるが、他の宗教については無視されている。イスラム教の信者が増加している現状では、キリスト教という前提と矛盾する問題が発生する。例えば、イギリスには冒瀆法という法律がある。ほとんど利用されていないし、誰かが利用しようとしてもほとんど実行できないが、廃止するという話になれば、宗教団体は「政府は神への不敬を許してもいいと思っているのか」と反論されることになる（Levy, 1993）。これまで定期的に誰かが冒瀆法違反を指摘して、裁判官を困らせてきたが、一九八八年に、サルマン・ラシュディの『悪魔の詩』事件で、イスラム教に対する不敬は違法ではないことが示された。

7　イギリス民主主義の展望

イギリス型民主主義の基本は政権交代にあるので、一九七九年以降その民主主義は行き詰まったといわなければならない。一九七〇年代から、二大政党制への不満が高まってきて、一九七四年総選挙は不安定な結果に終わった。一九七九年から政権交代が難しくなり、一八年間の保守党の一党優位体制ができあがった。一九九七年総選挙での「新」労働党の圧勝は、逆に労働党の一党優位体制を築いたように見える。政権交代の機能が鈍くなったイギリス民主主義は今後どうなるのであろうか。

一般的に、民主主義が行き詰まった場合、政治改革が提案されるが、イギリスでは政治改革をあまりしていない。政治改革といえば、地方分権、貴族院改革などに加えて、新しい選挙制度を選ぶ必要があった場合（スコットランド・ウェールズの議会選挙、EU議会選挙など）に、単純小選挙区制を採択しなかったということはあるが、政治体制の中心にある総選挙・国会には大きな改革がない。ウェストミンスター型民主主義はほとんど変わっていない。政権交代に頼り続けてきた。ウェストミンスター型民主主義から離れた唯一の試みは、EU加入についての国民投票であった。

保守党が賛成、労働党が反対というような争点であれば、二大政党制が機能するが、両党内で賛成派と反対派に分かれているような争点であれば、政権交代では問題解決につながらない。EU加入問題はそんな争点であった。自民党などの第三党は、EU加入を肯定したが、保守、労働両党内ではEU賛成派と反対派が対立している。「どちらの政党も混乱中」の場合、選挙は有権者に選択肢を与えていないことになる。しかし、EU問題は不可避かつ、先延ばしも許されず、決断を迫られてきた。一九七四年二回目の総選挙後、国会で決着をつけることになると両党が困るので、イギリス初の国民投票を一九七五年に実施することにした。国民投票について議論されたことは何回もあったが、実施されたのは一九七五年がはじめてであった（Butler & Kitzinger, 1976：8-11）。

国民投票の結果は期待通りに機能したといえる。その後の二五年間でＥＵ問題は大きな争点でなくなった。賛成票が反対票を大きく上回ったので、反対派のエネルギーがなくなった。有権者の六割程度は国民投票を行ってよかったと判断した。それにしても、両党は自主投票は不自然だと考え、二度と行いたくないと決意した。その決意にもかかわらず、ＥＵ問題が再び登場しているこの二〇〇〇年代に、もう一度国民投票を行わねばならないかもしれない。前例があることは、既に選択肢の中に入るので、二回目が行われやすくなる。大きな政治改革が行われなくても、イギリス民主主義は進化したといえる。

第8章　戦後ドイツの民主主義

戦前ドイツの民主主義が挫折したことは世界史上の大きな出来事でもあった。西欧の優越性の神話を破壊し、世界史の流れを変えた第二次世界大戦を引き起こした。戦前民主主義の挫折についての研究は多く、ドイツの事例研究がその中心である。ドイツは敗戦後に占領下に置かれ、歴史的な挫折を余儀なくされた。しかし、はたしてドイツの政治制度を変えることによって、ドイツ政治そのものを変えることができるか疑われた。ドイツの戦後政治史は日本のそれと並んで、政治の構造改革についての大きな実験にあたる。よって、ドイツの戦後民主主義の事例研究は民主主義の理解のために不可欠と思われる。

戦後ドイツの構造改革が失敗すると予測した理論の一つは、文化論である。「いくら構造を変えても人の考え方が変わらなければ、何も変わらない」という立場をとって、ドイツ民族は民主主義に向いていないので、民主主義は必ず失敗する、という考え方である。敗戦直後の世論調査は、その文化論を支えるように見えた。一九五一年に、「ドイツの黄金時代」について、八五パーセントが非民主主義時代を選んだことに対して、戦前や戦後の民主主義時代を選んだものは九パーセントに過ぎなかった（表8-1）。

しかし、文化は変わるものである。戦後の民主主義と経済の高度成長の経験を積み重ねるにつれて、民主主義への理解と支持が増えてきた。例えば一九五〇年に、理想の政党数は一つと答えた人は四分の一、複数と答えた人が五割強であったが、一九六〇年代後半まで一つと答える人は一割を切ったし、複数と答える人が八割を超えた

(Smith, 1982)。六〇年代から住民運動が多く見られるようになり、七〇年代になると平和運動や環境運動という大型社会運動が起こり、西欧最大の参加型「緑の党」が誕生するなど、戦前のドイツ文化から見れば、信じられない出来事が普通になってきた。九〇年代以降は、直接民主主義の試みが多く、民主主義の先進国といえるまでになった。この意味で、戦後ドイツの政治改革は「成功」したといえる。

政治文化はたしかに変わるものである。戦前の民主主義の挫折の原因が政治文化でないのならば、政治構造であろうと考えて、戦後の憲法（基本法）においてはできるだけ戦前の誤りを正すようにした。そこで最も重要な条文は「国会主権」であった。戦前の政治体制では政治責任が明確でなかったことから得た教訓であった。そして、連邦制は、中央集権化の弊害から学んだ教訓であった。国会で連立政権を安定させるために不信任案を提出する場合、交代できる政権を同時に提出しなければならないという条件を付した。戦前の官僚制は、非常に優秀であったが、官僚が「国家」の代表は自分自身であると考え、国会の統治を認めなかったので、民主主義に相応しくなかった。戦後ドイツの政治体制は、官僚の政治参加を積極的に促進した。そのため、政権交代のたびに官僚の大幅異動が行われる。

表8-1　ドイツの王号時代についての世論 (%)

ドイツの黄金時代といえば、いつであったと思いますか	
君主時代	45
1920年から1933年までのワイマール時代	7
1933年から1938年までのナチ時代	40
1939年から1945年までの戦争時代	2
戦後	2
ドイツの最悪の時代といえば、いつであったと思いますか	
君主時代	3
1920年から1933年までのワイマール時代	7
1933年から1938年までのナチ時代	2
1939年から1945年までの戦争時代	8
1945年から1948年までの戦後	70
1949年から1951年まで	8

出所：Smith 1982：74

1　ドイツの選挙制度

歴史の教訓

戦前の民主主義の挫折から学んだ教訓の一つは、純粋比例代表制の危険性である。戦前民主主義の挫折の有力な説明の一つは、あまりにも純粋な比例代表制にあったので、戦後は選挙制度についての議論が激しく行われた。選ばれたのは多くの政治学者が高く評価する「併用制」であった。しかし、戦前の比例代表制も当時の政治学者に高く評価されていたことも忘れてはならない。

日本の並立制と同様に、ドイツの併用制も、小選挙区制と比例代表制を合わせた選挙制度である。しかし併用制の場合、各政党に対する議席配分は比例代表制の投票結果のみで決まる。いくつかの例外はあるが、一般に小選挙区制の投票結果は、政党の議席配分には無関係である。小選挙区の役割は、有権者が「私を代表している代議士」を特定できる「顔が見える比例代表制」を目指すことにあった。ドイツの併用制は、この「顔が見える」という目標は、有権者については失敗した。自分の代議士の名前を知っている有権者は少ない。しかし一方代議士については成功した。小選挙区で当選した代議士は、よく選挙区の面倒を見る。

ドイツの併用制は比例代表の原則を否定しなかったが、その原則に二つの例外を付け加えた。一つ目は、小さな政党を抑制するために、得票率五パーセント以下の政党には議席を与えないという条件をつけたことである。その意図の通りに、極右や極左の政党は議席を獲得していないが、予想しなかった結果も生んだ。得票率四・九パーセントの政党は議席率がゼロになるが、得票率五・〇パーセントの政党は議席率が五パーセントになる。五パーセントぎりぎりの政党は、票の小さな動きによって運命が大きく変わり、連立の組み合わせを変えることがある。例外のもう一つは、小選挙区で三つ以上勝てば、五パーセントルールにあてはまらないという規定である。例えば、旧共産党である民社党は一九九八年にベルリン市の小選挙区を四つ獲得して、四・四パーセントの得票率で三〇議席を獲得した。しかし、二〇〇二年には小選挙区で二つしか勝てなかったので、議席はその二つのみにとどまった。

併用制は、有権者に二票を与える。第一票は、小選挙区の候補者から一人を選んで、第二票は比例で、政党を選ぶ。議席数を決める作業は、第二票を全国集計して、得票率が五パーセント以上の政党の有効得票数を得票総数として、各政党の得票率を計算し、得票率に応じて議席を配分する。当選者を決める作業は、まず各小選挙区で得票数の最も多い候補者を当選とする。次いで、各州の名簿から党が決めた順位に従って当選者を決める。各政党の小選挙区当選者が、比例で配分した議席よりも多い場合には、超過議席が認められている。よって、選挙後に議会の議席総数が変わることもある（小林、二〇〇〇、九八二頁）。

また、小選挙区と比例区で両方出馬する「重複立候補」が認められている。例えば一九九四年には、四一九人の候補者が小選挙区のみに、六三八人は比例代表名簿のみに、そして一〇六九人は重複で立候補した（Wessels, 1997 : 91）。小選挙区で敗けた候補者であっても、比例で当選することはできるが、ドイツ人はこれを「復活」とは思っていない。それは、小選挙区選挙を優位に置かず、比例選挙で当選することが自然と思っているからである。よって魅力のある候補者を擁立しても、その選挙区での政党の得票率はあまり変わらない。さらに無所属候補者はほとんど当選できない。個人票があまりなく、候補者の選挙母体は政党しかないからである。

公認を受けるためには政党に貢献しなければならない。各政党の組織の中心は、選挙区やそれよりも小さい支部にある。小選挙区の候補者は、選挙区・支部のために努力しなければならない。利益誘導はあまりできないが、有権者の面倒を見ることは大事である。小選挙区で公認されている候補者は、政党支部に影響力がある（支部長が多い）ため、党本部から自立している。単独比例区の候補者は党本部に頼っているので、公認を得るために、政策の専門知識や特定のグループ（例えば、女性、農民、若者など）や大きな支持団体の代表を務めることが普通である。

それでも比例単独候補者は、不安定な政治人生を送る（Patzelt, 2000）。

併用制における政党本位の選挙運動では、政党間の選挙協力があまりない。小さい政党を含め、すべての選挙区に候補者を擁立することが普通である。一九五三～五七年総選挙で、例外的にキ民党（次節参照）が五パーセントに満たない小さな連立相手の政党にいくつかの小選挙区を譲ったことがある（Saalfeld, 2000：39）。しかし、社民党と自民党の連立政権下の一九七二年総選挙では、社民党は、五パーセントが危ない自民党にいくつかの小選挙区を譲る話がありながら、実行しなかった（Roberts, 1988：323）。その理由は、社民党の支持者が第一票を自民党に入れる保障がないことと、両党ともにイメージダウンにつながる恐れがあったからである。

二票の使い分け

ドイツの併用制では、小選挙区での選挙協力がないが、比例選挙を利用して協力する可能性はある。小選挙区の第一票と比例選挙の第二票で同じ政党に入れない分裂投票をする有権者が全体の一割程度いるし、しかも七〇年代から増える傾向にある。そして、分裂投票する有権者には、第二票（比例）を連立相手の小さい政党に入れる傾向が強い。しかしこのことは、大政党が連立相手の小政党（多くの場合自民党）のために、自分の支持者に「比例は自民に」と働きかけるからではない。大きな政党からの働きかけは、裏にあるかもしれないが、表に出ない。逆に、一九七二年以降、小さな政党である自民党は「第一票は大きな政党に入れてもいいが、第二票だけは自民党にください」と積極的に訴えてきた（Roberts, 1988）。多くの有権者がこの話に乗ったように思われる。

常識的に考えれば、第一票は第二票より重みがあるように思われるが、実際には、先に説明したように、第二票のほうが重要である。しかし、大きな政党がいくら努力して説明しても、有権者は理解してくれない。世論調査によれば、第一票と第二票の区別を理解している有権者は半分以下にすぎない。そして、誤解としか解釈できない分裂投票が多い。小さな政党の支持者が、比例で議席を獲得する確率を最大化するために第二票を支持政党に入れ、小選挙区では勝算がないために第一票を別の大きな政党に入れることは、分かりやすい投票行動である。しかし、逆の行動も多い。例えば、一九八七年に、第一票を緑の党に入れた有権者のうち、三割くらいが第二票を別の政党に入れた（Roberts, 1988：332）。これは、小選挙区制で死票を投じて、比例選挙で支持政党に投じないという、分かりにくい投票行動である。努力すれば、何か合理的な理由を想像できるかもしれないが、無理せずに、やはり有権者が間違ったと解釈することが現実的であろう。シェーン（Schoen, 1999）は、この「不合理的な投票行動」を分析し、平均して、分裂投票した有権者の二五パーセントと推計したが、一九七二年までは減る傾向にあった。有権者が選挙制度に慣れて、二票の使い分けが上手になったのであろう。再統一後は、旧東ドイツの有権者にも、誤解が多かったが、これから学習するであろう。

有権者は十分理解できていなくても、併用制は定着している。六〇年代まで、大政党は、時々単純小選挙区制を話題にしたが、実現には近づかなかった。

2 ドイツの政党

戦前の民主主義挫折から学んだ教訓の一つは、民主主義には政党が必要なことであるとして、ドイツ憲法は政党の存在を明記している。政党研究には、ドイツの事例が多い。「包括政党」、「反政党的政党」、「カルテル政党」という概念は、すべてドイツの政党を手本にしたモデルである。これからは、東ドイツの共産党から変身した民社党も盛んに研究されるであろう。

キリスト教民主党／社会同盟（CDU／CSU）

ドイツのキリスト教民主党には戦前の教訓から生まれたという側面もある。宗教団体がナチ運動に対抗できなかった理由の一つは、戦前の宗教政党がカトリック系とプロテスタント系の政党に分かれて、協力できなかったことであるとして、戦後に宗派を統一することにした。宗派対立をやめ、さらに加えて労使対立をやめるという「二つの妥協」によって、ドイツのキ民党は典型的な包括政党となった。イデオロギー対立をやめ、当選第一主義になって、国民全体を代表することを目指した。

正式にはキリスト教民主党（CDU）と、キリスト教社会同盟（CSU）の二つの政党が存在するが、後者はバイエルン州にしか存在せず、両者は国政選挙や国会では一つの政党として行動する。CSUはバイエルン州内で活動するが、国会内ではキ民党の右派の役割を果たし、ほとんどの場合CDUとCSUを一つの政党と見なしうるので、以下では総称して「キ民党」と呼ぶ。

社民党（社会民主党、SPD）　ドイツ社民党は、ナチ体制に協力しなかったことで、無垢なイメージがあった。また戦前からの大衆政党として、組織も強かった。しかし、キ民党と競争するために、包括政党に変身しなければならなかった。一九五九年のバート・ゴーデスベルグ綱領は、包括政党への変身の象徴であった。しかし、その実現には時間がかかった。すでに一九五七年総選挙でも古いマルクス主義的な主張を抑えていた。一九七四年から八二年までのシュミット党首は中立の包括政党の路線を主張したが、党内左派は党組織の主導権を握ったし、党内左派はなくなっていない。九〇年代に入り、イギリスのブレア首相を手本にしたシュレーダー党首を選んだことによって、包括政党への変身が完成したといえるかもしれない。

自民党（自由民主党、FDP）　イギリスの自由党と同様に有権者の渡り鳥の受け皿という第三党の役割を果たしてきたが、イギリス自由党とは違って、しばしば連立政権に参加してきた。ドイツの二大政党の合計得票率は、イギリスに似ていたが、選挙制度の差によって、ドイツの自民党は議席を多く獲得し、大きな政党に過半数を与えなかった。そのためドイツ自民党は、キ民党とでも、社民党とでも連立を組むことができ、八〇年代まではキャスティングボートを握ったことも多かった。キ民党政権を極端な右傾化から、社民党政権を極端な左傾化から遠ざけて、バランスを守る役割も果たした。

自民党の政策は、一応自由経済であったが、右派と左派に分かれている。連立相手を変えるたびに離党者が出たし、支持者も変わった。九〇年代以降は、キ民党以外と連立を組めない状況になって、右派連立の一部という役割になったように見える。

緑の党

ドイツの「緑の党」は、典型的な反政党的政党である。反政党的政党の初めての試みで、最も成功した例でもある。一九八〇年代の平和運動と環境運動を選挙母体とした政党であり、既成政党の問題点を正して、草の根を生かした、参加型の政党を目指した（Poguntke, 1994）。

既成政党においては党首の力が強すぎると考えて、自党は党首を置かないことにした。その代わりに、三人の共同指導体制を設けた。同様に、既成政党では現職候補者が強すぎると考え、現職を公認しないという原則を決めた。その代わりに、候補者二人がチームを組む交代制（日本政治でいえば、コスタリカ方式にあたる）を実施した。他に、党の会議を公開するなど、様々の新しい試みに乗り出した。その改革は、非常に合理的で、説得力のある試みであったが、実施してみると、問題点も多く発生した。

投票行動の研究からは、有権者は政党の顔をほしがることが分かった。政策、理念よりも、まず顔が覚えやすい。党首、現職がいなければ、政党の顔が見えず、選挙にマイナスになる。党運営にも障害が出た。三人の共同指導体制は、一人に権力を集中することを防ぐが、その一方で三人が派閥代表として選ばれるので、党内対立を促す。党の会議を公開すれば、その目的通りに、妥協が難しくなるので、各派の理念を明確にできる代わりに、理念を実現できないことにもなる。結局、新しい試みのほとんどは、党内民主主義のためになったかもしれないが、選挙に勝つためにも、政策実現のためにもならなかった。緑の党は反政党的政党から脱皮しなければならなかった。普通の政党とまではいえないが、反政党的な側面は薄くなっている。

緑の党は、他の政党よりも、理念と現実の板挟みになっていた。理念を厳守すれば、選挙や政策実現にマイナスになるが、選挙に勝つためや政策実現のために理念を捨てれば、既成政党と変わらなくなる。党内は理念派と現実派に分かれたが、結局、現実派の勝利に終わった。当選第一主義の候補者は、理念第一主義の候補者よりも当選確率が高くなる。政策実現を優先する代議士は、理念第一主義の代議士よりも、目的を達成して、政治家としての人生に満足できる。長期的に見れば、政治の経験はその政治に合った政党や政治家を育成するものである。しかしそれは緑の党の試みが無駄であったということにはならない。緑の党は政治の可能性を広める実験であったし、既成政党への批判の受け皿になっただけではなく、既成政党が自党の改革を余儀なくされた。よって、緑の党の試みは、ドイツの政党をすべて変えたといってもよい。西欧最大の緑の党で、一九九八年には連立政権に参加するようになったので、政党としても成功しているといえるだろう。

民社党（民主社会党、ＰＤＳ）　旧東ドイツの共産主義政党の後継として生まれたが、東部の地域政党的な性格が強い。再統一後、旧共産党の若手が主導権を握って、魅力のあるギジ氏を党首にした。政策は左翼でありながら、民主主義を認めている。真の左翼として、社民党と競争したりして、イラク戦争反対を最もはっきりと打ち出した政党となった。

一九九〇年の総選挙では、五パーセントルールは、旧東ドイツのみで計算するという一回きりの特例によって、全国二・四パーセントの得票率ながら、東部だけで一七議席を獲得した。次の選挙では議席ゼロになる公算であったが、東部の小選挙区と地方選挙で生き残った。一九九八年から東部の州政府の一つで、そして二〇〇一年にベルリン市政府でも社民党と連立を組んだので、地方では政権に参加している。いつか、連邦政府の連立に参加することも十分想像できる。

右翼政党

ナチ経験の教訓の一つは、右翼政党に速く、強く反応しなければならないということであった。しかし、ナチの伝統があるので、右翼は批判票の受け皿にもなる。一九四九年総選挙で右翼政党が議席を獲得したが、憲法裁判は特定の右翼政党に禁止令を決定したため、後に得票率が下がって、議席がゼロになり、地方議会にしか議席を獲得できなくなった。しかし、一九六四年から八〇年代まで「ドイツ国民民主党」、そして八〇年代から「共和党」が活躍してきた。移民反対感情は、右翼政党のエネルギーになった。時々地方選挙で躍進するが、選挙での躍進よりも暴力的行動の活躍が心配であろう（Backer, 2000）。

3　ドイツの政党制

各政党の得票率からみれば、ドイツはイギリスと同様に二大政党制である。第一党と第二党の合計得票率の平均（一九四九～九八）は、イギリスの八三・二パーセントに対し、ドイツは八一・六パーセントであった。さらにドイツでは、二大政党制はイギリスのように衰えていない（前掲図7－2、図8－1参照）。七〇年代以降、ドイツの第一・第二党の得票率合計はイギリスのそれより高い。しかし、選挙制度の差によって、ドイツの第三党は議席を多く配分されたし、大きな政党に過半数を与えなかったため、政党制の働きは異なった。単独過半数が無理であったので、連立が必要となったのである。

ドイツの第三党である自民党は、イギリス自民党に似ていたが、役割が異なった。ドイツの自民党は、連立政権に参加することが多く、キャスティングボートの役割を持っていた。中立右派政権か中立左派政権のどちらを選ぶかを決めたのは、有権者よりも自民党のほうであった。一九九八年まで、ドイツにおける政権交代は、国会内における政党同士の交渉によって決められた。有権者の役割は、その後で賛成したり、反対したりすることにすぎな

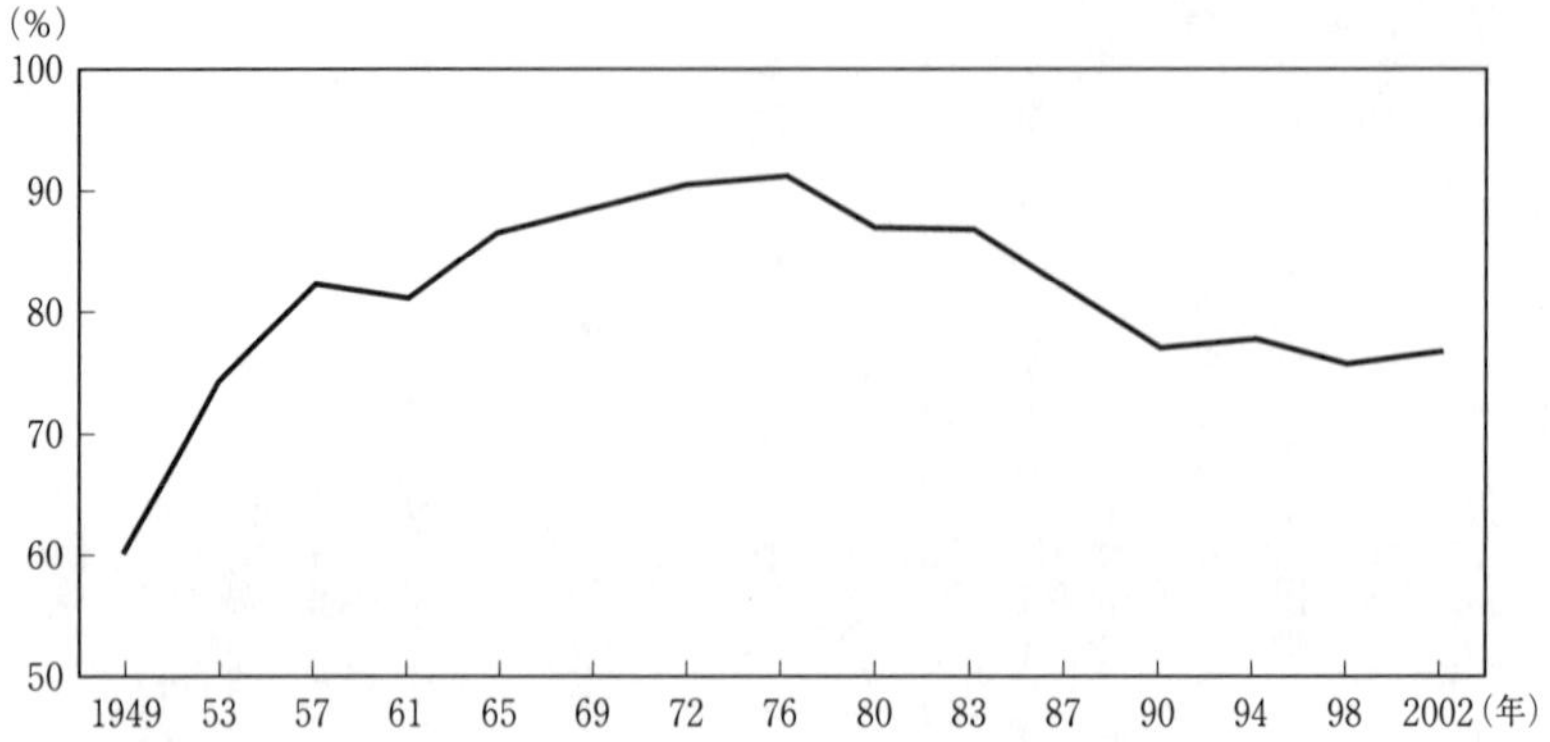

図 8 - 1　ドイツにおける第一党と第二党の相対得票率の総計

出所：著者作成。

かった（Hoffman-Lange, 1986）。一般的に、キ民党と社民党の支持者は自党の行動を承認して、政権交代を肯定したが、自民党の支持者の多くは反対して支持政党を変えた。

自民党は、キ民党の右派と社民党の左派を抑える機能を果たした。キ民党の右派から党首を選んだ場合、自民党と連立ができなくなるので、キ民党政権を獲得できない。逆に、社民党も左派から党首を選んだ場合、政権を獲得できなくなった。政権を獲得するためには、自民党が納得いく政策を打ち出さなければならなかった。自民党は政策理念のみではなく、権力を目指して、連立に参加できるようにも動いた。

ドイツの二大政党制の働きは八〇年代に多党制の働きに変わった。第一党と第二党の総計得票率が下がったこともあるが、それよりも緑の党と社民党の登場によって、連立の組み合わせの選択肢の幅が広くなったことが大きい。今のところはキ民党と自民党の右派連立政権と社民党と緑の党の左派連立政権の政権交代が続いているが、この二大勢力制がいつまで続くかは予測できない。

4　ドイツの戦後政治史

ドイツの戦後政治史は期に分けることが難しく、その区分ははっき

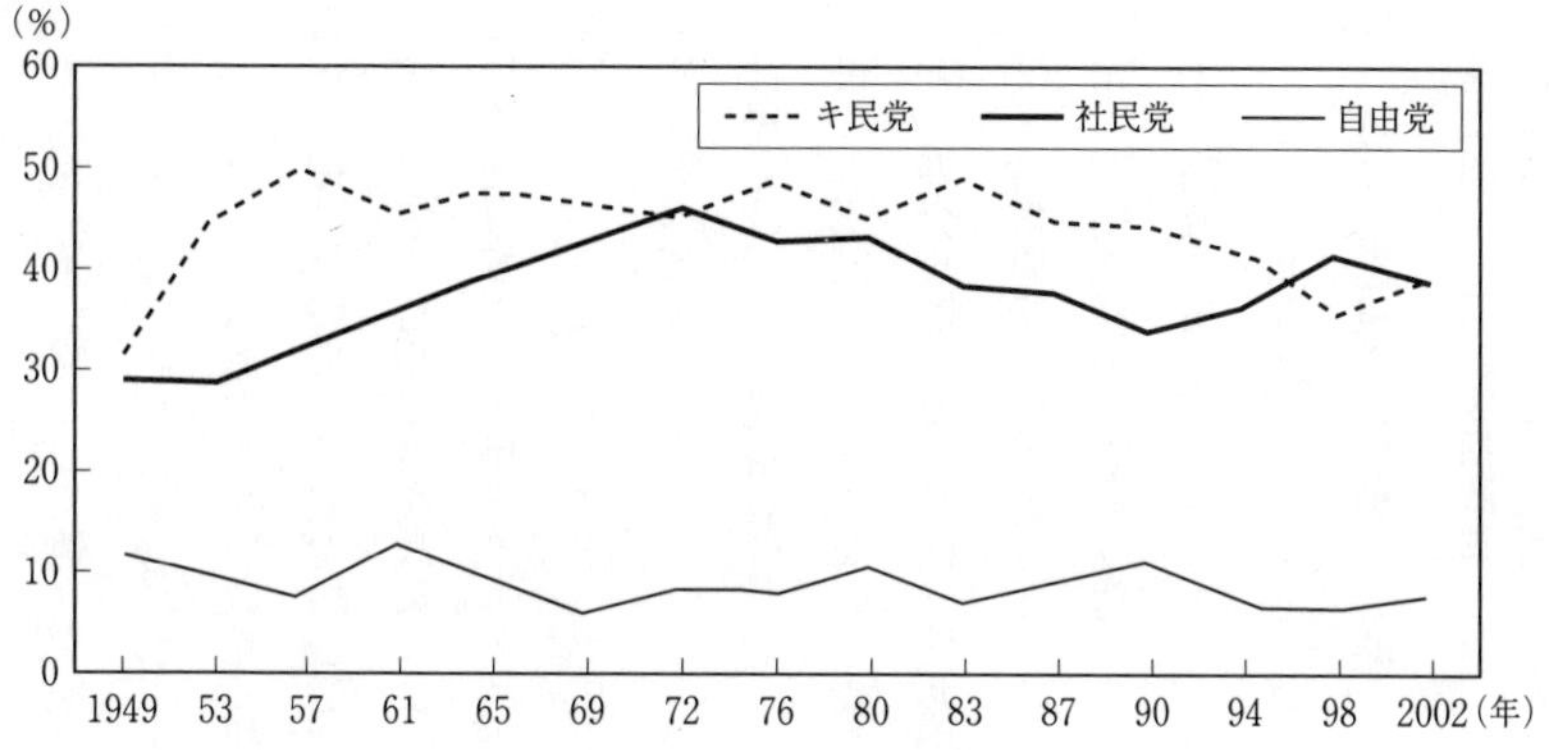

図8-2　ドイツの選挙結果

出所：著者作成。

りしないものの、一応三期に分けることができる。第一期は、一九四九～五七年の戦後体制形成期である。キ民党のアデナウアー首相とエアハルト蔵相の外交・経済政策が成功したと見られて、キ民党が成長し、社民党は三割で横ばいの状況が続いた。第二期は、一九五九年のバート・ゴーデスベルグ大会で社民党が包括政党への変身を始めたころからといえよう。一九六一年総選挙から七二年まで、社民党が成長して、キ民党が横ばいという状況が続いた。より注目すべきは、キ民党と社民党の得票率の合計が、一九五七年から八割を超えて、一九七二年と一九七六年総選挙で九割を超えたことである。得票率だけ見れば、第二期は二大包括政党制であったといえるが、政権を見るとすべて連立政権であったし、連立を決めたのは選挙結果ではなく、党間交渉であった。第三期は、一九八七年から現在まで続いている多党化時代である。緑の党をはじめ、再統一による民社党の登場によって、一九九〇年から第一・第二党の得票率合計は、七割を切った。選挙による政権交代も起こった（図8-2）。

第一期——戦後、一九四九～五七年

一九四九年総選挙は、いくつかの州選挙の後に行われた。キ民党と社民党は経済政策の選択を争点に戦った。結果は、社民党の「計画経済」が、キ民党の「社会市場経済」に敗れることとなったが、両党とも三割台の得票率での接戦であった。

キ民党が第一党として連立を組むことになったが、選挙結果が混戦模様であったため、連立の選択肢が多かった。キ民党内では、キリスト教社会主義者が社民党との大連立論を訴えたが、アデナウアー党首は社会主義者ではなかったため、右派の小さい政党と組んだ。社民党は、大衆政党らしく、組織を強化すれば次の選挙に勝てるという自信を持ったので、連立を組む必要はないと考えたが、それが大きな誤算となった。次の一九五三年総選挙までに、アデナウアー首相の外交政策によって、ドイツは西欧の仲間入りができ、国民に高く評価されたし、経済も予想より早く回復して、キ民党のエアハルト蔵相の政策の成功と見えた。キ民党は一九五三年、一九五七年総選挙で票を伸ばして、一九五七年にドイツ史上初めての単独過半数を獲得した。多くの票は小さい保守党から吸収されて、政党数は減ってきた。

社民党は、三回連続負けたことで、政策転換を迫られた。党内の若手改革派は、政策と組織を変えなければ、いつまでも三割の壁を越えないと論じた。問題は四つであると考えた。

(1)　外交政策においては、反共をはっきり打ち出さなければ、有権者に信頼されない。

(2)　労働階級の党というイメージが強く、中産階級の票が獲得できない。

(3)　キ民党経済政策が成功しているので、逆に社民党の国営化などの経済政策は危険視されている。

(4)　宗教の敵というイメージもマイナスになっている（Conradt, 1978：84）。これらの問題を解決するための改革を、一九五九年のバート・ゴーデスベルグ大会で行って、社民党が第二期への転換を果たした。政策転換と同時に、党組織の影響力を減らし、国会議員の影響力を増やした。

第二期——二大包括政党の時代、一九六一〜八三年

バート・ゴーデスベルグ綱領には、二つの意味があった。その一つは、社民党が労働階級以外に票を伸ばすことができるようになったことである。一九六一年からの票の伸びは、キ民党支持者層である中産階級からきたものである。もう一つの意味は、過半数を獲得せずとも、連立参加が可能になったことである。社民党が、左翼の政策をやめれば、キ民党との大連立も可能にもなるし、自民党との中立左派連立も可能になる。結局、後者の意味が重大であった。社民党の得票率は一九六一年から順調に伸びたが、政権交代は選挙ではなく、連立再編成によって行われた。

一九六一年総選挙の前に大きな出来事があった。すなわちベルリンの壁が造られたのである。それはアデナウアー首相の強力外交政策の失敗と解されたと同時に、社民党にプラスに働いた。当時のベルリン市長は社民党の若手改革派のブラント市長で、東方と戦ったことが社民党の反共の立場を証明するように見えた。キ民党は過半数が獲得できなくなり、また自民党と連立を組むことになったが、自民党は高齢のアデナウアー首相の交代を条件にした。その後継者となったのが自民党と経済政策が一致するエアハルト蔵相であった。

一九六五年総選挙はエアハルト首相の勝利であったが、連立運営に苦労した。一九六六年に経済政策の不一致によって、キ民党と自民党の連立が崩れた。残った選択肢は、社民・自民連立か、戦後から話題になってきたキ民・社民の大連立であった。選択権を持つのは、社民党であった。敵を助ける大連立には反対が多かったが、社民党と自民党の連立政権は過半数ぎりぎりで、うまくいかなければ、社民党の政権担当能力を証明できない恐れがあった。結局、大連立の道が安全と判断された。そして、大連立政権のもたらした結果の一つとして、社民党の政権担当能力が証明された。特に、社民党首のブラント外相とシラー経済相が評価された。もう一つの結果は、左右両翼の活躍であった。国会内では、連立四四七議席に対して、唯一の野党、自民党が四九議席であった。国会内で野党が機能しない以上、国会外で機能しなければならないようであった。

一九六九年総選挙では、社民党が伸びて、キ民党がはじめて下野した。ブラント政権は、改革を多く行ったが、最も目立ったのは東ドイツとの和解を目指す、一九七一年ノーベル平和賞を受賞した「東方政策」であった。一方、国民は東方政策を支持した。選挙直前の世論調査で、社民党の東方政策への賛成が七三パーセントに対して、キ民党の政策への賛成は九パーセントしかなかった（Bark & Gress, 1993：208）。キ民党は東方との和解に反対しなかったが、問題は交渉の中身にあった。東方政策に反対した代議士が、連立政権の社民・自民両党から離党して、キ民党に入党したことによって、連立の過半数が消えた。しかし、野党は不信任案を可決できなかった。離党の場合にも、不信任案投票の場合にも、金が動いたという噂が流れたが、不信任案は二票差で否決された。与党も野党も過半数がない、行き詰まった状態が続いた。ブラント首相は、一九七二年に戦後初めて四年間の任期満了前に解散総選挙を行った。ドイツでは首相に解散権がないので、別の工夫が必要である。それは閣僚の欠席によって、信任をかけた法案を否決させたことである。一九七二年が初めてであったが、後に慣例となった。

一九七二年総選挙は、二極化が最も激しかった選挙となった。労組は社民党のため、財界はキ民党のために全力を尽くしたし、一般国民も様々の形で熱心に参加した（Irving & Paterson, 1973）。投票率も九割を超えた。その結果は、社民党の勝利であった。右翼も左翼も全滅で、二大政党制が再確認された。もう一つの結果は、自民党が社民党と連立を組んだため、財界からの献金がなくなり、倒産状態に近くなりながら、自民党も伸びたことである。選挙後、財界は再び政権党となった自民党に献金を行いはじめた。

キ民党は、二回連続の敗北を無視できなかったので、党改革に乗り出した。社民党とよりよく競争できるように、党組織を強化した。党改革の中心人物は、コール党首であった。

一九七四年に、ブラント首相は、秘書が東ドイツのスパイであったことが明らかになって、辞任した。後継者はシュミット蔵相で、社民党の中立包括政党としての性格を再確認した。しかし党内左派には不満が強く、シュミット党首は党内における支持基盤が弱かった。逆に、有権者の中では、社民党の人気は下がったが、党首個人の人気は高かった。

一九七六年総選挙の結果は、キ民党の前進と社民党の後退であった。キ民党は第一党になって、自民党との連立を訴えたが、自民党は社民党との連立を守ると公約したため、社民・自民連立政権が続いた。キ民党は、野党時代が長くなり、党内議論が激しくなった。右派は、何か新しい手を打たなければまた負けると考え、ＣＳＵのシュトラウス党首を首相候補にすべく働きかけた。党内議論では、「今のままではだめだ」という論が勝ったが、右派の政党がさらに右へ動けば支持が減るというダウンズ説（第２章参照）の予測通りに得票率が下がった。しかしそれ以上に、自民党はシュトラウス党首とは絶対手を組まないので、シュトラウスのキ民党は単独過半数を獲得しなければ政権を獲得できない、ということが問題であった。キ民党自らが、強いてハードルを高くしたことになった。自民党はシュトラウス反対を訴え、票を大きく伸ばした。一方、平和運動と環境運動の新左派は、シュミット社民党に対しては不満が多かったが、緑の党に投票すれば、シュトラウスのキ民党を勝たせることになるので、社民党を支持した。結局、シュトラウス氏を党首にしたのは、不合理的な戦略であった。このような戦略ミスはそう珍しくはない。その理由は、党内議論と党外の事実の不一致にある。

一九八二年に、政権交代はまた総選挙前に起こった。自民党は、社民党と政策が一致しないという理由で連立から離脱して、キ民党と新しい連立政権を組んだ。キ民党はシュトラウスからコール党首に替えて自民党に近づいたが、逆に社民党は緑の党に配慮してシュミット首相をフォーゲル党首に替えて自民党から離れた。社民党大会で、党内左派は、シュミット党首には受け入れがたい政策を打ち出し、シュミット党首は「健康上の理由で」辞任したのである。翌八三年の総選挙では国民の関心は経済、特に失業問題で、キ民党と自民党は経済政策を訴えたが、社民党は、緑の党に対抗して、新旧左派の政策を訴えた。結果は、社民党の惨敗であった。特に労働階級の離反が目立った。社民党も、先のキ民党同様、党内議論を優先して、選挙に負けた。国民が最も望んだ政権は、シュミット首相によるキ民党政権であったと思われるが、その選択肢がなかったのである。

第三期――多党化時代、一九八七年以降　緑の党が得票率五パーセントを獲得したのは一九八三年総選挙であったが、第一・第二党の合計得票率が下がったのは一九八七年総選挙であった。当時ははっきりしなかったが、これ以後政権交代は、自民党の動きによることはなくなり、キ民党と自民党の右派連立 対 社民党と緑の党の左派連立の二大勢力制になった。

緑の党の登場によって、社民党は難しい選択肢を迫られた。中立へ向かって、自民党との連立を目指すべきか、新左派に近づいて、緑の党との連立を目指すべきか。結局、前者の可能性は薄く、後者が得策であったが、その「赤・緑」連立への道には問題が多かった。緑の党の支持者は、中産階級の新左派で、経済成長より環境問題を優先した。社民党の支持母体は労組で、経済成長を優先した。この対立の象徴は原発に対する賛否であった。社民党の包括政党への変身には、NATOの承認と反共の確認が必要条件であったが、緑の党は平和主義で、NATO、特にドイツへのミサイル配備に反対であった。結局、社民党は、原発とミサイルの両方に反対したので、シュミット前首相は政界引退を決めた。

一九八七年総選挙は、左右両派において、小政党の前進と大政党両党の後退という結果で、多党化時代に相応しい結果となった。次の選挙は、赤・緑連立へ向かっていたが、突然ベルリンの壁が崩壊して、新しい争点が生まれた。コール首相は再統一のチャンスをつかんで、積極的に実現し、上手に利用した。歴史的な業績を果たしたし、負ける選挙を逆転勝利した。社民党は、再統一を急ぐべきでないと訴えて、後にその主張の現実性が証明されたと分かったが、当時の選挙には、マイナスに働いた。再統一に賛成したキ民党と自民党が伸び、再統一に慎重論の社民党と緑の党が後退した。最も伸びたのは自民党であったが、社民党との連立は議席の計算上、不可能となった。緑の党は五パーセントを獲得しなかったので、議席を失ったが、旧東方の共産党を後継した民社党が登場したので、多党化は進んだ。

一九九〇年選挙直後、社民党の予測通りに、コール政権が増税した。そのため支持率が激減したが、一九九四年総選挙では再選された。社民党は党首選びと連立の組み合わせに悩んでいた。一九九八年総選挙まで、社民党は、イギリスのブレア労働党党首を手本にしていたシュレーダー氏を選んで、包括政党への変身を完成したように見えるが、左派はまだ消えていない。シュミット党首時代に戻ったようでもあった。一九九八年総選挙で、キ民党と社民党の大連立が話題になったが、結局、社民党と緑の党との連立はキ民党と自民党との連立を破って、ドイツ史上初の、選挙による政権交代となった。赤・緑連立の運営には問題が多かった。しかし、経済政策などで悩みながらも、イラク戦争への参加について反対したことによって、接戦で再選された（河崎、二〇〇四）。次の課題は、民社党の位置になるであろう。これからの連立政権は、可能な組み合わせが多くなったので、先が見えない。

5　ドイツにおける移民問題

外国人労働者と政治的亡命者の受け入れ

一方で、ドイツは移民を受け入れる国ではないとはっきり表明している（Martin, 1994：189）。しかし他方、一九六〇年代にドイツは外国人労働者を大量に受け入れたし、九〇年代以降は東欧共産圏の破綻によって新しい移民問題が多発している。

六〇年代の経済高度成長期に、労働力不足で悩んできたドイツ政府は、外国人労働者を受け入れる政策を打ち出した。「ゲスト労働者」と呼んで、ドイツで働き、稼いだ金を自国に送って、技術を身につけたら、帰国する、という計画であったが、そう簡単にはいかなかった。ドイツの会社にとっては、熟練した労働者を帰国させたくないし、労働者自身も必ずしも帰国したがらない。ゲスト労働者政策は、経済政策としては成功したが、移民対策としては失敗であった。外国人労働者は、帰国するよりも、ドイツで家族を作り、長期的滞在者となった。国は彼らに国民権をなかなか与えず、国民として扱わないので、いつまでも外国人として生活している。ゲスト労働者の多くはイスラム教信者であるので、宗教問題にもつながっているし、右翼からの暴力の的にもなっている。政策転換を余儀なくされているが、選挙の争点になっているので、改革が難しい。キ民党は特に移民反対の立場を訴えてきた。

戦前ナチ政権から亡命した多くのドイツ人の経験から、政治的亡命を認める責任が憲法に書き込まれた。当時亡命を求める人は少なかったが、共産圏崩壊後、東欧からの移民が急増した。憲法上、亡命者は受け入れなければならないが、その人数が多すぎたし、移民反対感情にもつながった。そのため、一九九三年に亡命政策を改めた。憲法は改正しなかったが、亡命者の人数を減らすために、直接亡命しか認めないことにした。第三国を通すのであれば、ドイツに亡命を求める前に、その国に亡命を求めなければならない。この政策によって、亡命者の人数が減ったが、問題を解決したとはいえない（Martin, 1994：193）。

再統一以降の矛盾　ドイツの国籍法は、ドイツ人は民族であるという発想から、ドイツ人の法的定義は血統による。祖父、祖母、両親が一九三七年時点でドイツに住んでいたら、その子孫もドイツ人と定義していた（Martin, 1994：216）。この定義のおかげで、再統一時から、旧東ドイツに住んでいた人々に市民権を与えることはたやすく、統一をよりスムーズにできた。しかし、東欧には、旧東ドイツ以外にもドイツ民族の定義に合った人が多く、特にロシアから大量入国して、問題となった。これら東欧からの「ドイツ人」は、ドイツ語ができず、ドイツ文化になじんでいないので、結局外国人の移民として扱わなければならなかった。法的にドイツ人であっても、実際上は移民であった。旧東ドイツからのドイツ人に対しても、偏見や差別が強かった。四〇年間別々に生活すれば、文化が違ってくる。やはり、戦後西ドイツの文化が民主化されたように、文化は変わるものである。

さらに九〇年代のドイツで、ドイツの移民対策に矛盾が多く発生した。ドイツで生まれ、ドイツ語ができる、ドイツ社会になじんでいた多くの「トルコ人」が、法的に外国人とされた一方、ロシアなどで生まれ、ドイツ語ができず、ドイツ文化も分からない「ドイツ人」が、法的に国民とされた。法律を改正しなければならなかったが、議論は激しかった。しかし、ドイツの移民対策は少しずつ事実を認めていっている。

6　ドイツにおける宗教と政治

宗教対立から協力へ

ドイツの歴史には宗教対立が多い。第1章に見たように、カトリック 対 プロテスタントの非常に激しい三十年戦争（一六一八〜四八）は主にドイツで行われて、人口の四割程度が失われた。そして、ドイツの第二帝政はプロテスタント教会と手を組んだため、カトリック教会を抑えようとした。これの「文化戦争」の中でカトリックの学校が廃止されたり、カトリック信徒の公民権が取り消されたりした（Bartholomew, 1992：144）。カトリック側はそれに対抗するために「中道党」というカトリック政党を創立した。一八八〇年代ぐらいまで中道党は成功して、カトリック信徒に対する差別がなくなった。そして戦後になると、両教会は、ナチ政権下で十分抵抗ができなかったことに恥を感じて、宗教対立から協力に転じた。よって、ドイツのキリスト教民主党は、世界でも珍しく、カトリックとプロテスタントの連合体である（Smith, 1982）。歴史的対立を乗り越えることは難しいと考えた政治評論家が多かったが、戦後最初の選挙から与党になって、後に至るまで団結を保ってきた。キ民党の成功の秘訣の一つは、東ドイツにプロテスタントが多く、西ドイツにおけるプロテスタントとカトリックのバランスがよかったことであるかもしれない（Bark & Gress, 1993：115）。

ドイツ社民党は一応教権反対であったが、六〇年代からプロテスタント教会と連携をとった（Bartholomew, 1992：148-149）。そして一九六四年に社民党の代表は法王と公式会見して、カトリック教会との協調も示した。そのあと教会が直接政治に介入することはほとんどなくなった。その例外の一つとして、一九八〇年総選挙でカトリック教会で神父がキ民党の政策を肯定するような説教をしたケースがあったが、信徒はその指導を無視したようである(Irving & Paterson, 1981)。

ドイツの教育制度には教会附属学校が多いが、カトリックとプロテスタント両教会一緒の学校が多く、教育の中身は宗教的に偏らず、学生には宗教の授業を任意に選ぶ権利がある。

教会税

ドイツ政府の宗教政策といえば、教会税である。政教分離時代の産物で、国家は教会の富を押収する代わりに、国の課税権を利用して、教会に収入を与える仕組みをとった。収入税と一緒に教会税を徴税して、教会に割り振る。教会の収入の八割ぐらいは教会税から得ているし、ドイツの教会は西欧の他の国より豊かである(Monsma & Soper, 1997：173)。教会税から免除されるには、教会を脱会する法的な手続きが必要である。再統一後、旧東ドイツの国民には教会税を払う習慣がなく、脱会の手続きをとる人が多くなっているし、旧共産党の民社党は教会税を廃止する方針である。

再統一は宗教と政治の関係に影響を及ぼした。旧東ドイツは共産主義として、宗教の影響力を排除することと、女性の妊娠中絶の自由を誇った。再統一によって東方の女性たちはその自由を失った。民主化によって自由が失われることは、珍しいであろう。九〇年代になっても、妊娠三カ月以内であれば自由に中絶できるという政策を肯定した西方のドイツ人は四割程度であったが、東方では六割以上であった(Smith & Tatalovich, 2003)。

ドイツの政教分離対策の目的は各教会を対等に援助することにあり、教会税はその象徴である。そのためにユダヤ教、カトリック教会、プロテスタント教会連合が、政府と対等に交渉する。プロテスタント教会は、対等に交渉できるように連合を作らなければならなかった。しかし、イスラム教はまだ連合ができていないから、政策決定過程に発言力がないし、宗教税制に参加していない。だが、ドイツで普通教育を教えるイスラム系の学校は二つしかないものの、その二つはキリスト教などの学校と同様な補助をもらっている(Monsma & Soper, 1997：183)。もちろん、イスラム教徒が団結して、政府に対してイスラム信徒を代表できる組織を作れば、援助をもらえる。しかし、イスラム教徒の多くはもともと外国人労働者で、様々の国から来ており、団結して組織を形成することはそう簡単にできない。しかし、ドイツに住んでいるイスラム教徒の九割はトルコ系であり、一方、ドイツに住んでいるトルコ人の九九・九パーセントがイスラム教徒である（Kastoryano, 2002：95）。つまり、イスラム連合ができれば、トルコ系のイスラム教が組織を支配する恐れがあるので、他のイスラム教徒には納得いかない。ドイツ政府はイスラム教の扱いについて悩んでいるところである。

7　ドイツにおける政治腐敗

ドイツのスキャンダルには、どこの国にもある政治家と企業の癒着が多く見られるが、他の国にあまり見られないスキャンダルもある。それは、ナチ時代の活躍を隠したり、何かについて嘘をついたりすることが多く、一九四九年から一九八九年まで二二事件もあった（Esser & Hartung, 2004：1058）。再統一後には、旧東ドイツの共産体制での活躍を隠したスキャンダルも少なくなかった。そして、東ドイツからのスパイが政府・政党の役職に就いていたという事件も多い。ドイツ史には、民主主義が一回崩壊した経験があるので、民主主義に害を与える権力濫用などのスキャンダルが比較的多いと思われる。金権政治関係のスキャンダルには、個人利益よりも、政党への献金に関する事件の比重が大きい。逆に、ブラント首相の例外を除けば、政治家のセックス・スキャンダルは比較的少ない。それはドイツのマスコミ法では、個人のプライバシーがより厳しく保護されているからである。そして、図８-３で見られるように、特に再統一後、政治家の汚職事件が多くなっていることもいえる。

戦後ドイツ民主主義に大きな影響を与えたスキャンダルには、三大事件がある。その一つは権力濫用で、後の二

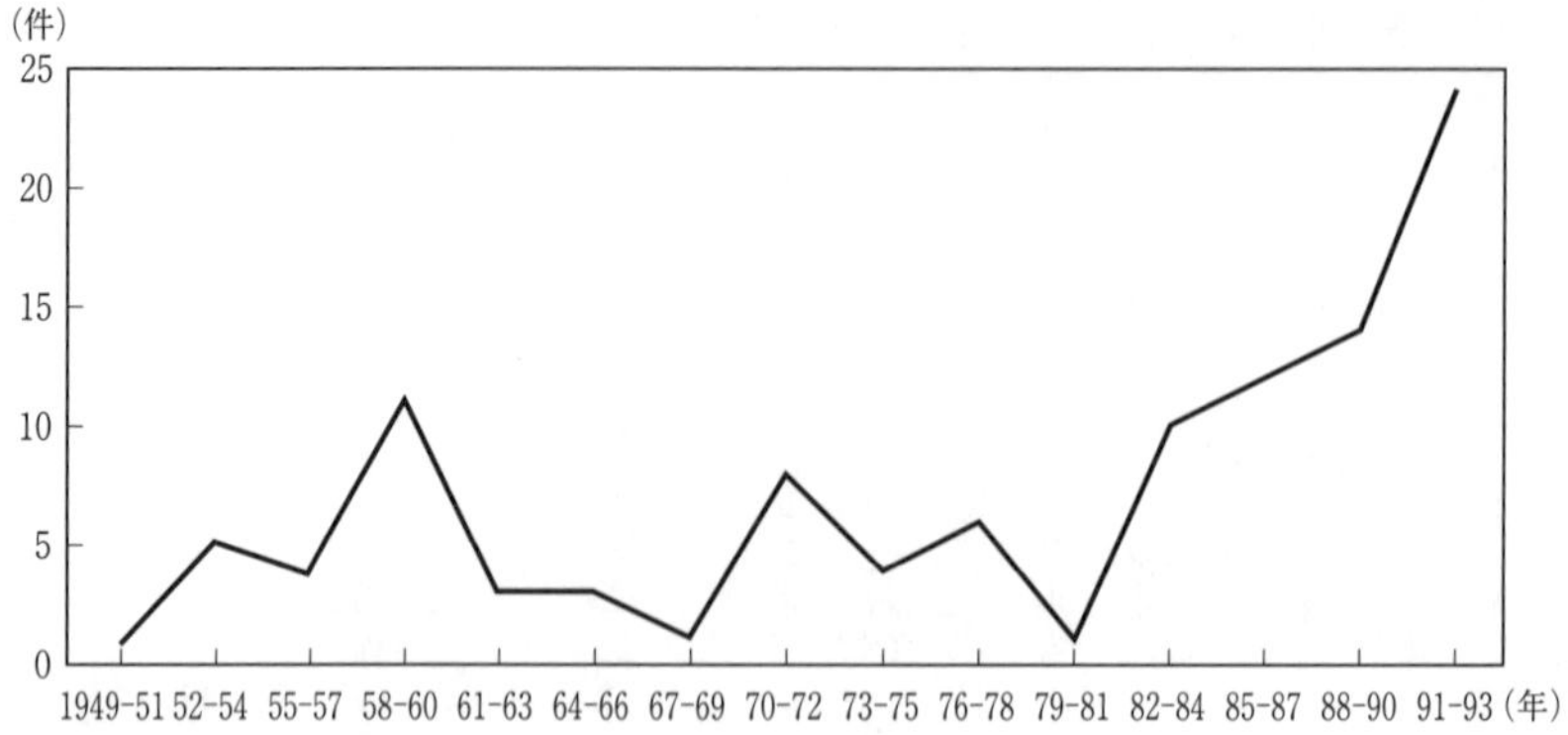

図8-3　ドイツにおける政治家のスキャンダル件数

出所：Esser & Hartung, 2004：1065

つは政党資金問題であった。ここでこの三大事件を簡単に紹介しよう。

スピーゲル事件（一九六二年）

戦後ドイツはじめての大スキャンダルは、スピーゲル事件であった。事件は金権政治というよりも、権力濫用問題であった。戦前の民主主義崩壊の経験からの教訓を学んだように、世論がこのスキャンダルに憤慨したことによって、ドイツの文化が戦前より民主化されたことが証明されたのである（Esser & Hartung, 2004：1051）。

事件は『スピーゲル』というニュース雑誌がドイツ軍の問題点を指摘した記事から発生した。CSU党首のシュトラウス防衛相（当時）は、その記事の反逆罪の疑いにより、スピーゲル誌を訴えた。警察は雑誌社と社員の自宅を捜査し、スペインで休暇中の一人を含む編集員数人を逮捕した。シュトラウス氏は最も目立った反共・親米、再軍備賛成の右派の代表で、スピーゲル誌はシュトラウス氏を民主主義の敵として非難してきた。一方、シュトラウス氏はこの事件を利用してスピーゲル誌に反撃した（Bark & Gress, 1993：500）。しかし、国民は、「これでは戦前と何も変わっていないではないか」と反発した。マスコミが騒ぎ、国民が抗議デモをして、大きなスキャンダルとなった。

スピーゲル事件のドイツ政治に対する影響は、様々であった。(1)自民党は、シュトラウス防衛相を更迭しなければ、連立から離脱すると表明した。(2)シュトラウス防衛相は憲法を無視したので更迭された。(3)次のバイエルン州の選挙では、シュトラウス党首のＣＳＵが「反逆罪か安全保障か」のスローガンで圧勝した。(4)キ民党と自民党の連立破綻、キ民党と社民党の大連立への道をさらに開いた。(5)最高裁の判決は法学的に見れば、引き分けとしなければならないが、マスコミと世論から見れば、スピーゲル誌の勝利とされた。(6)新聞法を改正して、マスコミの言論の自由が強化された。(7)スピーゲル誌の評判が高くなった。(8)ドイツの民主主義が機能したので、国民の政治に対する信頼が強くなった。

三大事件には入らないが、民主主義を害するスキャンダルであった一九八七年のバルシェル事件がある。これは、権力濫用ではなく、地方選挙で汚い手を使ったという事件である（Jeffery & Green, 1995：679-680）。キ民党長期政権の州では、一九八七年州選挙に危機感があったので、デマ運動を展開したのである。社民党の州党首の個人生活についてのくだらない噂や、社民党の政策についてのデマを流して再選できたが、選挙後にこれらがキ民党の指導の下で行われたことがばれた。このバルシェル事件は、スピーゲル事件後、民主主義を妨害する腐敗が消えていないことを示していると同時に、その腐敗が選挙を左右する結果になったので、民主主義が進化したという意味もあると思われる。

フリック事件（一九八一～八七年）　最初の大きな政治献金スキャンダルは一九八一年から発生したフリック事件である（Esser & Hartung, 2004：1052）。当時ドイツの巨大企業グループであったフリック社は、ベンツ部門を売却した利益に対する税金を安くしてもらうために、政府から「経済効果が特に大きい」として指定されるように働きかけた。その働きかけと関連して、ラムズドルフ経済相（自由党）をはじめ多くの政治家へ献金したことが明らかになった。結局、税金が八億マルク安くなり、フリック社は自由党へ五〇万マルク献金した（Irving & Paterson, 1987：340）。当然、賄賂の疑いが強まった。そして、その問題を調べる過程で、同社が七〇年代から各政党が運営する研究所へ大量の寄付をしてきたことが明らかになった。政党に献金すれば、報告しなければならないが、その政党の研究所に寄付すれば、公開しなくて済む。国民は驚き、すべての政党への不信が高まった。コール首相の政党を恩赦する案は不信をさらに深めた。

フリック事件も政治に様々の影響を及ぼした。(1)社民党は、事件に関わった自由党と一線を画したので、自由党はキ民党に近づいて、連立相手を変えた。(2)コール首相とコール政権の支持が落ちて、辞任するまで追い込まれそうになった。(3)自由党の前通産相二人は収賄罪と脱税で訴えられて、後者については有罪判決を受けた。(4)政治献金法が改正された。問題が解決されたとは思われないが、ドイツ民主主義は一応機能した。

コール・ゲート事件（一九九九〜二〇〇二年）　三大事件の最も新しいスキャンダルは、コール首相が直接関わった政党資金問題である（Esser & Hartung, 2004: 1054-55）。いわゆる「コール・ゲート」事件は、ドイツの会社が、サウジアラビア政府に軍備商品を買ってもらうために贈賄した事件から発生した。捜査の過程で、会社が外国の政府に贈賄しただけではなく、キ民党の出納官にも金を渡した事実が明らかになった。出納官は、個人に対する贈賄ではなく、政党献金であったと主張したが、政党献金として報告していなかった。結局、キ民党において、報告しない政党資金を計画的に集めた二重会計制度が長く行われてきた事実が明らかになった。後に、社民党でも政党資金の会計が杜撰であったことがばれたが、キ民党へのダメージが大きかった。

次に、コール首相自身が一〇〇万ユーロほどの金を現金で受け取ったことが明らかになった。首相は政党支部に渡したと証言したが、それでも政党資金法違反であった。さらに悪いことに献金者の名前を教えないという立場をとった。名前を公表しないことが個人的な約束だった、相手は共産党だなどの口実を言ったが、結局、国民から見れば、首相であれば、法律を守る必要も、国民に説明する義務もない、としか解釈できなかった。

コール・ゲート事件から年月があまり経っていないので、この事件のドイツ政治に対する影響はまだ判断できない面があるが、次のような結果が出ている。(1)国会の報告書では贈賄の疑いについて合意ができなかった。(2)キ民党は政党法違反などで、二一〇〇万ユーロの罰金を払った。(3)コール首相の評判が、再統一を実現した首相として入っていた、ドイツの誇りとする人物トップ・テンの中から、政治腐敗の象徴として最低まで落ちた。キ民党は、コール氏の名誉総裁の資格を取り消した。(4)支持率の低いSPD政権を助けた。政党支持の逆転ができ、そのリードを二年間も保った。(5)国民の政治不信を高めた。

スピーゲル事件とフリック事件が楽観的に解釈できるのに対して、コール・ゲート事件はそれはできないと思われる。コール・ゲート事件までは、戦後ドイツ民主主義の進化が見られたかもしれないが、これによって将来への見通しが暗くなった。

8　ドイツにおける政治改革と民主主義の展望

三大スキャンダルから見てきたように、ドイツの民主主義にも学習と改善能力がある。しかし、大きな政治改革はまだ行われていない。その理由は、ドイツの選挙制度（併用制）が、政治学者の中には評判がよく、推薦されているものであることだ。もう一つの理由は戦前のワイマール共和国における直接民主主義的な試みが、多く失敗に終わったので、国民主義に対するアレルギーがあったことである。それでも、九〇年代に入ってから、州や市町村レベルでは直接投票などの改革が盛んになっている（Scarrow, 1996）。

ドイツ政治史では、民主主義の最初の試みが失敗に終わった。世界史を変えた、大きな失敗であった。その失敗の説明の一つは文化論であった。民主主義ができる民族とできない民族があると考え、ドイツ民族には民主主義は無理であるという結論に達した。しかし、民主主義には学習効果があり、文化は経験によって変わるものである。

ドイツの戦後政治史を理解する最も重要な鍵は、戦前の失敗の解釈である。ドイツはなぜ併用制の選挙制度を選んだのか。なぜ憲法で政党の存在を明記しているのか。なぜ連邦制を選んだのか。このような質問に対する答えはすべて「戦前の失敗の教訓」である。戦後ドイツは意識的に戦前の失敗を繰り返すまいと決心したのである。

国民の学習にはより時間がかかったが、早くから変化は現れた。それは世論調査にも見られたが、それ以上に権力濫用のスピーゲル事件への反発という形で、国民も二度と民主主義を失敗させるまいという決心を見せた。地方に住民運動が、全国で環境運動、平和運動が発展して、最も成功している反政党的政党である緑の党が誕生した。直接民主主義の試みも多い。もちろんドイツ民主主義は、まだ理想状態には達しておらず、問題も多く残っている。だが、依然として学習中、進化の過程にありながらも、民主主義の最先端といえるようになってきた。

第9章　戦後イタリアの民主主義

1　イタリア民主主義の特徴

不名誉な評価

イタリア民主主義は、西欧の最も困った民主主義と評価されてきた。イタリアには民主主義が難しいと思われる要因が多い。まず、イタリア国家そのものが完全ではなく、様々な側面で地域差が激しい。財政指数や行政能力が最低とされてきたし、他にも汚名の西欧一位が多かった。例えば、マフィア問題も、テロ問題もあり、治安が西欧で最悪であったし、政治腐敗も西欧一であった。イタリアの政党制は、戦前ドイツの政党制に似ていたので、同様に崩壊する恐れがあった。それに加えて、他の国が持っていない、イタリア独特の宗教・政治問題があった。カトリック教会の国際執行部である教皇庁、バチカン宮殿はローマにある。カトリック教会は、民主主義に対する態度が必ずしも肯定的ではなかったし、教会が第一党のキリスト教民主党の選挙母体であったので、政治に直接介入することが多かった。バチカン宮殿の最も重要とした政治的な目的は、宗教反対の共産党を抑えることにあったので、イタリア国内における冷戦が特に激しく、宗教戦争の側面もあったし、イタリア社会を二つに割ったようになった。キリスト教民主党は大衆政党の「柱政党」（第3章参照）の性格があって、カトリック系の「白社会」の系列団体の一つでもあった。共産党も柱政党のように共産党系の様々な団体から「赤社会」を形成した。

同じイタリアに住んでいても、付き合いは白か赤のいずれかに集中した。二つの平行した「小社会」が共存しながら、交流があまりなかった。白社会のイタリア人はカトリック教会だけではなく、カトリック系のスポーツクラブなどに参加して、カトリック系の新聞を読んで、必ず白社会の人と結婚する。赤社会のイタリア人も同様に、共産党系のスポーツクラブなどに参加して、『赤旗』という新聞を読んで、共産党の支持者と結婚する。この二つの小社会は、冷戦を通じて、根強い全般的な「文明対立」を作り上げた。このような政治・経済・社会状況の下では、民主主義がよく機能することが期待できるであろうか。

民主主義研究から見れば、イタリアの研究テーマは、「民主主義は、厳しい状況の中でも機能できるか」ということになる。そして、その答えは、「イタリアほど絶望的に見える問題を抱えていても、民主主義は機能できる」という驚くべき楽観的な結論になる。イタリアの民主主義にはたしかに見苦しい側面が多かったが、それでも機能してきた。結局、戦後イタリアの政治史は、民主主義の「成功」例となる。

イタリアは一九九三年に大きな政治改革を実施した。改革後には、「第二共和制」といわれるほどイタリア政治が変わった。この改革ができたこと自体は、戦後イタリア民主主義の学習効果を実証したが、新しい研究テーマをも生みだした。第二共和制の研究テーマは、「改革、政界再編の行方」になる。改革は「成功」にしても、問題が消えるわけでもなく、新しい政治体制の形成過程を分析しなければならない。以下の分析は、第一・第二共和制に分けて論じることにする。

第一共和制のイタリアは、西欧の戦後政治史の枠組みのうちにありながら、特徴的な事象が多い。その中の二つが本書で分析している政治腐敗と政教分離に関連するので後に詳述するが、ここではまず、他の四つである南北問題、官僚制、国会、マフィアの特徴を紹介しよう。

南北問題　地図だけを見ると、イタリアが国家を形成したのは当然と思われる。少なくとも地理的にはドイツよりも明らかに合理的に見える。しかし現実には、国家として統一されてからの歴史が浅く、現在もなお不完全で、地域差の激しい国である。イタリア北部は西欧の最も豊かな地域の一つでありながら、南部は発展途上国に近い（Allum, 1973：20-40）。国から南部へ膨大な公共投資と企業誘致を行ったが、効果が上がらなかった。理由の一つは政治腐敗であった。南部のような伝統的な社会に膨大な公共投資が入った結果は、企業誘致よりも腐敗誘致となった。多くの南部人は仕事を求めて北部へ移動したので、外国人のように移民扱いとなり、差別の的になった。そして、税金を払っているのは北部、食っているのは南部という状況は北部の反発を呼んで、九〇年代に北部独立運動にまで発展してきた。

イタリアの官僚制　イタリアの官僚制のはじまりはナポレオン時代のフランスの官僚制を手本にしたもので、エリート官僚制の形をとっているが、中身が違う。日本と同様に大学卒業生が省別試験によって選別されて、生涯その省で働く仕組みとなっているが、フランスや日本と同じようには機能しなかった。主な理由は、人事制度と人材にあった。

イタリアの公務員の人事制度はルールが厳しく、非現実的であったので、ルールを遵守すれば、公務員一人を採用するのに平均三年間かかった。そのため、例外として臨時雇用した後に正規採用するルールを作った。一九七三年から一九九〇年までの間にイタリアの公務員の六割程度がその例外的な手続きによって採用された（Golden, 2003：203）。例外の手続きが通常の手続きより多くなるのは、やはりルールそのものに問題があることになろう。

公務員の人材にも問題があった。近代化されている北部の優秀学生は公務員よりも一般企業を志向したが、南部の終身雇用を望む学生は弁護士の資格を取り、公務員試験を狙った。日本、フランス、イギリスなどと違って、国家公務員への道は特定のエリート大学でなく、伝統的な文化に育ち、法律を勉強して、年功序列の環境で仕事する

表9-1　公務員になる動機　(%)

	イギリス	フランス	イタリア
金銭的	20	24	61
政策的	19	32	5

出所：Peters, 1978：88 から作成（資料は1960年代のもの）。

表9-2　官僚の民主主義像　(%)

賛成率	イタリア	日本	イギリス	ドイツ
圧力団体は危険である	88	69	18	19
政党は対立を促進する	85	96	54	28

出所：Muramatsu & Krauss, 1984：132 から作成。

南部にあった。そして、表9-1で分かるように、イタリアの官僚は、イギリスやフランスの官僚より、公務員になった動機が、政策的理由よりも、給料や年金や、失業がないなどという金銭的な理由が多かったことが分かる。イタリアの官僚制は、社会問題を解決するよりも、規則を守り、責任をできるだけ回避して、身近な省内人事に集中するので、腐敗の温床となることは当然であろう（Cassese, 1984）。

戦時中の国会議員は追放されたため、戦後政治に参加できなかった。戦後の国会では戦前の国会の経験者は一五パーセントしかいなかった（DiPalma & Cotta, 1986：44）。しかし、ドイツと異なり、日本と同様に、官僚体制においては戦前との断絶が不完全であった。戦前の経験者が多かったので、イタリアの官僚は民主主義をあまり信頼しなかった。表9-2が示すように、イタリアの官僚は政党・圧力団体に対する信頼度が低い。圧力団体に対する不信感は他の先進国より高いし、政党に対する不信は、日本に次いで、イギリスとドイツより高い。

一般の官僚機構は政府指導の通りには動かないので、政府は新しい政策を促進するため、公社・公団を多く設立してきた。公社は三つの大きな特殊親会社にまとめられ、「特別官僚機構」に進化した（Passigli, 1975）。一九九〇年に四〇〇万人の公務員の中で特別機構に属する者がその半分に当たる二〇〇万人であった（Golden, 2003：202）。特別機構は年功序列より実力主義で運営され、たびたび人事異動が行われ、民間会社と官僚機構の間にも交換が多かった。イタリアの経済政策の多くは、この特別官僚機構によって実施された。政府にとって特別官僚機構は活発で、一般に官僚機構より利用されやすかったが、政策転換だけでなく、汚職のためにも利用された。各公社が特定の政党や派閥の領域となって、その公社が担当する政策と利益誘導を支配してきた。

イタリア国会の特徴

イタリアでは、官僚制がうまく機能できなかったために、特別の官僚機構を利用するようになったと同様に、国会の本会議がうまく機能できなかったことから、委員会制度の特徴を利用するようになった。イタリアでは政党間の対立が激しかったので、普通に法案審議、本会議採決の手続きを取れば、廃案が非常に多くなる。しかし、左右対立を避ける方法があった。イタリア国会では議員立法が簡単にできるし、委員会が非常に強い。多くの法案は議員立法され、委員会で審議して、政治的問題というよりもむしろ行政的問題として扱われ、本会議での議論なしに満場一致やそれに近い圧倒的な賛成で成立してきた（Golden, 2003 : 196-197）。この委員会の手続きは、一応機能したが、問題も起こした。議員立法の中身は自分の選挙区のための利益誘導が多かったので、政治腐敗につながった。また、より広い法案については、本会議の審議を避けるため、与野党の暗黙の合意が必要であったので、裏工作が多く、「馴れ合い政治」につながった。国民の目を届かせることができる本会議ではなく、国民の目の届きにくい委員会で法案を審議するようになれば、当然、政治腐敗と政治不信につながるであろう。

マフィア問題

「マフィア」というのは、警察が機能しない場合に警察の役割を果たす犯罪組織と定義できる（Gambetta, 1993）。もちろん、その犯罪組織が警察代わりの役割以外にも犯罪を行っているが、警察の役割がマフィアの特徴である。こう定義すれば、どこの国にもマフィアが存在することになるが、それに最も手を焼いてきた国はイタリアである（もっとも、九〇年代以降はイタリアではマフィア反対運動が成果を上げているので、むしろ共産圏崩壊後は、東欧が最も困っているかもしれない）。そして、一九七〇年代から、シチリアのマフィアが国際麻薬市場の中心となったので、伝統的な問題が、国際化し、拡大した（Chubb & Vannicelli, 1988 : 124）。

マフィア問題は、基本的に治安問題であるが、政治的な側面もあった。

(1)　南部ではキ民党がマフィアに集票を依頼した。シチリアでは、一〇万票を動かせたと推計された（Schneider & Schneider, 2003：52）。集票活動からできたマフィアと政界のコネは、イタリア総理大臣まで達した。

(2)　地方自治体の選挙にも参加して、シチリア州都であるパレルモ市長を当選させたこともある。一九九二～九三年には、中央政府は、七〇以上の市町村議会を、マフィアが選挙に介入したという理由で強制解散した（Stille, 1995：12）。マフィアにとっての地方自治体の魅力は、土木事業にあった。土木事業の予算に、賄賂が多く含まれ、マフィアの収入となった。

(3)　マフィアは、反共勢力に加担した。シチリアでは、マフィアが共産党党員二七名を暗殺したと推計されている（Schneider & Schneider, 2003：53）。政治家、官僚、軍隊とともに、反共の秘密結社にも参加した。

(4)　警察や裁判に対して、暗殺を含む抵抗を行い得るため、治安行政に大きな障害となった。

(5)　一九八二年の裁判官の暗殺事件後、マフィア反対運動が発生した。それは地方の住民運動と治安当局の運動の協力によって、新党を生むまでに発展してきた。この運動と新党は、第二共和制への転換に貢献した。

2　イタリアの選挙制度

第一共和制の選挙制度　戦後から一九九三年までイタリアは比例代表制を利用してきたが、それにはいくつかの特徴があった。その一つは、選挙区の議席配分後、残った票を全国で集計して各党に再配分したことで、非常に純粋な、得票率と議席率が一致する比例制であった。よって、小さなイデオロギー政党でも議席を獲得できた。しかし、最も問題となったのは「非拘束式名簿制」であった。普通の比例代表制では各政党は各選挙区で候補者の名簿を作成する。そしてその政党の得票率に応じた議席数を名簿順に配分する。しかしイタリアの非拘束式名簿制では、有権者が「政党票」と同時に複数の「個人票」も投じることができた。その個人票によって、有権者が政党の作成した名簿の順位を簡単に変えることができた。各政党の議席数は政党票で決められたが、当選する候補は、個人票の獲得数で名簿を並び替えてから配分するので、個人票で決められた。

一見すると、この非拘束式名簿制は、有権者が政党だけではなく、政党の名簿の中から候補者も選べるので、有権者の選択肢を多くして、理想的な選挙制度に見えるかもしれないが、実施してみれば、問題が多いことが分かる。最も大きな問題は、政党内部の対立を惹起することにある。例えば、候補者は当選するために、名簿の位置を確保するだけではなく、自身の努力によって個人票を集めることも必要になる。個人票を集めるには、他の政党の支持者にアピールすることは難しく、既に自党の別の候補者を支持している有権者を狙うのが得策であるので、競争相手は党内にいる。この党内競争は派閥形成を促進した。すると、競争は党内にあるので、政策よりも利益誘導で選挙運動を進めるのが得策となり、政治腐敗を助長する（Katz, 1986；Reed, 1994；Golden, 2003）。

国民投票制

一九七〇年代から、国会に期待できないと思っていた改革派は、国民投票を盛んに利用しはじめた。教会の反対によって政党政治で処理できなかった、離婚や妊娠中絶に関する法改正は、国民投票によって実現した。選挙制度を変えた政治改革にも、国民投票が不可欠の役割を果たした。しかし、民主主義の行き詰まりを打開する役割を果たす一方で、国民投票の悪用もあり、使いすぎだという声も強くなっている。

第二共和制の選挙制度

イタリアの政治改革では、日本でも選択され、近年流行っている、小選挙区制と比例代表制を組み合わせた選挙制度を選んだ（Katz, 1996）。日本と比べ、小選挙区制の比重が高く、七五パーセントを占めているが、日本と同様に、重複立候補と復活当選を認めているし、小選挙区制でより善戦した候補者に比例の議席を配分できる、「惜敗率」の制度もある。イタリアの重複立候補制度では、立候補は一つの小選挙区制からしかできないが、複数の比例ブロック名簿に載ることは可能である。イタリアの惜敗率の計算は日本よりも複雑である。上院と下院の制度が異なり、下院は二票制、上院は一票制をとっているためである。が、どちらにしても、小選挙区制を中心として機能している（Reed, 2001）。比例選挙は、小選挙区制の選挙にある程度影響したり、あるいは緩和したりしかしない。

3　第一共和制の政党

キリスト教民主党（DC、キ民党）　イタリアの第一党、万年与党であったキリスト教民主党（以下、キ民党と省略）は、変わった大衆政党であった。普通の大衆政党のように、大きな組織を選挙母体としてきたが、その母体はカトリック教会とその系列の白社会であったので、西欧で最も成功したといわれている宗教政党でもあった。そして、キ民党自体が白社会の系列団体でもあったし、支持者が白社会でもあったので、キ民党は柱政党であったともいえる。一九八三年の世論調査によれば、キ民党の支持者の六二パーセントが教会によく通うが、その他の政党の支持者では二六パーセントにすぎなかった（Wertman, 1993：49）。キ民党は、一方では教会に頼らなければならなかったが、他方では自立するために努力しなければならなかった。

キ民党が教会から自立する必要理由は三つ。その第一は、バチカンが選挙の論理で動かないことにあった。キ民党がバチカンの指導通りに行動すれば、選挙上必ずしも得策にならなかった。キ民党が最も恐れたのは、バチカンが別の政党を支持することであった。戦前、バチカンはキリスト教系の政党を二度作って、二度とも壊した歴史があったので、戦後、キ民党も壊されるかもしれないと心配した。特に、キ民党が白社会を統一できないとき、バチカンがより右よりのキリスト教系の政党を作って、それを支持することを恐れた。よって、バチカンに対して、頼りになる政党がキ民党以外にはない、キ民党が教会に頼っているだけではなく、教会もキ民党に頼っているということを証明しなければならなかった。その問題を明らかにしたのは、一九五二年の出来事であった。バチカンは反共の立場から、キ民党に対して、ネオ・ファシスト党を連立に参加させるべく働きかけた。さもないと別のキリスト教系の政党を作ると脅かした。しかし、国民はネオ・ファシスト党の連立参加に対して反発した。バチカンの指導に従えば、国民を怒らせることとなる。一九六三年に逆に、バチカンは共産主義との対立を緩和する方針に乗り出したが、今度はそれはキ民党の反共戦略に一致しなかった。政党と選挙母体であった教会の政治的判断が異なる場合、政党はある程度自立しなければならない。

自立の必要理由の第二は、政治的判断とは別に、教会が宗教的な立場から、世論を無視する場合があることにある。七〇年代から世論は離婚、妊娠中絶などに対して容認するようになって、キ民党も政党として容認政策を打ち出したかったが、選挙母体であったカトリック教会を無視できなかった。結局、国会の政策決定過程を避けて、国民投票を行った。教会は全力を尽くして反対運動を展開したが、負けた。この場合、キ民党は宗教政党であったので、自由に政策を転換できなかった。政党として、いくら選挙母体に頼っていても、国民に耳を傾けなければならない。政党は選挙母体から自立しなければ、選挙以外の論理で動くから、選挙で淘汰される可能性が高い。

第三の理由は、白社会の拘束力の低下にあった。教会は選挙母体としての機能が弱くなった。七〇年代から、世俗化が進んで、白社会の票は教会の思い通りに動いてくれなくなった。特に、第二バチカン公会議（一九六二〜六五年）ではカトリック信徒の政治的自由を決めたので、イタリア政治への波紋が大きかった。一九六五年後の一〇年間で系列団体の会員は三分の一に激減した（Allum 1997 : 37）。七〇年代から教会の白社会へ拘束力が弱くなっただけではなく、教会のキ民党への支持も弱くなった。一九七五年の地方選挙では、教会が従来の「カトリック信徒の団結」を呼びかけなかっただけではなく、教会執行部と対立する白社会の有名人が共産党推薦の無所属で選挙に出馬した。教会の保守派はキ民党支持を再確認したが、教会の支持に従来の意味がなくなった。

バチカンから自立するため、キ民党は政権党の地位を利用した利益誘導を通して、既存の圧力団体を系列化したりして、新しい系列団体を作った。国営企業は、政治の影響を直接受けるので、その系列は特に効果があった。このように、キ民党は「利益誘導の大衆政党」ともなった（Belloni et al., 1979）。土地改革委員会をはじめとして、官僚機構も系列化したので、政府そのものが選挙母体となってきた（Leonardi, 1991）。

キ民党の看板政策は、共産党反対であった。反共はバチカンとの共通の関心で、冷戦中には、選挙運動の最も有効な訴えでもあった。「キ民党に問題点が多くても、敵は共産党であることを忘れてはいけない」と訴えてきた。共産党には、政権交代は絶対許すべきでないとして、いろいろな汚い手段を使う口実に使われた。

キ民党は、反共ではあったが、右翼ではなかった。キ民党の右にも左にも競争する政党があったので、むしろ中立政党であった。白社会全体の代表であったので、カトリック系の労組も入っていて、キ民党内の左翼派閥の支持母体となった。大きな中立政党として、中枢政党でもあった。中枢政党は、左の政党が全部連立参加しても、右の政党を全部連立参加しても、中枢政党抜きでは国会の過半数に届かないので、連立政権から排他できない政党という。よって、万年与党となる。

先進国の中で、最も制度化されている政党内の派閥はイタリアのキ民党と日本の自民党である。その派閥は似ているとはいえ、やはり違うところも多い。キ民党の保守的な派閥は利益誘導、親分子分関係によるものであるが、一方、革新的な派閥は政策も大事にしてきた（Zuckerman, 1975）。派閥には、地域的な側面もあり、総理大臣候補のような指導者支持の側面もあった。一九七一年から、キ民党では党内のポストを派閥の人数に比例して配分することとなった（Golden & Chang, 2001：605）。連立内閣の崩壊の大多数は、政党間の問題よりも、キ民党内の派閥間の問題から発生した。キ民党は自民党よりも一層、派閥政党であった。

キ民党は、大衆政党かつ宗教政党かつ利益誘導政党かつ中枢政党かつ万年与党かつ派閥政党で、複雑な政党といわなければならない。しかし、第一共和制でイタリア政治を支配した後、一九九二年以降解体された。第二共和制には、大きな宗教政党がない。

共産党（ＰＣＩ）　第一共和制の野党第一党は西欧最大の共産党であった。戦前のファシスト体制に抵抗して、戦時中にナチ体制に抵抗した業績によって、国民の目にはある程度正当化されたが、一九四八年総選挙でイタリア版の冷戦体制ができ、キ民党が反共を訴えて勝ったので、連立参加から排除された。共産党は一九五五年くらいから、ソビエト共産党からの独立を模索し、一九六二年に西欧最初の独立したユーロ・コミュニズムを採択した（水瀧、一九九六、四七六頁）。一九七三年からは、キ民党との歴史的妥協を目指す方針を決めた。一九七六年の閣外協力によって、その目標は達成されたが、結局失敗に終わった。一九八九年以降は、「共産党」の名前さえ捨てて、左翼民主党（左民党、ＤＳ）に変身した。左民党は第二共和制への転換に大きな役割を果たした。

他の西欧共産党と同様に、党組織が上からの支配をしてきたが、最初から派閥に近いものも存在して、特にソビエトとの関係について、異論が容認されてきた。選挙母体は、党組織と熱心な党員をはじめとして、イタリア最大の労働組合、小作農民の組合、消費組合を通して、「赤社会」を形成してきた。その赤社会が圧倒的に強いイタリア中部は、「赤地帯」と呼ばれるようになった。戦前から、中部の農業社会は、小作人と地主の対立で形成されて、地方の教会が地主側を選んで、小作人に対して「忍耐」を奨めた。小作人の立場を取ったのは共産党であった。その結果、根強い教権反対主義が生まれて、教会の社会的影響力が少なくなって、カトリック教を信じながら、赤社会に参加して、共産党に投票する人が多くなった（Stern, 1975）。

社会党（ＰＳＩ）　戦後直後、社会党の立場は共産党に近く、共同で選挙戦を戦った。しかし、共闘は共産党のみに有利となったので、社会党は共産党から距離を置いて、存在意義を模索した。一九六三年にキ民党との連立政権に参加したが、期待した政策は実現できず、次の一九六八年総選挙では、野党として支持してきた有権者や、期待に裏切られたと思った支持者が離反した。結局、政権党の立場を利用するしか選択肢がなく、キ民党と同様の利益誘導政党に変身した。九〇年代には社会党の汚職を発端に、「清い手」運動が起こった。

ネオ・ファシスト党（ＭＳＩ）　イタリアの政党制の特徴の一つは、反体制政党が左（共産党）と右に両側に存在することにある。右の反体制政党は、戦前のファシスト党の残った支持者を集めたネオ・ファシスト党（イタリア社会運動：ＭＳＩ）であった。党内は最初から、ファシスト純粋派と現実派に分けられて、その論議により、分裂を繰り返してきた。一九九一年から、フィーニ党首が現実路線に乗って、政界再編に参加して、第二共和制の国民同盟（ＡＮ）に変身した。

その他の政党　第一共和制には小さい政党が多かった。社会民主党は、社会党と分裂したり、合同したりした。自由党と共和党両方があり、双方とも教権反対主義で、体制を支える小さい政党であった。そして、右からの反体制政党には、ネオ・ファシスト党だけではなく、民主主義をやめて、君主国家に戻るべきと訴える君主党もあった。

4　第二共和制の政党

第二共和制は、まだ選挙が三回しか行われていないし、政党のほとんどが新党であるので、歴史が浅い。第一共和制後変身した政党は、どのぐらい変わったか、第二共和制からできた新党はこれからどう進化するか、分からない部分が多い。政界再編が進む中で、ここまでの研究を紹介することしかできない。

左翼民主党（ＤＳ、左民党）　共産党を後継した政党で、第二共和制の左翼連合の中心的な役割を果たしてきた。首相を一回出したことで、赤社会は孤立から脱皮できたが、将来は不明といわなければならない。

再建共産党　共産党が左翼民主党に変身した時点で、共産党の理念を守ってきた政党である。左翼連合には参加しないが、閣外協力することがあり、反体制政党の性格を守っている。この党は過去の政党であり、将来性がないと見なされるが、ドイツの旧共産党と同様に新しい役割を見つける可能性が残っている。

国民同盟（AN）　第一共和制のネオ・ファシスト党を後継した政党で、一九九五年に保守勢力の受け皿として再編成された。成立の時点からベルスコーニ党首の支持を得たことと、右翼連合に参加ができたことによって、多くの国民に対して正当化できた（Gallagher, 2000）。南部で旧キ党の票を多く獲得した。反体制のファシストの党員が多く残っているようである。一方、フィーニ党首は過去の発言を取り消して、積極的にイメージ改善に努力している。二〇〇一年に副首相、二〇〇四年に外務大臣を歴任、イスラエルへ訪問したりして、ユダヤ教の団体からある程度支持を得ている。

北部同盟　北部同盟は、地域政党である。「北部は税金を払っている、南部は税金を食っている、ローマは権力を握っている」と訴えて、北部独立運動までも主張したことがあるが、より現実的な要求は地方分権と連邦制である。北部の所々で発生した住民運動を政党にまとめたのはボッシ党首であった。ボッシ氏の指導下、反政党的な抗議運動にも、右翼の移民（南部のイタリア人を含む）反体政党にも進化した（Betz, 1998）。一九九四年総選挙では、右翼連合の北部の基盤を形成したが、すぐ連立政権から離脱した。他の政党と協力関係を保つことが難しく、独自的な動きが多い。

フォルツァ・イタリア（FI）　第二共和制の右翼最大の政党はフォルツァ・イタリアである。党首ベルスコーニ氏個人の、指導者のためにできた政党である。完全な新党でもあり、新種政党でもある。一九九四年総選挙で当選したフォルツァ・イタリアの代議士の八割以上は、立候補する前には政治的な経験がまったくなかった（Katz, 1996：47）。興味深い新種の「企業政党」でもある（北部同盟も企業的な運営を行っている）。

党組織も、党員はあまりおらず、ベルスコーニ党首の会社を党組織として使ってきた。

ベルスコーニは大金持ちで、系列会社の中に有名なサッカーチームがある。そのチームの応援には、「フォルツァ・イタリア」という標語を叫ぶ習慣がある。それを政党名にも使ったため、新党でも最初から高い知名度を確保することができた。他に私営テレビ局における支配的な立場も持っている。首相になると、公営テレビ局にも強い影響力を持つので、マスコミ支配の懸念がある。他の政党はこの状況を許さず、政治家とマスコミを規制する法案を度々提案するが、まだ成立していない。そして、会社関係の汚職事件を問う裁判も数多く進んでいる。腐敗を心配していたイギリスのエコノミスト誌（二〇〇〇年四月二八日）は、大きく取り上げて、イタリア国民に対して警戒を促したが、二〇〇一年総選挙で勝利して、首相に就任した。そしてさらに、第二回ベルスコーニ内閣は、戦後イタリアの最も長い、安定した内閣の記録を持っている。しかし、首相を二回務めたベルスコーニ氏の個人政党という性格が強く、ポスト・ベルスコーニのフォルツァ・イタリア像が見えてこない。

その他の政党　第一共和制と同様に、小さな政党が多い。ネットというマフィア反対運動の政党もある。大衆党（PPI）は、キ民党を後継した小さな政党で、白社会の一部の支持を受けている。前総理大臣などが個人的な支持を集めるために、政党を成立することも珍しくない。小さな政党の離合集散が続いているなかで、一回の選挙だけのための政党もあり、選挙を戦えず、連立政権への参加のため、議会活動のためという長期的な目的のない政党も多い。

5　イタリアの政党制

一党優位制下の第一共和制　第一共和制の政治体制はキ民党 対 共産党という「二極体制」に見えるが、キ民党は右翼政党ではなく、中立政党であったので、政治競争は二極化せず、双方の内部団結を促進することなく、逆に遠心力が目立った（Sartori, 1966）。遠心力が目立つ政党制は、分極的多元政党制（第3章参照）という。主な事例は、戦前のドイツとフランス第三共和制（戦後から一九五八年まで）で、両方において民主主義が崩壊した。イタリアの民主主義体制も、内閣の生命が非常に短く、不安定であった。しかし他方、連立も内閣の顔ぶれがあまり変わらなかったので、不安定にもかかわらず政策転換ができなかった。

第一共和制の政党制は、政権交代のない一党優位制でもあった。キ民党は中枢政党であったので、連立から排他できない。他方、連立政権に参加できない反体制政党が大きかったので、連立の幅が狭かった。有権者間にも、選択肢の幅が狭かった。そこで、どうしても投票したくない「拒否政党」が多かった。一九六八年の世論調査では共産党への投票を拒否した有権者が五五パーセントで、ネオ・ファシスト党を拒否したのが三二パーセントであった。一九八五年には、共産党を拒否するのは三九パーセントに落ちたが、ネオ・ファシスト党を拒否した有権者が六一パーセントに上った（Mershon, 2002：42）。この狭い選択肢の中で、政権交代を起こせなかった。結局、キ民党中心に、右と左の両方から小さい政党と連立を組んだり、単独少数政権を行ったりした。

イタリア政治の対立軸は三つである。すなわち、(1)経済政策で分ける右翼 対 左翼。左右の軸は最も強かったであろう。世論調査によるとイタリア国民の多くは、他の国と同様に左翼でもなく、右翼でもなく、中立である。しかし、政党のイデオロギーははっきりした、つまり左翼から共産党と社会党、右翼はネオ・ファシスト党と君主党と自由党、中立党は共和党とキ民党であった（Barnes, 1977：105）。⑵宗教派 対 教権反対派。キ民党は宗教政党であったし、共産党は教権反対であったが、宗教派には、他に教会の政治的役割を肯定した君主党、ネオ・ファシスト党が加えられて、逆に、教権反対には、社会党、共和党、自由党もあった。そして、⑶戦後政治体制の賛成派 対 反対派。体制に反対したのは共産党、ネオ・ファシスト党、君主党であった。この複雑な対立軸の中で、政策合意が難しかったので、体制を守ることを優先した連立を組み、政策合意の代わりに、利益誘導の各政党間の均衡的配分によって政権運営してきた。

二極化する第二共和制　小選挙区中心の選挙制度を採用してから、デュヴェルジェの法則の予測通りに二大政党制へ向かっている（Reed, 2001）。しかし、崩壊した多党制を二つの政党にまとめることは難しい仕事であり、努力しても時間がかかる。二〇〇四年まで「二大勢力制」しかできていない。というのは、政党は多数であるが、ほとんどの政党が右翼連合や左翼連合のひとつに参加している。一方においては二極化ができ、選挙が政権の選択として機能しているが、他方においては両連合内部に政党が多く、政策合意が難しい。そして、どの政党でも支持しないが、連合の一つを支持するという有権者も増え始めた。この二大勢力制は二大政党制に発展するかどうかがこれからの見どころになる。

6　イタリアの戦後政治史

第一共和制のイタリア政治史は、連立政権の組み合わせによって時期を区別できる。第一期は一九四七～六二年の中立政権であったが、その間一九五三年から中立政権の危機で、他の政権の模索期とでもいえる。第二期は一九六二～七六年の中立左翼時代で、社会党が連立に加えられた。一九七二年以降、中立左翼政権は危機に入って、別

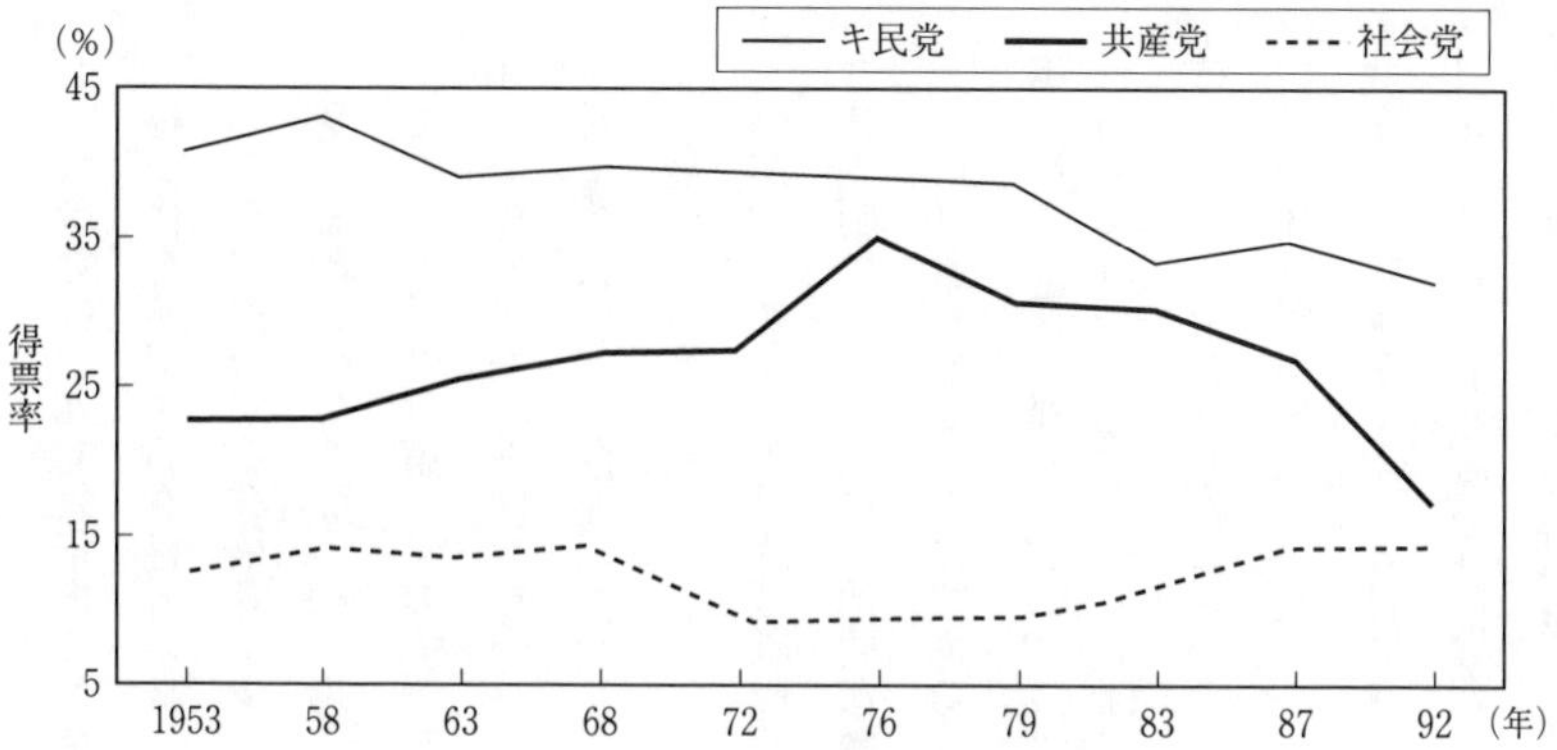

図9－1　イタリア第一共和制における選挙結果

出所：著者作成。

の連立組み合わせの模索が始まった（Marradi, 1982：34）。第三期は、一九七六年選挙後の歴史的妥協時代であった。共産党の躍進が無視できなくなり、キ民党は共産党の閣外協力を受け入れた。一九七九～九二年の第四期は、歴史的妥協失敗後の政界再編模索時代と呼ぶべきであろうが、五党体制時代でもあった。一九九二年に共産党は、「左翼民主党」に変身して、政界再編の第一歩を踏みだした。一九九四年総選挙から、新しい選挙制度が実施されて、第二共和制時代が始まることとなった。

戦後の選挙結果を見るといくつかの特徴が見える（Marradi, 1982）（図9－1参照）。

(1) 五〇年代以降、特に一九六三年総選挙から一九八三年総選挙まで、キ民党の得票率は四〇パーセント弱で非常に安定していた。この時代には、白社会の求心力が強く、経済状態や汚職事件を問わず、どのようなことがあっても、キ民党が支持されたことを表している。特に、他の先進国では経済と選挙結果の関係が強かった六〇～七〇年代においてイタリアではそれがなかったことは驚くべき事実であろう（Bellucci, 1985）。キ民党は一九八三年総選挙で得票率が低下して、一九九四年選挙で激減するまで第一党の位置を保ち続け、連立政権の与党として日本自民党に近い長期支配を続けた。

(2)　共産党は一九七六年まで選挙ごとに得票率を伸ばして、その後低下傾向に変わった。一九七六年までは、政権交代を希望する有権者の唯一の選択肢であった。多くの有権者は、政権交代を希望しながらも共産党を拒否したが、拒否する有権者が少しずつ減ってきた。しかし、一九七六年選挙の「歴史的妥協」の後、政権交代の受け皿とされなくなった。共産党は一九七六年の躍進と一九九二年の不振は目立つが、共産党は一九九二年まで安定して野党第一党の位置を保ってきた。

(3)　全体的に一九九四年までは選挙結果が安定しており、変化の少ない選挙が続いてきた。この安定は白社会対赤社会の社会構造を反映したもので、イタリアの民主主義が行き詰まったことは明らかであった。

(4)　最もはっきり見えるように、一九九二年総選挙では既成政党の得票率の激減が起こった。図には表していないが、一九九四年以降は既成政党の交代と新党の躍進がさらに目立つようになった。長く安定したイタリアの政党制に九〇年代に政治的な激震が起こった。戦後民主主義の行き詰まった政治体制を打開して、第二共和制への変身が始まったのである。

第一期——戦後危機、一九四五～五八年

イタリアのキ民党 対 共産党の戦後政治体制が形成されたのは一九四八年選挙であった。一方では、戦前との断続が生じた。一九四六年に憲法制定会議選挙があって、戦前の代議士は一五パーセントしか占めず、かつ一九四八年総選挙でほとんど落選した（DiPalma & Cotta, 1986：44）。他方では、冷戦体制が出来上がった。

共産党が政権をとることは許されないと、バチカンと米国が全力を尽くして、キ民党を支援した。米国国防省は三月に社会党と共産党の共同名簿（リスト）が政権を取ったら、イタリアへの経済援助をゼロにすると宣言した（Kogan, 1981：39）。イタリア系アメリカ人の有名人は、ラジオなどで反共運動を展開した。普通のイタリア系アメリカ人も一〇〇万通以上の手紙を母国の親戚に出して、共産党に入れないように訴えた（Gundle, 1992：175）。バチカンは、選挙の選択肢は「キリストを肯定するか、否定するか」であるとして、一万八千もの委員会を設立して、信徒の棄権防止運動を展開した。その結果、社共側には組織票しかなく、キ民党の過半数が獲得した。米国がこれほど介入し得たのは一回きりであったが、これによって冷戦体制が固定した。

一九五一～五二年の地方選挙の結果では、キ民党の得票率が低下、一九五三年総選挙での過半数を期待できないことをはっきりと示した。特に南部でキ民党の失った分は君主党とネオ・ファシスト党へ流れた。キ民党の対策は二つあった。その一つは、土地改革を利益誘導として利用することであった。改革の過程では、各地に政府の機関として改革委員会が設置されて、キ民党は若手党員を委員長に指名して、特に南部の農民を動員しようとした（Allum, 1997：31）。もう一つの対策は、選挙法を改正して、安定政権を狙う特別条文を取り入れたことである。政党や共同名簿の得票率が過半数を超えた場合、その政党や名簿に議席の三分の二を獲得させる条文であった。これは悪名高い「詐欺法」であった（Kogan, 1981：64）。

結局一九五三年選挙の争点は土地改革と詐欺法となった。その結果は、キ民党を中心とした中立共同名簿の得票率は四九・八五パーセントとなって、あと六万票弱が獲得できていたら、議席三分の二という安定政権になり、イタリアの戦後政治史が大きく変わったであろう。中立共同名簿に参加する予定であった「国民同盟」は議席を獲得できなかったが、得票数は一七万票であったので、この小さな政党は中立共同名簿に参加しなかったため、キ民党は連立政権を組むことになった。

一九五三～五八年の連立政権は業績がほとんどなく、「動かない国会」と呼ばれた。特に財界はそれに対して不満であったので、キ民党への政治献金を自由党へ回した（Kogan, 1981：76-77）。それでも、キ民党の得票率は四〇・一パーセントから四二・四パーセントまで上がったし、自由党はわずか三・〇パーセントから三・五パーセントまで上昇した。やはり、選挙は金だけではない。それ以来財界は、与党を支持しなければならないという結論に達した。

一九五六年の第八回党大会では、共産党が「社会主義へのイタリア独特の道」という平和共存と構造改革という独自の路線でイタリア共産党の独自性を強くアピールした（水瀧、一九九六、四八八頁）。しかし、こういうような現実路線を打ち出しても、選挙結果にはすぐ表れなかった。

第二期――中立左翼体制、一九六二～七六年　国会会期中に、中立政党だけで連立政権が維持できなくなり、一九六〇年の連立を組むためにはネオ・ファシスト党の票が必要となったが、ファシストの支持する政権に参加できないキ民党左翼の閣僚の三人が辞任した。国民も反ファシスト運動を起こし、デモで十人が死亡した。結局キ民党はバチカンと財界の猛烈な反対を無視して、左へ連立を広めて、社会党と連立を組んだ（Kogan, 1981：156-164）。一九六三年の選挙結果は、政権党であるキ民党と社会党の後退、共産党の前進であったが、連立は変わらなかった。

中立左翼政権は、改革を期待されたが、政党合意ができず、改革がほとんど実施できなかったが、経済の高度成長期であったので、社会福祉を充実させた（Ferrera & Gualmini, 2004：32）。しかし、一九六四年から経済が不景気に転換した。中立・左翼政権は、その事実を無視したので、財政が悪化した。政治は動かなかったが、社会が動いていた。一九六八年の学生運動に続いて、一九六九年の北部でストライキ・デモなどの「猛暑の秋」が発生した（Clark & Irving, 1972：204）。このストライキの結果は給料の一五パーセント増と労組の政策参加にあった。問題が山ほどありながら、選挙結果がほとんど変わらなかった。

第三期――歴史的妥協、一九七六～七九年　政治が動き始めたのは七〇年代後半からであった。当時は目立っていなかったが、一九七四年に政治献金についての改革が採決された。その改革は、公営企業の政治献金を禁止して、献金の公開を義務づけ、政党助成金制度を成立させるものであった（Rhodes, 1997：58）。キ民党も社会党も、公営企業からの献金が収入の大きなウェイトを占めていたので、従来の常識的行動が禁止されたわけであった。しかし、たとえ違法行為となっても、他に資金源がなく、従来の行動が続けられたので、違法行為が常識となった。法律が実際施行され始めたのは九〇年代となったが、それが第二共和制への発展に大きな役割を果たした。

当時最も目立ったのは、選挙法改正よりも、キ民党の評価低下であった。六〇年代までのキ民党のイメージは、「民主主義と高度成長の親」であったが、七〇年代から、不景気の長期化、財政運営の失敗、スキャンダル多発、テロ事件などによって、評判が急低下した（Wertman, 1993：12）。政権交代を望む国民が多かったが、相手が反体制政党の共産党であったので難しい選択肢となった。

経済も回復できずにいたため、財界のキ民党政権に対する不満が増大した。それに加えて、暴力事件が相次いで起こった。例えば、一九七六年総選挙の一二日前に、イタリアの検事が赤軍に暗殺されたし、選挙中、ネオ・ファシスト党代議士が共産党党員の若者の暗殺事件に関わり、イギリスに逃亡した（Clark & Irving, 1977：11）。スキャンダルも多発した。一九七三年の石油ショックについて調べていたところ、賄賂事件が多く発見された。一九七六年にロッキード事件が発覚したし、五〇年代にキ民党が米国ＣＩＡから献金を受けたことも明らかになった。マスコミは従来と違って、スキャンダルを大きく取り上げて、国民の政治不信、特にキ民党に対する不信に拍車をかけた（Rhodes, 1997）。バチカンまでもキ民党支持を考え直した。一九七五年地方選挙と一九七六年総選挙では、従来の「カトリック教信徒の団結」をしなかった。

共産党も動いた。ＮＡＴＯを承認するなどして、いくつかの左翼な立場を捨てた（Clark & Irving, 1977：21）。一九七五年地方選挙と一九七六年総選挙で共産党が躍進したので、共産党に対するアレルギーがある程度緩和されたように見えた。今度こそ山が動くかもしれないと思われた。

一九七六年総選挙の結果は、共産党の躍進とキ民党の横這い。キ民党は変わらず第一党であったが、共産党を連立から排他することが難しくなった。社会党の選挙運動は、反キ民党であったので、連立に参加すれば公約違反になるし、惨敗を食ったので、党首を交代して、見直しモードに入っていた。キ民党は選挙運動で反共を訴えていたし、米国もドイツも共産党を内閣に入れないようにキ民党に申し立てたが、結局、共産党は「非不信」というあいまいの形で、国会のポストを受けて、閣外協力で政権参加した。歴史的妥協が一応できた。

厳しい経済政策を余儀なくされ、ＩＭＦの厳しい指令に従わなければならず、広い合意が形成されないままで、共産党が閣外協力する、キ民党の少数政権はうまく行かなかった。キ民・共産両党の支持率が落ちた。特に各党自党支持者にはこの歴史的妥協は人気がなかった。共産党内部でも、譲歩によるマイナス面が見えたがプラス面が見えなかったので、通常は共産党に見られない内部対立が発生した。共産党系の労組も政府の経済政策と協力できず、共産党と異なる路線を展開した（Clark & Hine, Irving, 1980：214）。キ民党にとって、労組の協力を保障できない共産党に協力する必要はなく、一九七九年には共産党の閣外協力を取り消した。「歴史的妥協」は崩壊した。やはり、第一共和制では、不満がどのぐらい高まっても、政権交代は不可能であった。

第四期――五党体制、一九七九～九二年

政権交代ができなければ、もはや暴力しか残っていないと考えた人が多かったようである。テロ事件がますます増え続けた（della Porta, 1995；図９－２参照）。一九七八年春に最も驚くべき事件があった。キ民党のモーロ党首の誘拐と暗殺事件である。当時はイタリア赤軍が行ったと思われたが、政界・カトリック界・財界・軍隊の右翼組織がやった可能性が後に出た（Rhodes, 1997：58）。政権交代ができなければどうすればいいのかという質問に対して、秘密結社と答えた人もいた。真実はいつまでも明らかにならないであろうが、秘密結社の存在自体は一九八一年に明らかになって、大きなスキャンダルとなった。しかし、当時の反応は、民主主義を守る広い国民運動として起こった。それにしても、選挙結果は動かなかった。政権交代を望む有

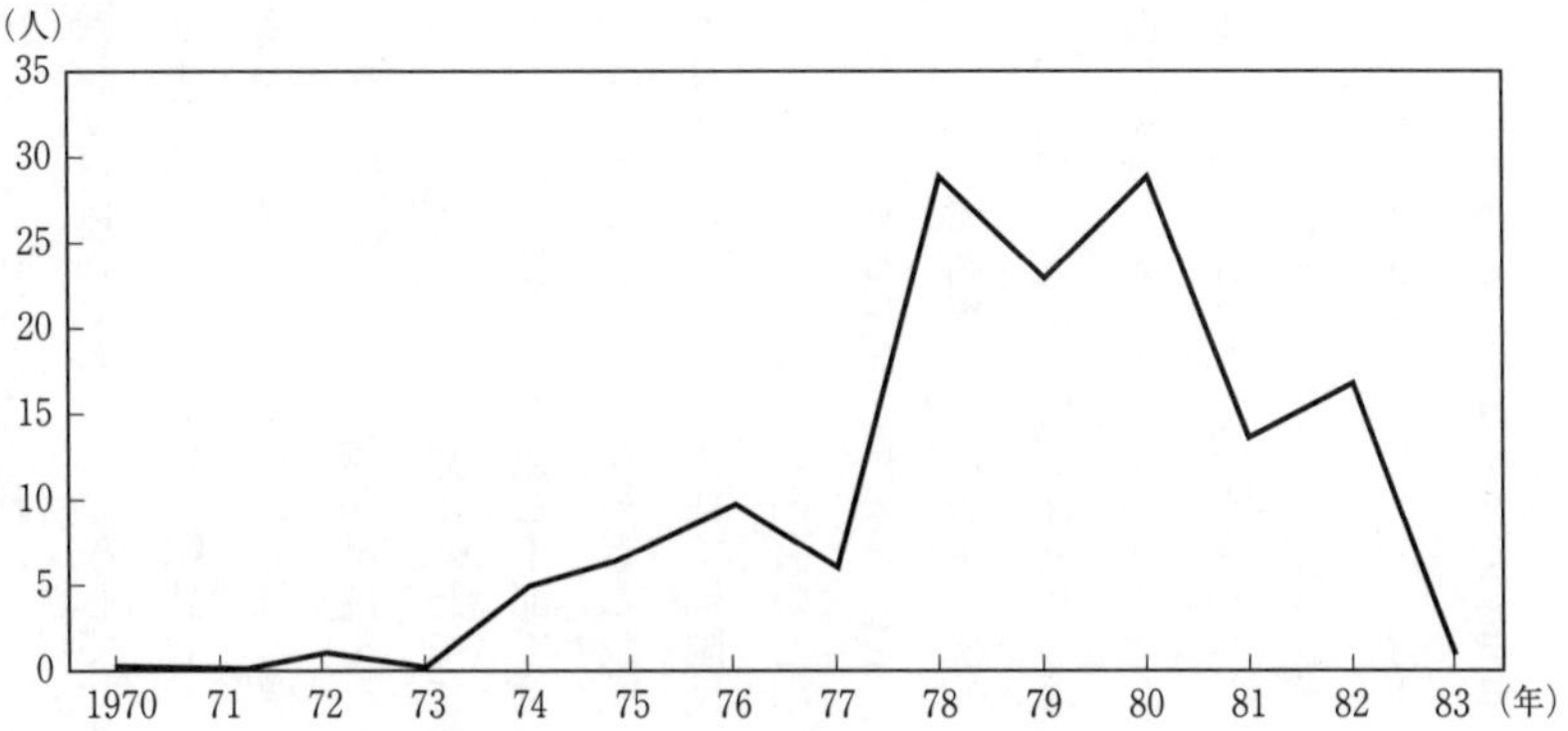

図9-2　イタリアにおけるテロによる死者

出所：della Porta, 1995: 128 から作成

権者は共産党への期待が失われたが、キ民党にも期待できなかった（Kogan, 1981: 319）。結局、政策の合意のない五党連立という選択肢しか残らなかった。

政治が動きを見せたのは、首相交代だけであった。初めてキ民党の首相ではなく、共和党、そして社会党の首相が次々と誕生した。しかし、振り返ってみれば、三つの新しい傾向は一九七九年総選挙から始まっていた。すなわち、(1)投票率の低下：一九七六年の九三・四パーセントから一九七九年の九〇・六パーセントに落ち、その後毎回低下して、一九九六年に八二・七パーセントとなった、(2)既成政党（キ民、共産、社会など）三党の得票率の合計の低下と新党の進出、(3)選挙結果の不安定（Newell & Bull 1997: 83）である。この傾向は、一九八三～八七年総選挙にも続いたが、行きづまり打開の糸口が見えたのは、一九八九年であった。

歴史的妥協の失敗以来、共産党内部に激しい議論が続いた。一九八九年一一月にその結果が出た。政権交代の受け皿を作るために、共産党を解党して、左翼民主党へ変身したのである。変身は分裂につながったが、脱党した再建共産党は少数であった。こうして第二共和制への第一歩が踏み出された。その第二歩は、一九九一年の国民投票による、従来の選挙制度の拒否であった。国会が政治改革を行なわなければならない状況が作られた。第三歩は、一九九二年ミラノ社会党の汚職事件から発生した裁判官の「清い手」政治腐敗反対運動であった。そして、第四歩は、一九九二年総選挙の「激震」であった。既成三党（キ民党、左民党、MSI）は、一九八七年の総計七五・二パーセントから五九・四パーセントに転落して、躍進したのは新党のみであった。イタリア国民は、はっきりと変化を要求したのであった。

第二共和制――一九九四年以降

選挙制度を小選挙区中心にした大きな政治改革後の最初の一九九四年総選挙へ向かって、各政党はあわてて連合を形成した。右翼連合は、新党のフォルツァ・イタリア（FI）を中心として、北部では北部同盟と南部ではファシスト党を後継した国民同盟と手を組んだ。左翼連合は、左民党中心に八党派から構成された。候補者と政党も乱立したが、二極化が進んだ。選挙の結果、⑴第一党は新党のフォルツァ・イタリアとなった、⑵南部では国民同盟が三倍に躍進した、⑶右翼連合は下院に過半数で、上院でもそれに近い議席率に達した、⑷新しい国会の七割は新人で、一九九二年以前から続いて当選した代議士は一割以下に過ぎなかった（Bartolini & D'Alimonte, 1996：116）。戦後の断絶に匹敵する、第二共和制に相応しい幕開けとなった。

しかし、右翼連合は選挙に勝てても、政権を担当できなかった。特に、北部同盟と国民同盟は対立することが多く、結局、北部同盟が連立から離脱した。後継したのは、左翼ではなく、ディーニ首相の民間・官僚内閣であった。政治家は一人も入っていなかった。暫定改革内閣となって、行政改革がかなり進んだ。第二共和制になってから、長く提案されながらできなかった行政や財政改革が実行され、イタリアは西欧の最も遅れた国からの脱皮を果たした。その秘訣は、主に二つある。それは⑴EU参加条件は、誰も否定できない課題となり、無視できない締め切りをはっきりさせたこと、⑵ディーニ政権のような民間内閣によって、権力闘争を乗り越えて、政策に集中ができたこと、である（Ferrera & Gualmini, 2004）。民間内閣によって改革が実現した後、普通の政党内閣でも改革ができるようになったので、イタリア民主主義は学習効果も見せた。

一九九六年総選挙で、二極化がさらに進んで、政権交代も果たした。左翼連合（オリーブの木連合）がはじめて政権を担当したし、共産党出身の首相も生まれた。ただし改革の業績は評価できるものの、人気があまりなかった。二〇〇一年総選挙で、再び政権交代となり、第二ベルスコニー内閣が誕生した。この内閣は問題を山ほど抱えながらも、長期政権の記録を更新している。

7　イタリアにおける政治腐敗

第一共和制のイタリアは、政治腐敗の大国であった。政権交代のできない政党制と個人票を生かす選挙制度が利益誘導を利用しやすい環境をつくった。「敵は共産党」という標語は汚い手を使う口実となった。キ民党は、利益誘導型大衆政党になり、社会党と連立を組むと、社会党も利益誘導政党になった。特に、中立左派連立時代、改革は無理である以上、選挙には利益誘導しか残っていないという考え方が生まれた。六〇年代後半から、違法行為が政治に不可欠で、常識的な行動となった。政治は金儲けできる職業といわれるにいたった（della Porta 1996：350）。腐敗は、あらゆる官僚機構にも、政策にも浸透した。例えば、障害年金は、利益誘導のための道具として利用されたので、一九六〇年から八〇年まで、五倍に増えた（Ferrera & Gualmini, 2004：45）。

政治家には、自浄能力がなかったので、一九九〇年代から浄化責任を取ったのは、何人かの裁判長であった。イタリアの裁判官は、独自の積極的な活動ができる。マフィア反対運動に大きな役割を果たしたし、「清い手」という腐敗反対運動も起こした。この運動に参加した裁判官は、「正義の味方」として、国民的英雄にもなった。

一方、国会が役割を果たしていない場合、他の機構が活躍してくれれば、ありがたい話であるが、他方、裁判官の個人的な活躍は、制度化されておらず、安定した政治体制には必要がない。「清い手」運動は、不可欠の役割を果たしたが、その一方で裁判官同士の対立にまで発展して、政治家から反撃を受けた。

第二共和制には、ベルスコーニ首相がらみの汚職問題が多く、イタリアの政治腐敗問題が解決したとはいえないが、政治と金の関係には変化が多く、改善もある程度見える（Newell, 2000）。

8　イタリアにおける移民問題

一九七四年の石油ショックまで、イタリアは移民を送る側であった。特に、ドイツとフランスの移民には、イタリア人が多かった。そして、イタリアに入る移民は、イタリア系の「帰国」が多かった（Veugelers, 1994）。しかし、石油ショック後に移民問題が発生した。総合的な法律が制定したのは一九八六年であったので、対策が遅れたといわなければならない（Calavita, 1994）。西欧の入り口としての違法入国が多いことが大きな問題となっている。

移民問題は、イタリアでは今のところ、あまり争点化していない。移民反対勢力といえば、ネオ・ファシスト党ではなく、北部同盟である。そして、北部同盟にとっては、イタリア南部の人も移民扱いである。これから争点化されることが予想されるが、その行方はまだ見えない。

9　イタリアにおける宗教と政治

バチカンの存在

ローマ教皇庁は、イタリアのバチカン宮殿内に存在することだけで、イタリアにおける宗教と政治に特徴づけることになる。イタリア人のほとんどはカトリックへの帰属意識をもっているし、教会に通う信徒も多い。カトリック教会は正式の国教ではなくても、特権が多く、政治に介入する回数が多かった。そしてカトリック教会の系列組織は、非常に強く、多くの人はイタリア社会よりも、「白社会」に生活している。バチカンは共産主義を敵視して、白社会をできるだけ反共のために動員した。

教会は、第二次世界大戦で民主主義側が勝利することが確実になってからしか、民主主義を支持しなかったが、その後キ民党を支持したし、イタリア政治に積極的に介入した（Allum, 1997）。特に戦後初の一九四八年総選挙では教会が系列団体を総動員して全力を尽くした。他の西欧の国では想像しにくいほど、教会があらゆる手を使った。信徒を必ずキ民党に投票するように告解所で指導したり、共産党反対を聖体拝領の条件にしたりした。「この選挙はキリスト教か共産主義かの二者択一である」という立場をとって、共産党に投票した人は教会から破門すると脅かしたりした（Gundle, 1992：175）。

影響力の低下

一九七二年総選挙は離婚についての国民投票を避けるために国会を早期解散したし、一九七六年総選挙も同様に妊娠中絶の国民投票を避けるためであった（Clark & Irving, 1977：15）。しかし、この問題は避けられなかった。一九七四年に離婚についての国民投票では、五九パーセント 対 四一パーセントで離婚を認める法律が成立した。その後で離婚率が急増したが、離婚を求める夫婦の七六パーセントは二〇年間以上、九八パーセントは一〇年間以上にわたってすでに別居していた（Kogan, 1981：284）。つまり、離婚が急増したように見えたが、ほとんどの離婚は事実を認めただけであった。それにしても、国民投票の結果は、教会の、信徒に対する拘束力の低下をはっきりと示した。

教会はキ民党政権の腐敗により道徳的に困って、内部でキ民党支持に異論が出た。一九七六年総選挙ではカトリック信徒が無所属で立候補し、共産党の比例名簿に載せるまで発展した。第二共和制では白社会の政治的統一が消滅した。毎週日曜日のミサに出席するという「信仰実践者」でさえ、一九九六年総選挙における支持政党（下院比例区）に関する調査によると、ＦＩ（一九・九パーセント）、左民党（一九・五パーセント）、国民同盟（一六・七パーセント）、カトリック系の人民党（一二・五パーセント）、北部同盟（七・七パーセント）、カトリック系の小さい政党（五・八パーセント）、ディーニ党イタリア刷新（四・六パーセント）、再建共産党（三・三パーセント）、緑の党（二・四パーセント）と、いずれかの政党や陣営に偏るというのではなく、完全なまでに分散してしまっている（村上、二〇〇一）。

10　イタリアの戦後民主主義

戦後イタリア政治史は、民主主義の成功譚である。絶望的な条件下にもかかわらず、民主主義体制は学習し、改革ができた。もちろん、問題は残って、民主主義天国にはなっていないが、戦後の出発点から見れば、評価すべき前進を見せてきた。改革までの道は長かったし、必ずしも民主主義の理論通りに動かなかったが、結局、改革ができた。

六〇年代まで、イタリアの有権者は動かなかった。政策や政府の業績ではなく、自分のグループの帰属意識に基づいて投票したので、民主主義理論の有権者の役割を果たさなかった。七〇年代から、有権者は動き出したが、政党と政権と国会が動かなかった。特に、歴史的妥協の失敗後、イタリア民主主義が完全に行き詰まった。打開への道が見えなくなった。そのとき動き出したのは、民主主義理論において補完的な役割しか与えられていないものであった。国民投票は白社会の拘束力低下を明らかにもしたし、選挙制度改革を国会に強いた。裁判官は「マフィア反対運動」や「清い手」運動で、司法の領域を超えて、政策や政治転換を実行した。経済や行政改革には、政党政治から離れた民間内閣が大きな役割を果たした。学習機能を見せたのは、選挙や政党や国会よりも、これら国民投票・裁判官・民間内閣であった。

政治改革からできた第二共和制は、第一共和制の中心的な問題を解決した。政権交代ができない政治体制から、三回連続で政権交代する政治体制に変わった。生命が短い内閣から、次の選挙までもつ内閣も見えてきた。政策転換もできるようになっている。しかし政界では、一つ問題を解決すれば、また別の問題が発生する。政権交代ができる二大勢力制は、いまのところ政策合意による政権運営にまでは進化していない。

むすび——民主主義の展望

以上、民主主義の様々な事実を分析してきた。その事実をどう評価すべきであろうか。一方、ここで明らかにされた民主主義の諸事実は民主主義の理想とは必ずしも合致していない。現実の民主主義国は天国と間違われることはなさそうである。しかし、比較政治学は事実と理想を比較する学問ではなく、現実に存在する国を互いに比較する学問である。よって、民主主義国は非民主主義国と比較すればどう評価できるかという問題になる。結局、民主主義よりよい政治体制は見当たらない。世界政治史上には民主主義以上の政治体制がまだ進化していないといえよう。

民主主義の最も高く評価できる側面はその学習効果であろう。本書では、民主主義にとって特に難しいと思われる、宗教、移民、汚職問題を分析して、たしかにそれらの難しさを確認したが、それでも民主主義は機能し得るという結論に達した。イタリアの厳しい条件の中でも、民主主義は単に機能しただけではなく、大きな改革の後にはよりよく機能してきた。時間はたしかにかかったが、時間さえあれば、学習し改善できるのである。選挙中心の政治体制の歴史はまだ浅いが、民主主義の学習効果ゆえに、今後も淘汰されにくい政治体制と思われる。

だが、民主主義が淘汰に対して強い政治体制であるからといって、改善の余地がないとはいえない。どこの国でも、どの選挙制度を利用しても、民主主義が行き詰まることがある。民主主義は安定した環境における最適の均衡状態ではないかもしれない。しかし人間社会はあまりにも流動的であるので、最適の均衡状態を追求するよりも、変動に強い、学習可能な政治体制＝民主主義に期待するほうがよいと思われる。

民主主義体制はこれからも学習していくだろうが、将来的にどういうふうに進化するかは予想しにくい。二一世紀の先進国では、戦後民主主義と既成政党に対する不満が高まっている。新党が躍進したり、政権交代が多くなったりして、政治が流動的になっている。新しい民主主義の試みを模索しているように見える。より直接的な民主主義を求める声が多くなっているが、直接民主主義の仕組みは期待通りには機能しないであろう。

民主主義は試行錯誤によって進化していくであろうが、その進化を分析するには、比較政治学の「選挙中心の政治体制」という定義では物足りない感じがする。その定義を捨てる必要はないが、これからの民主主義の進化は必ずしも選挙中心主義にならないであろうし、その進化が果たして前進なのか後退なのかを見分けるためにもより精密な定義が求められる。これからの比較政治学の中心課題となるであろう「民主化」の分析についても、「選挙中心」より細かい定義が望まれる。

幸いに、西欧の民主化を長く研究してきた歴史家から対案が出されている。ティリー（Tilly, 2004）は民主主義を「許されている、また、保障されている政治参加（特に政府に対する抗議行動）」と定義する。この定義は複雑で、科学的な研究には使いにくいかもしれないが、民主主義のより現実的な定義のためのヒントになると思われる。

政府と市民の関係について考えれば、政治的行動は三種類に分けることができる。すなわち、義務づけられている行動と、違法とされている行動と、許されている行動である。非民主主義国には義務づけられた行動と違法行動が多く、許されている行動が少ない。そこで民主化とは、その許されている、自由化された行動の範囲を拡大する過程と考えられる。例えば、独裁国では、独裁者を批判することさえ違法行為であるが、現代西欧では為政者に対する抗議デモまでが、許されている行動とされているだけではなく、常用の政治参加の一つの手段となっている。抗議デモでたとえ違法行為があっても、市民政治参加活動であるがゆえに、警察も見逃すことが多く、裁判でも有罪判決が出にくい。

民主化は「保障された政治参加」であると定義すれば、民主主義の有無だけではなく、程度が見えてくる。これからの比較政治学の最も期待できる民主化の研究においても、先進国の将来と進化の研究においても、民主主義の程度を測りたい。東欧諸国は民主化が進んでも、西欧の民主主義と同じ度合い、同じパターンになるとは思われないので、より比較可能な定義が望ましい。民主化過程の前進も後退も測定したい。西欧の先進国では選挙中心の政治は変わらないだろうが、民主主義の後退は十分想像できる。特に組織犯罪対策やテロ対策の一方で、市民権の後退は既に見えてきた。

従来の民主主義論では、民主主義を最大化すべきであると論じてきたが、程度が含まれている定義を利用すれば、民主主義の限界も見えてくるかもしれない。どのような政治行動でも市民に許されるようにできるわけがない。少なくとも納税義務が必要であろうし、暴力的な政治参加も違法にしなければならないであろう。政治参加の許される範囲の最大限についての研究も必要になるかもしれない。

民主主義の将来は予想できないが、これからもさらに進化していくはずである。比較政治学もまた進化していくであろう。その双方の進化に期待しよう。

参考文献

Adams, James et al. (2004). Understanding Change and Stability in Party Ideologies : Do Parties Respond to Public Opinion or to Past Election Results ? *British Journal of Political Science*, 34, 589-610.

Addison, Paul (1997). By-elections of the Second World War. In Chris Cook and John Rambsden (Ed.) *By-elections in British Politics*. London : UCL Press.

Aldrich, John H. (1993). Rational Choice and Turnout. *American Journal of Political Science*, 37, 246-278.

Alford, John et al. (1994). The Political Cost of Congressional Malfeasance. *Journal of Politics*, 56, 788-801.

Allum, Percy (1997). 'From Two into One': The Faces of the Italian Christian Democratic Party. *Party Politics*, 3, 23-52.

Allum, Percy A. (1973). *Italy-Republic without Government ?* NY : W. W. Norton.

Almond, Gabriel A., R. Scott Appleby, & Emmanuel Sivan (2003). *Strong Religion : The Rise of Fundamentalism around the World*. Chicago : University of Chicago Press.

Alt, James E. (1984). Dealignment and the Dynamics of Partisanship in Britain. In Russel J. Dalton, Scott C. Flanagan, & Paul Allen Beck (Ed.) *Electoral Change in Advanced Industrial Democracies*, Princeton : Princeton University Press.

Alt, James E. & David Dreyer Lassen (2003). The Political Economy of Institutions and Corruption in American States. *Journal of Theoretical Politics*, 15, 341-365.

Amenta, Edwin (2004). What We Know about the Development of Social Policy. In James Mahoney and Dietrich Rueschemeyer (Ed.) *Comparative Historical Analysis in the Social Sciences*, Cambridge : Cambridge University Press.

Anderson, Benedict (1983). *Imagined Communities: Reflections on the Origins and Spread of Nationalism*. London : Verso. (白石さや・白石隆訳『想像の共同体』ＮＴＴ出版、一九九七)

Anderson, Christopher J. & Yuliya V. Tverdova (2003). Corruption, Political Allegiances, and Attitudes Toward Government in Contemporary Democracies. *American Journal of Political Science*, 47, 91-109.

Anechiarico, Frank & James B. Jacobs (1996). *The Pursuit of Absolute Integrity : How Corruption Control Makes Government Ineffective*. Chicago : University of Chicago Press.

Ansolabehere, Stephen, John M. de Figueiredo & James M. Snyder, Jr. (2003). Why is There so Little Money in U. S. Politics. *Journal of Economic Perspectives*, 17, 105-130.

Aragones, Enriqueta & Thomas R. Palfrey (2004). The Effect of Candidate Quality on Electoral Equilibrium : An Experimental Study. *American Political Science Review*, 98, 77-90.

Axelrod, Robert (1970). *Conflict of Interest*. Chicago : Markham.

Backer, Susan (2000). Right-wing extremism in unified Germany. In Hainsworth (Ed.), *The Politics of the Extreme Right*, London : Pinter.

Bamshad, Michael J. & Steve E. Olson (2003). Does Race Exist ? *Scientific American*, December 2003, 50-57.

Bark, Dennis L. & David R. Gress (1993). *A History of West Germany*, Vol. 1, 2. London : Blackwell.

Barnes, Samuel H. (1977). *Representation in Italy*. Chicago : The University of Chicago Press.

Barro, Robert J. & Rachel M. McCleary (2003). Religion and Economic Growth across Countries. *American Sociological Review*, 68,760-781.

Bartholomew, Mark (1992). The Church, the Peace Movement and the Social Democratic Party in Germany. In Moen & Gustafson (Ed.), *The Religious Challenge to the State*, Philadelphia : Temple University Press.

Bartolini, Stefano & Robert D'Alimonte (1996). Plurality Competition and Party Realignment in Italy : The 1994 Parliamentary Elections. *European Journal of Political Research*, 29, 105-142.

Belanger, Eric (2004). Antipartyism and Third-Party Vote Choice : A Comparison of Canada, Britain, and Australia. *Comparative Political Studies*, 37 : 1054-1078.

Bell, Catherine (1997). *Ritual : Perspectives and Dimensions*. Oxford : Oxford University Press.

Belloni, Frank, Mario Caciagli, and Liborio Mattina (1979). The Mass Clientelism Party : The Christian Democratic Party in Catania and Southern Italy. *European Journal of Political Research*, 7, 253-275.

Bellucci, Paolo (1985). Economic Concerns in Italian Electoral Behavior. In Heinz Eulau & Michael S. Lewis-Beck (Ed.), *Economic Conditions and Electoral Outcomes*, NY : Agathon.

Berger, Suzanne (1979). Politics and Anti-Politics in Western Europe in the Seventies. *Daedelus*, 108, 27-50.

Betz, Hans-Georg (1998). Against Rome : The Lega Nord. In Hans-Georg Betz & Stefan Immerfall (Ed.) *The New Politics of the Right*, NY : St. Martin's Press.

Bittermann, Jim (2004). France Backs School Head Scarf Ban. *CNN*, February 10, 2004 Posted : 1611 GMT.

Blais, Andre & Mathieu Turgeon (2004). How Good Are Voters at Sorting Out the Weakest Candidate in their Constituency ? *Electoral Studies*, 23, 455-461.

Bleich, Erik (2003). *Race Politics in Britain and France*. Cambridge : Cambridge University Press.

Boyd, Richard W. (1986). Election Calendars and Voter Turnout. *American Politics Quarterly*, 14, 89-104.

Brady, Henry E. & Paul M. Sniderman (1985). Attitude Attribution : A Group Basis for Political Reasoning. *American Political Science Review*, 79, 1061-1078.

Brady, Henry E. & Stephen Ansolabehere (1989). The Nature of Utility Functions in Mass Publics. *American Political Science Review*, 83, 143-163.

Brass, Paul R. (2003). *The Production of Hindu-Muslim Violence in Contemporary India*. Seattle : University of Washington Press.

Brooke, John Hedley (1991). *Science and Religion: Some Historical Perspectives*. New York : Cambridge University Press.

Brustein, William I. & Ryan D. King (2004). Anti-Semitism in Europe Before the Holocaust. *International Political Science Review*, 25, 35-54.

Budge, Ian & Richard I. Hofferbert (1990). Mandates and Policy Outputs : U. S. Party Platforms and Federal Expenditures. *American Political Science Review*. 84, 111-131.

Burden, Barry C. (2004). Candidate Positioning in US Congressional Elections. *British Journal of Political Science*, 34, 211-227.

Butler, David (1989). *British General Elections since 1945*. London : Basil Blackwell.

Butler, David & Austin Ranney (Ed.) (1994). *Referendums around the World*. Washingon, D. C.: The AEI Press.

Butler, David & Dennis Kavanaugh (1974). *The British General Election of February 1974*. London : Macmillan.

Butler, David & Dennis Kavanaugh (1988). *The British General Election of 1987*. London : Macmillan.

Butler, David & Donald Stokes (1974). *Political Change in Britain*. NY : St. Martin's Press.

Butler, David & Richard Rose (1960). *The British General Election of 1959.* London : Macmillan.

Butler, David & Uwe Kitzinger (1976). *The 1975 Referendum.* London : Macmillan.

Calavita, Kitty (1994). Italy and the New Immigration. In Cornelius, Martin & Hollifield (Ed.) *Controlling Immigration.* Stanford : Stanford University Press.

Campbell, Angus et al. (1960). *The American Voter.* New York : John Wiley.

Carey, John M. & Matthew Soberg Shugart (1995). Incentives to Cultivate a Personal Vote. *Electoral Studies,* 14, 417-40.

Casanova, Jose (1994). *Public Religions in the Modern World.* Chicago : University of Chicago Press.

Cassese, Sabino (1984). The Higher Civil Service in Italy. In Ezra Suleiman (Ed.), *Bureaucrats and Policy Making,* NY : Holmes and Meier.

Chang, Eric C. C. & Miriam A. Golden (2004). Does Corruption Pay ? The Survival of Politicians Charged with Malfeasance in the Postwar Italian Chamber of Deputies. Paper presented at the 2004 Annual Meeting of the American Political Science Association.

Chang, Eric C. C. & Miriam A. Golden (2005) "Electoral Systems, District Magnitude and Corruption" *British Journal of Political Science.*

Chang, Maria Hsia (2004). *Falun Gong : The End of Days.* New Haven : Yale University Press.

Chaves, March & David E. Cann (1992). Regulation, Pluralism, and Religious Market Structure : Explaining Religion's Vitality. *Rationality and Society,* 4, 272-290.

Chhibber, Pradeep & Ken Kollman (2004). *The Formation of National Party Systems.* Princeton : Princeton University Press.

Chhibber, Pradeep K. (1999). *Democracy without Associations.* Ann Arbor : University of Michigan Press.

Chubb, Judith & Maurizio Vannicelli (1988). Italy : A Web of Scandals in a Flawed Democracy. In A.S. Markovits & M. Silverstein (Ed.) *The Politics of Scandal,* New York : Holmes and Meier.

Clark, Martin & R. E. M. Irving (1972). The Italian Political Crisis and the General Election of May 1972. *Parliamentary Affairs,* 24, 198-223.

Clark, Martin & R. E. M. Irving (1977). The Italian General Election of June 1976 : Towards a 'Historic Compromise'? *Parliamentary Affairs,* 30, 7-34.

Clark, Martin, David Hine, & R. E. M. Irving (1980). The Italian General Election of 1979 That Nobody Wanted. *Parliamentary Affairs*, 33, 210-229.

Clark, Janine (2004). Social Movement Theory and Patron-Clientelism : Islamic Social Institutions and the Middle Class in Egypt, Jordan, and Yemen. *Comparative Political Studies*. 37, 941-968.

Conradt, David P. (1978). *The German Polity*. NY : Longman.

Converse, Philip (1969). Of Time and Partisan Stability. *Comparative Political Studies*, 2, 139-157.

Cook, Chris & John Ramsden (1997). *By-elections in British Politics*. London : UCL Press.

Cox, Gary (1987). *The Efficient Secret : The Cabinet and the Development of Political Parties in Victorian England*. Cambridge, Cambridge University Press.

Cox, Gary (1997). *Making Votes Count*. Cambridge : Cambridge University Press.

Cox, Gary W. (1994). Strategic Voting Equilibria under the Single Nontransferable Vote. *American Political Science Review*, 88, 608-621.

Cox, Gary W. and Michael C. Munger (1989). Closeness, Expenditures and Turnout : The 1982 U. S. House Elections. *American Political Science Review*, 83, 217-232.

Cox, Karen & Len Schoppa (2002). Interaction Effects in Mixed-Member Electoral Systems : Theory and Evidence from Germany, Japan and Italy. *Comparative Political Studies*, 35, 1027-1053.

Crewe, Ivor (1985). Great Britain. In Ivor Crewe & David Denver (Ed.), *Electoral Change in Western Democracies*, NY : St. Martin's Press.

Dalton, Russel J., Scott C. Flanagan, & Paul Allen Beck (Ed.) (1984). *Electoral Change in Advanced Industrial Democracies*. Princeton : Princeton University Press.

De Swaan, Abram (1973). *Coalition Theories and Cabinet Formation*. Amsterdam : Elsevier.

De Winter, Lieven (1988). Belgium : Democracy or Oligarchy. In Michael Gallagher & Michael Marsh (Ed.), *Candidate Selection in Comparative Perspective*, London : Sage.

della Porta, Donatella (1995). *Social Movements, Political Violence and the State : A Comparative Analysis of Italy and Germany*. Cambridge : Cambridge University Press.

della Porta, Donatella (1996). Actors in Corruption : Business Politicians in Italy. *International Social Science Journal*, 149, 349-364.

della Porta, Donatella (1997). The Vicious Circles of Corruption in Italy. In Donatella della Porta & Yves Meny (Ed.) (1997), *Democracy and Corruption in Europe*, London : Pinter.

Dempsey, Judy (2004). Religious have say in Ukraine. *International Herald Tribune*, December 7, 2004.

Denver, David (2003). *Elections and Voters in Britain*. London : Palgrave Macmillan.

DiPalma, Giusseppe & Maurizio Cotta (1986). Cadres, Peones, and Entrepreneurs : Professional Identities in a Divided Parliament. In Ezra N. Suleiman (Ed.), *Parliament and Parliamentarians in Democratic Politics*, NY : Holmes and Meier.

Donovan, Mark (1995). The Politics of Electoral Reform in Italy. *International Political Science Review*, 16, 47-64.

Douglas, Mary (1983). The Effects of Modernization on Religious Change. In Mary Douglas & Steven Tipton (Ed.) *Religion and America : Spiritual Life in a Secular Age*, Boston : Beacon Press.

Downs, Anthony (1957). *An Economic Theory of Democracy*. NY : Harper and Row.

Dulong, Renaud (1982). Christian Militants in the French Left. *West European Politics*, 5, 55-72.

Dunleavy, Patrick & Stuart Weir (1995). Public Response and Constitutional Significance. *Parliamentary Affairs*, 48, 602-616.

Duverger, Maurice (1954). Les Parti Politiques. (A. Colin). （土屋正三訳『政党——現代におけるその組織と活動』自治省選挙局、一九六二）

Erikson, Robert S. & Gerald C. Wright (1980). Policy Representation of Constituency Interests. *Political Behavior*, 2, 91-106.

Esser, Frank & Uwe Hartung (2004). Nazis, Pollution and No Sex : Political Scandals as a Reflection of Political Culture in Germany. *American Behavioral Scientist*, 47, 1040-1071.

Fackler, Tim & Tse-min Lin (1995). Political Corruption and Presidential Elections, 1929-1992. *Journal of Politics*, 57, 971-993.

Farrell, David M. & Paul Webb (2000). Political Parties as Campaign Organizations. In Russell J. Dalton & Martin P. Wattenberg (Ed.), *Parties without Partisans*, Oxford : Oxford University Press.

Farren, Sean & Robert F. Mulvilhill (2000). *Paths to a Settlement in Northern Ireland*. Oxford : Oxford University Press.

Fearon, James D. & David D. Laitin (1996). Explaining Interethnic Cooperation. *American Political Science Review*, 90, 715-735.

Ferrara, Federico (2004). Electoral Coordination and the Strategic Desertion of Strong Parties in Compensatory Mixed Systems with Negative Vote Transfers. *Electoral Studies*. 23, 391-414.

Ferrera, Maurizio & Elisabetta Gualmini (2004). *Rescued by Europe ? Social and Labour Market Reforms in Italy from Maastricht to Berlusconi*. Amsterdam : Amsterdam University Press.

Fetzer, Joel S. & J. Christopher Soper (2005). *Muslims and the State in Britain, France, and Germany*. Cambridge : Cambridge University Press.

Flanagan, Scott C. (1968). Voting Behavior in Japan : The Persistence of Traditional Patterns. *Comparative Political Studies*, (October) 399-401.

Flanagan, Scott C. (1991). Mechanisms of Social Network Influence in Japanese Voting Behavior. In Scott C. Flanagan et al. (Ed.), *The Japanese Voter*, New Haven : Yale University Press.

Fornos, Carolina A., Timothy J. Power, & James C. Garand (2003). Explaining Voter Turnout in Latin America, 1980 to 2000. *Comparative Political Studies*, 37, 909-940.

Fox, Jonathan (2004). Religion & State Failure : An Examination of the Extent and Magnitude of Religious Conflict from 1950 to 1996. *International Political Science Review*, 25, 55-76.

Franklin, Mark & Matthew Ladner (1995). The Undoing of Winston Churchill : Mobilization and Conversion in the 1945 Realignment of British Voters. *British Journal of Political Science*, 25, 429-452.

Friedrich, Carl H. (1993). Corruption Concepts in Historical Perspectives. In Arnold J. Heidenheimer (Ed.), *Political Corruption : A Handbook*, New Brunswick : Transaction Publishers.

Gagnon, V. P., Jr. (2004). *The Myth of Ethnic War : Serbia and Croatia in the 1990s*. Ithaca, NY : Cornell University Press.

Gaines, Brian J. (1999). Duverger's Law and the Meaning of Canadian Exceptionalism. *Comparative Political Studies*, 32, 835-861.

Gallagher, Tom (2000). Exit from the ghetto : the Italian far right in the 1990s. In Hainsworth (Ed.), *The Politics of the Extreme Right*, London : Pinter.

Gambetta, Diego (1993). *The Sicilian Mafia : The Business of Protection*. Cambridge, MA : Harvard University Press.

Ganley, Elaine (2004). Most Comply with French Head Scarf Ban. *Associated Press*, September 3, 2004.

Gaster, Robin (1988). Sex, Spies and Scandal : The Profumo Affair & British Politics. In Markovits & Silverstein (Ed.), *The Politics of Scandal*, NY : Holmes and Meier.

Gavin, Neil T. & David Sanders (1997). *The Economy and Voting*. Parliamentary Affairs, 5, 631-640.

Gerber, Alan S. & Donald P. Green (2000). The Effects of Canvassing, Phone Calls, and Direct Mail on Voter Turnout : A Field Experiment. *American Political Science Review*, 94, 653-663.

Gerber, Alan S., Donald P. Green and Ron Shachar (2003). Voting May Be Habit Forming : Evidence from a Randomized Field Experiment. *American Journal of Political Science*, 47, 540-550.

Gerring, John & Strom C. Thacker (2004). Political Institutions and Corruption : The Role of Unitarism and Parliamentarism. *British Journal of Political Science*, 34, 295-330.

Golden, Miriam A. (2003). Electoral Connections : The Effects of the Personal Vote on Political Patronage, Bureaucracy and Legislation in Postwar Italy. *British Journal of Political Science*, 33, 189-212.

Golden, Miriam A. & Eric C. C. Chang (2001). Competitive Corruption : Factional Conflict and Political Malfeasance in Postwar Italian Christian Democracy. *World Politics*, 53, 588-622.

Golder, Matt (2003). Explaining Variation in the Success of Extreme Right Parties in Western Europe. *Comparative Political Studies*, 36, 432-466.

Gorski, Philip S. (2000). Historicizing the Secularization Debate : Church, State, and Society in Late Medieval and Early Modern Europe, ca. 1300 to 1700. *American Sociological Review*, 65, 138-167.

Gould, Stephen Jay (1996). *The Mismeasure of Man*. NY : W. W. Norton & Company.

Gundle, Stephen (1992). Italy. In David Butler & Austin Ranney (Ed.) *Electioneering*, Cambridge : Clarendon Press.

Gustafson, Lowell S. (1992). Church and State in Argentina. In Moen and Gustafson (Ed.), *The Religious Challenge to the State*, Philadelphia : Temple University Press.

Gustafson, Lowell S. & Matthew C. Moen (1992). Challenge and Accommodation in Religion and Politics. In Moen & Gustafson (eds.), *The Religious Challenge to the State*, Philadelphia : Temple University Press.

Hainsworth, Paul (2000). Introduction : The Extreme Right. In Hainsworth (Ed.), *The Politics of the Extreme Right*, London : Pinter.

Hale, Henry E. (2004). Explaining Ethnicity. *Comparative Political Studies*, 37, 458-485.

Hall, Richard L. & Frank W. Wayman (1990). Buying Time : Moneyed Interests and the Mobilization of Bias in Congressional Committees. *American Political Science Review*, 84, 797-820.

Hall, Richard L. & Robert P. Van Houweling (1995). Avarice and Ambition in Congress : Representatives' Decisions to Run or Retire from the U. S. House. *American Political Science Review*, 89, 121-136.

Hannsen, Thomas Blom (1999). *The Saffron Wave : Democracy and Hindu Nationalism in Modern India*, Princeton : Princeton University Press.

Harff, Barbara (2003). No Lessons Learned from the Holocaust ? Assessing Risks of Genocide and Political Mass Murder since 1955. *American Political Science Review*, 97, 57-73.

Hazan, Reuven Y. (1999). Israel and the Consociational Model : Religion and Class in the Israeli Party System, From Consociationalism to Consenusalism to Majoritarianism. In Kurt Richard Luther & Kris Deschouwer (Ed.), *Party Elites in Divided Societies*, London : Routledge.

Heidenheimer, Arnold J. (1993b). Problems of Comparing American Political Corruption. In Arnold J. Heidenheimer (Ed.), *Political Corruption : A Handbook*, New Brunswick : Transaction Publishers.

Heidenheimer, Arnold J. (1993c). Perspectives on the Perceptions of Corruption. In Arnold J. Heidenheimer (Ed.), *Political Corruption : A Handbook*, New Brunswick : Transaction Publishers.

Heidenheimer, Arnold J. (Ed.) (1993a). *Political Corruption : A Handbook*. New Brunswick : Transaction Publishers.

Hero, Rodney E. & Caroline J. Tolbert (2004). Minority Voices and Citizen Attitudes about Government Responsiveness in the American States. *British Journal of Political Science*, 34, 109-121.

Herron, Erik S. & Misa Nishikawa (2001). Contamination Effects and the Number of Parties in Mixed-Superposition Electoral Systems. *Electoral Studies*, 20, 63-86.

Hoadley, John F. (1980). The Emergence of Political Parties in Congress. *American Political Science Review*, 74, 757-779.

Hoffman-Lange (1986). Changing Coalitional Preferences among West German Parties. In G. Pridham (Ed.), *Coalitional Behavior in Theory and Practice*, Cambridge : Cambridge University Press.

Hoge, Warren (2003). Troubled Times for Church Leader : Archbishop of Canterbury is Enthroned Amid Protests. *The New*

York Times, Friday, February 28, 2003.

Horowitz, Donald L. (2001). *The Deadly Ethnic Riot.* Berkeley : University of California Press.

Hsieh, John Fuh-sheng & Richard Niemi (1999). Can Duverger's Law be Extended to SNTV ? The Case of Taiwan's Legislative Elections. *Electoral Studies*, 18, 101-116.

Huckfeldt, Robert & John Sprague (1987). Networks in Context : The Social Flow of Political Information. *American Political Science Review*, 81, 1197-1216.

Huckfeldt, Robert & John Sprague (1995). *Citizens, Politics, and Social Communication.* New York : Columbia University Press.

Humphrey, Caroline (1999). Russian Protection Rackets and Appropriation of Law and Order. In Josiah McC. Heyman (Ed.) *States and Illegal Practices*, Oxford : Oxford University Press.

Ingelhart, Ronald (1997). *Modernization and Postmodernization.* Princeton : Princeton University Press.

Ireland, Patrick (1994). *The Policy Challenge of Ethnic Diversity.* Cambridge : Harvard University Press.

Irving, R. E. M. & W. E. Paterson (1973). The West German Parliamentary Election of November 1972. *Parliamentary Affairs*, 26, 218-239.

Irving, R. E. M. & W. E. Paterson (1981). The West German Election of 1980 : Continuity Preferred to Change. *Parliamentary Affairs*, 34, 191-209.

Irving, R. E. M. & W. E. Paterson (1987). The West German General Election of 1987. *Parliamentary Affairs*, 40, 333-356.

Jackman, R. W. (1987). Political Institutions and Voter Turnout in the Industrial Democracies. *American Political Science Review*, 81, 405-423.

Jacobsen, Gary (1978). The Effects of Campaign Spending in Congressional Elections. *American Political Science Review*, 72, 469-491.

Jacobson, Gary C. & Michael A. Dimcock (1994). Checking Out : The Effects of Bank Overdrafts on the 1992 House Elections. *American Journal of Political Science*, 38, 601-624.

Jeffery, Charlie & Simon Green (1995). Sleaze and the Sense of Malaise in Germany. *Parliamentary Affairs*, 48, 677-687.

Jelen, Ted Gerard & Clyde Wilcox (Ed.) (2002). *Religion and Politics in Comparative Perspective.* Cambridge : Cambridge University Press.

Jesse, Neal G. (1999). Candidate Success in Multi-Member Districts. *Electoral Studies*, 18, 323-340.

Johnston, Michael (1986). The Political Consequences of Corruption. *Comparative Politics*, 18, 459-477.

Johnston, Richard et al. (1992) *Letting the People Decide : Dynamics of a Canadian Election*. Stanford : Stanford University Press.

Just, Marion R. et al. (1996). *Crosstalk : Citizens, Candidates and the Media in a Presidential Campaign*. Chicago : The University of Chicago Press.

Kabashima Ikuo & Steven R. Reed (2001). Voter Reactions to 'Strange Bedfellows': The Japanese Voter Faces a Kaleidoscope of Changing Coalitions. *Japanese Journal of Political Science*, 1, 229-248.

Kalyvas, Stathis N. (1996). *The Rise of Christian Democracy in Europe*. Ithaca : Cornell University Press.

Kalyvas, Stathis N. (1998a). From Pulpit to Party : Party Formation and the Christian Democratic Phenomenon. *Comparative Politics*, 30, 293-312.

Kalyvas, Stathis N. (1998b). Democracy and Religious Politics : Evidence from Belgium. *Comparative Political Studies*, 31, 292-320.

Kastoryano, Riva (2002). *Negotiating Identities : States and Immigrants in France and Germany*. Translated by Barbara Harshav, Princeton : Princeton University Press.

Katz, Richard S. (1986). Intraparty Preference Voting.In Bernard Grofman & Arend Lijphart (Ed.), *Electoral Laws and Their Political Consequences*, NY : Agathon Press.

Katz, Richard S. (1996). Electoral Reform and the Transformation of Party Politics in Italy. *Party Politics*, 2, 31-54.

Katz, Richard S. & Peter Mair (1992). *Party Organization : A Data Handbook on Party Organizations in Western Democracies, 1960-90*. London : Sage.

Katz, Richard S. & Peter Mair (1994). *How Parties Organize*. London : Sage.

Katz, Richard S. & Peter Mair (1997). Party Organization, Party Democracy and the Emergence of the Cartel Party. In Peter Mair (Ed.) *Party System Change*, Oxford : Clarendon Press.

Kenny, Christopher & Michael McBurnett (1994). An Individual-Level Multiequation Model of Expenditure Effects in Contested House Elections. *American Political Science Review*, 88, 699-707.

Key, V. O., Jr. (1949). *Southern Politics in State and Nation*. NY : Alfred Knopf.

Kiewiet, D. Roderick & Langche Zeng (1993). An Analysis of Congressional Career Decisions, 1947-1986. *American Political Science Review*, 87, 928-941.

King, Gary et al. (1990). A Unified Model of Cabinet Dissolution in Parliamentary Democracies. *American Journal of Political Science*, 32, 838-63.

Kirchheimer, Otto (1966). The Transformation of the Western European Party System. In Joseph LaPalombara & Myron Weiner (Ed.), *Political Parties and Political Development*, Princeton, NJ : Princeton University Press.

Kirp, David L. & Ronald Bayer (Ed.) (1992). *AIDS in the Industrialized Democracies*. New Brunswick, New Jersey : Rutgers University Press.

Knapp, Andrew (2002). France : Never a Golden Age. In Paul Webb, David M. Farrell & Ian Holliday (Ed.), *Political Parties in Advanced Industrial Democracies*, New York : Oxford University Press.

Knutsen, Oddbjorn (2004). Religious Denomination and Party Choice in Western Europe : A Comparative Longitudinal Study from Eight Countries, 1970-97. *International Political Science Review*, 25, 97-128.

Kogan, Norman (1981). *A Political History of Postwar Italy*. NY : Praeger.

Laakso, M. & R. Taagepera (1979). The Effective Number of Parties : A Measure with Application to Western Europe. *Comparative Political Studies*, 12, 3-27.

Laliberte, Andre (2004). *The Politics of Buddhist Organizations in Taiwan : 1989-2003*. NY : RoutledgeCurzon.

Lau, Richard R. & David P. Redlawsk (1997). Voting Correctly. *American Political Science Review*, 91, 585-598.

Laver, Michael & Michael D. Higgins (1986). Coalition or Fianna Fail ? The Politics of Inter-Party Government in Ireland. In G. Pridham (Ed.), *Coalitional Behaviour in Theory and Practice*, Cambridge : Cambridge University Press.

Layton-Henry, Zig (1992). *The Politics of Immigration*. London : Blackwell.

Layton-Henry, Zig (1994). Britain : The Would-be Zero-Immigration Country. In Wayne A. Cornelius et al. (Ed.), *Controlling Immigration*, Stanford : Stanford University Press.

Lazarfield, Paul, Bernard Berelson & Hazel Gaudet (1948). *The People's Choice*. New York : Columbia University Press.

Lee, J. J. (1989). *Ireland 1912-1985*. Cambridge : Cambridge University Press.

Lehoucq, Fabrice (2003). Electoral Fraud : Causes, Types, and Consequences. *Annual Review of Political Science*, 6, 233-56.

Leonardi, Robert (1991). Political Power Linkages in Italy : The Nature of the Christian Democratic Party Organization. In Kay Lawson (Ed.), *Political Parties and Linkage*, New Have : Yale University Press.

Leveau, Remy & Shireen T. Hunter (2002). Islam in France. In Shireen T. Hunter (Ed.) *Islam : Europe's Second Religion*, London : Praeger.

Levy, Leonard W. (1993). *Blasphemy*. Chapel Hill : University of North Carolina Press.

Lewis-Beck, Michael S. & Martin Paldam (2000). Economic Voting : An Introduction. *Electoral Studies*, 19, 113-121.

Liebes, Tamar & Shoshana Blum-Kulka (2004). It Takes Two to Blow the Whistle : Do Journalists Control the Outbreak of Scandal ? *American Behavioral Scientist*, 47, 1153-1170.

Lijphart, Arend (1977). *Democracy in Plural Societies*. New Haven : Yale University Press.

Lijphart, Arend (1979). Religious vs. Linguistic vs. Class Voting : The "Crucial Experiment" of Comparing Belgium, Canada, South Africa & Switzerland. *American Political Science Review* 73 : 442-458.

Lijphart, Arend (1999). *Patterns of Democracy*. New Haven : Yale University Press.

Lipset, Seymour Martin (1983). Radicalism or Reformism : The Sources of Working-Class Politics. *American Political Science Review*, 77, 1-18.

Lithwick, Dahlia (2004). How Do You Solve the Problem of Sharia ? Canada Grapples with the Boundaries of Legal Multiculturalism. *AP*, Posted Friday, September 10, 2004.

Lodge, Milton, Kathleen M. McGraw, and Patrick Stroh (1989). An Impression-Driven Model of Candidate Evaluation. *American Political Science Review*, 83, 399-419.

Lodge, Milton, Marco Steenbergen and Shawn Brau (1995). The Responsive Voter : Campaign Information and the Dynamics of Candidate Evaluation. *American Political Science Review*, 89, 309-326.

Lowenstein, Daniel H. (1993). Legal Efforts to Define Political Bribery. In Arnold J. Heidenheimer (Ed.), *Political Corruption : A Handbook*, New Brunswick : Transaction Publishers.

Luther, Kurt Richard (1999). Must What Goes Up Always Come Down ? Of Pillars and Arches in Austria's Political

Architecture. In Kurt Richard Luther and Kris Deschouwer (Ed.), *Party Elites in Divided Societies*, London : Routledge.

Luther, Kurt Richard & Kris Deschouwer (1999). *Party Elites in Divided Societies.* London : Routledge.

MacAllister, Ian et al. (2001). Class Dealignment and the Neighbourhood Effect : Miller Revisited. *British Journal of Political Science*, 31, 41-59.

MacCulloch, Diarmaid (2003). *Reformation : Europe's House Divided 1490-1700.* London : Penguin Books.

Mango, Andrew (1999). *Ataturk.* London : John Murray.

Markovits, Andrei S. & Mark Silverstein (Ed.) (1988). *The Politics of Scandal.* NY : Holmes & Meier.

Marradi, Alberto (1982). Italy : From 'Centrism' to Crisis of the Center-Left Coalitions. In Browne and Drijmanis (Ed.), *Government Coalitions in Western Democracies*, NY : Longman.

Martin, Philip L. (1994). Germany : Reluctant Land of Immigration. In Wayne A. Cornelius et al. (Ed.), *Controlling Immigration*, Stanford : Stanford University Press.

Matland, Richard E., & Donley T. Studlar (2004). Determinants of Legislative Turnover : A Cross-National Analysis. *British Journal of Political Science*, 34, 87-108.

Matthew Soberg Shugart & Martin P. Wattenberg (Ed.) (2001). *Mixed-Member Electoral Systems : The Best of Both Worlds ?* Oxford : Oxford University Press.

May, John D. (1973). Opinion Structure of Political Parties : The Special Law of Curvelinear Disparity. *Political Studies*, 21, 135-151.

McCallum, R. B. & Alison Readman (1999). *The British General Elections of 1945.* London : Macmillan.

McLaughlin, Levi (2003). Faith and Practice : Brining Religion, Music and Beethoven to Life in Sokka Gakkai. *Social Science Japan Journal*, 6, 161-180.

Meier, Kenneth J. & Thomas M Holbrook (1992). "I Seen My Opportunities and I Took 'Em" : Political Corruption in the American States. *Journal of Politics*, 54, 135-155.

Merrill, Samuel, III & Bernard Grofman (1999). *A Unified Theory of Voting : Directional and Proximity Spatial Models.* Cambridge : Cambridge University Press.

Mershon, Carol (2002). *The Costs of Coalition.* Stanford : Stanford University Press.

Michael Gallagher & Paul Mitchell (Ed.) (2005). *The Politics of Electoral Systems.* Oxford : Oxford University Press.

Michels, Robert (1958). *Political Parties.* Glencoe, Ill : Free Press. (森博・樋口晟子訳『現代民主主義における政党の社会学』木鐸社、一九七三)

Miller, W. L. (1984). There Was No Alternative : The British General Election of 1983. *Parliamentary Affairs,* 37,: 4 (Autumn).

Miller, Warren E. & J. Merrill Shanks (1996). *The New American Voter.* Cambridge, MA : Harvard University Press.

Money, Jeannette (1999). *Fences and Neighbors : The Political Geography of Immigration Control.* Ithaca, NY : Cornell University Press.

Monsma, Stephen V. & J. Christopher Soper (1997). *The Challenge of Pluralism.* NY : Rowman and Littlefield.

Morrow, Duncan (2000). Jorg Haider and the New FPO : Beyond the Democratic Pale ? In Hainsworth (Ed.), *The Politics of the Extreme Right,* London : Pinter.

Mortimore, Roger (1995). Public Perceptions of Sleaze in Britain. *Parliamentary Affairs,* 48, 579-590.

Muller, Wolfgang C. and Kaare Strom (1999). *Policy, Office or Votes ? How Political Parties in Western Europe Make Hard Decisions.* Cambridge : Cambridge University Press.

Muramatsu, Michio & Ellis S. Krauss (1984). Bureaucrats and Politicians in Policymaking : The Case of Japan. *American Political Science Review,* 78, 126-146.

Newell, James (2000). Party Finance and Corruption : Italy. In Robert Williams (Ed.), *Party Finance and Political Corruption,* London : Macmillan.

Newell, James L. & Martin Bull (1997). Party Organisations and Alliances in Italy in the 1990s : A Revolution of Sorts. *West European Politics,* 20, 81-105.

Nie, Norman H., Sidney Verba, & John Petrocik (1976). *The Changing American Voter.* Cambridge, MA : Harvard University Press.

Niemi, Richard G. & John Fuh-sheng Hsieh (2002). How to Measure the Number of Candidates and its Relevance for the M+1 Rule in Japan. *Party Politics,* 8, 75-100.

Norris, Pippa (1999). New Politicians ? Changes in Party Competition at Westminster. In Norris & Evans (Ed.), *Critical Elections : British Parties and Voters in Long-Term Perspective,* London : Sage.

Oliver, Dawn (1997). Regulating the Conduct of MPs : The British Experience of Combating Corruption. In Paul Heywood (Ed.), *Political Corruption*, Oxford : Blackwell Publishers.

Page, Benjamin I., Robert Y. Shapiro & Glenn R. Dempsey (1987). What Moves Public Opinion ? *American Political Science Review*, 81, 23-43.

Parisi, Arturo & Gianfranco Pasquino (1979). Changes in Italian Electoral Behaviour : The Relationships between Parties and Voters. *West European Politics*, 2, 6-30.

Passigli, Stefano (1975). The Ordinary and Special Bureaucracies in Italy. In Mattei Dogan (Ed.), *The Mandarins of Western Europe*, London : Halsead.

Patzelt, Werner J. (2000). What Can an Individual MP Do in German Parliamentary Politics ? In Lawrence D. Longley & Reuven Y. Hazan (Ed.), *The Uneasy Relationship Between Parliamentary Members and Leaders*, London : Frank Cass.

Pempel, T. J. (Ed.) (1990). *Uncommon Democracies*. Ithaca : NY : Cornell University Press.

Peters, B. Guy (1978). *The Politics of Bureaucracy*. NY : Longman.

Peters, John G. & Susan Welch (1980). The Effect of Charges of Corruption on Voting Behavior in Congressional Elections. *American Political Science Review*, 74, 697-708.

Philp, Mark (1997). Defining Political Corruption. In Paul Heywood (Ed.) *Political Corruption*, London : Blackwell.

Plutzer, Eric (2002). Becoming a Habitual Voter : Inertia, Resources, and Growth in Young Adulthood. *American Political Science Review*, 96, 41-56.

Poguntke, Thomas (1994). The Challenge of the Greens to the West German Party System. In Kay Lawson (Ed.), *How Political Parties Work*, London : Praeger.

Powell, G. Bingham (1986). American Turnout in Comparative Perspective. *American Political Science Review*, 80, 17-43.

Przeworski, Adam & John Sprague (1986). *Paper Stones : A History of Electoral Socialism*. Chicago : The University of Chicago Press.

Pulzer, Peter (1979). The British General Election of 1979 : Back to the Fifties or on to the Eighties ? *Parliamentary Affairs*, 32 : 4 (Autumn).

Rabinowitz, George & Stuart Elaine Macdonald (1989). A Directional Theory of Issue Voting. *American Political Science Re-*

view, 83, 93-121.

Rallings, C., M. Thrasher & G. Borisyuk (2003). Seasonal Factors, Voter Fatigue and the Costs of Voting. *Electoral Studies*, 22, 65-79.

Reed, Steven R. (1990). Structure and Behaviour : Extending Duverger's Law to the Japanese Case. *British Journal of Political Science*, 20, 335-356.

Reed, Steven R. (1994). Democracy and the Personal Vote : A Cautionary Tale from Japan. *Electoral Studies*, 13, 17-28.

Reed, Steven R. (1996). Seats and Votes : Testing Taagepera in Japan. *Electoral Studies*, 15, 71-81.

Reed, Steven R. (1999). Political Reform in Japan : Combining Scientific and Historical Analysis. *Social Science Japan Journal*, 2, 177-193.

Reed, Steven R. (2001). Duverger's Law is Working in Italy. *Comparative Political Studies*, 34, 312-327.

Reed, Steven R. (2002). Evaluating Political Reform in Japan : A Midterm Report. *Japanese Journal of Political Science*, 33, 243-263.

Reed, Steven R. (2003a)「並立制における小選挙区候補者の比例代表得票率への影響」『選挙研究』一八、五～一一頁。

Reed, Steven R. (2003b). *Japanese Electoral Politics : Creating a New Party System*, London : RoutledgeCurzon.

Reed, Steven R. and John M. Bolland (1999). The Fragmentation Effect of SNTV in Japan. In Bernard Grofman et al. (Ed.), *Elections and Campaigning in Japan, Korea and Taiwan*, Ann Arbor : University of Michigan Press.

Rhodes, Martin (1997). Financing Party Politics in Italy : A Case of Systemic Corruption. *West European Politics*, 20, 54-80.

Riker, William (1962). *The Theory of Political Coalitions*, New Haven : Yale University Press.

Riker, William and Peter C. Ordershook (1968). A Theory of the Calculus of Voting. *American Political Science Review*, 62, 25-42.

Riker, William H. (1986). Duverger's Law Revisited. In Bernard Grofman & Arend Lijphart (Ed.), *Electoral Laws and their Political Consequences*, New York : Agathon Press.

Roberts, Geoffrey K. (1988). The "Second Vote" Campaign Strategy of the West German Free Democratic Party. *European Journal of Political Research*, 16, 317-337.

Rochon, Thomas R. & Roy Pierce (1985). Coalitions as Rivalries : French Socialists and Communists, 1967-1978. *Comparative*

Politics, 18, 437-451.

Rosenstone, Steven J. & John Mark Hansen (1993). *Mobilization, Participation and Democracy in America.* New York : Macmillan.

Saalfeld, Thomas (2000). Germany : Stable Parties, Chancellor Democracy, and the Art of Informal Settlement. In Wolfgang Muller & Kaare Strom (Ed.), *Coalition Governments in Western Europe*, Oxford : Oxford University Press.

Samuels, David & Richard Snyder (2001). The Value of a Vote : Malapportionment in Comparative Perspective. *British Journal of Political Science*, 31 : 651-671.

Sanders, David (1993). Why the Conservative Party Won-Again. In King (Ed.), *Britain at the Polls 1992*, Chatham, NJ : Chatham House Publishers.

Sartori, Giovanni (1966). European Political Parties : The Case of Polarized Pluralism. In Joseph LaPalombara & Myron Weiner (Ed.) *Political Parties and Political Development*, Princeton : Princeton University Press.

Scarrow, Susan E. (1996a). *Parties and their Members.* Oxford : Oxford University Press.

Scarrow, Susan E. (1996b). Party Competition and Institutional Change : The Expansion of Direct Democracy in Germany. *Party Politics*, 3, 451-572.

Schneider, Jane C. & Peter T. Schneider (2003). *Reversible Destiny : Mafia, Antimafia, and the Struggle for Palermo.* Berkeley : University of California Press.

Schoen, Harald (1999). Split-ticked Voting in German Federal Elections, 1953-90 : An Example of Sophisticated Balloting ? *Electoral Studies*, 18, 473-496.

Sciolino, Elaine (2003). Can new panel's head serve France and Muslims, too ? *The New York Times*, April 22.

Sherman, Lawrence W. (1993). The Mobilization of Scandal. In Arnold J. Heidenheimer (Ed.) *Political Corruption : A Handbook*, New Brunswick : Transaction Publishers.

Shipman, Pat (1994). *The Evolution of Racism.* NY : Simon and Schuster.

Smith, Gordon (1982). *Democracy in Western Germany.* NY : Holmes & Meier.

Smith, T. Alexander & Raymond Tatalovich (2003). *Cultures at War : Moral Conflicts in Western Democracies.* Petersborough, Ontario : Broadview Press.

Sniderman, Paul M. et al. (2000). *The Outsider : Prejudice and Politics in Italy.* Princeton : Princeton University Press.

Sniderman, Paul M., Louk Hagendoorn and Markus Prior (2004). Predispositional Factors and Situational Triggers : Exclusionary Reactions to Immigrant Minorities. *American Political Science Review*, 98, 35-50.

Snyder, James M. Jr. (1992). Long-Term Investing in Politicians ; Or, Give Early, Give Often. *Journal of Law and Economics*, 35, 15-43.

Soper, J. Christopher & Joel Fetzer (2002). Religion and Politics in a Secular Europe. In Ted Gerard Jelen & Clyde Wilcox (Ed.), *Religion and Politics in Comparative Perspective*, Cambridge : Cambridge University Press.

Stark, Rodney (1996). *The Rise of Christianity.* Princeton : Princeton University Press.

Stark, Rodney (1999). Secularization, R. I. P. *Sociology of Religion*, 60, 294-273.

Steel, Brent & Taketsugu Tsurutani (1986). From Consensus to Dissensus : Britain and Japan. *Comparative Politics*, 18, 235-248.

Stern, Alan (1975). Political Legitimacy in Local Politics : the Communist Party in Northeastern Italy. In Donald M. Blackmer & Sidney Tarrow (Ed.), *Communism in Italy and France*, Princeton : Princeton University Press.

Stevenson, John (1997). "Breaking the Mould ?" The Alliance By-election Challenge, 1981-82. In Chris Cook & John Ramsden (Ed.), *By-elections in British Politics*, Place : UCL Press.

Stille, Alexander (1995). Excellent Cadavers : The Mafia and the Death of the First Italian Republic. New York : Vintage Books.（松浦秀明訳『シチリア・マフィア・華麗なる殺人』毎日新聞社、一九九九）

Stimson, James A., Michael B. Mackuen, & Robert S. Erikson (1995). Dynamic Representation. *American Political Science Review*, 89, 543-565.

Strom, Kaare (1990). *Minority Government and Majority Rule.* New York : Cambridge University Press.

Studlar, Donley T. (1978). Policy Voting in Britain : The Colored Immigration Issue in the 1964, 1966 and 1970 General Elections. *American Political Science Review*, 72, 46-64.

Taagepera, Rein & Matthew Soberg Shugart (1989). *Seats and Votes.* New Haven : Yale University Press.

Thompson, Dennis F. (1993). Mediated Corruption : The Case of the Keating Five. *American Political Science Review*, 87, 369-381.

Tilly, Charles (2004). *Contention and Democracy in Europe, 1650-2000.* Cambridge : Cambridge University Press.

Tsebelis, George (1988). Nested Games : The Cohesion of French Electoral Coalitions. *British Journal of Political Science*, 18, 145-170.

van Klaveron, Jacob (1993). Corruption : The Special Case of the United States. In Arnold J. Heidenheimer (Ed.) *Political Corruption : A Handbook.* New Brunswick : Transaction Publishers.

Varshney, Ashutoshi (2002). *Ethnic Conflict and Civic Life : Hindus and Muslims in India.* Yale University Press.

Verba, Sidney, Kay Lehman Schlozman, & Henry E. Brady (1995). *Voice and Equality.* Cambridge, MA : Harvard University Press.

Veugelers, John W. P. (1994). Recent Immigration Politics in Italy : A Short Story. West *European Politics*, 17, 33-49.

Vichniac, Judith Eisenberg (1998). Religious Toleration and Jewish Emancipation in France and Germany. In Theda Skocpol (Ed.) *Democracy, Revolution and History.* Ithaca, NY : Cornell University Press.

Volden, Craig & Clifford J. Carrubba (2004). The Formation of Oversized Coalitions in Parliamentary Democracies. *American Journal of Political Science*, 48, 521-537.

Vowles, Jack (1995). The Politics of Electoral Reform in New Zealand. *International Political Science Review.* 16, 95-116.

Wald, Kenneth D. (2002). The Religious Dimension of Israeli Political Life. In Ted Gerard Jelen & Clyde Wilcox (Ed.) (2002), *Religion and Politics in Comparative Perspective*, Cambridge : Cambridge University Press.

Wald, Kenneth D. et al. (1988). Churches as Political Communities. *American Political Science Review*, 82, 531-548.

Warner, Carolyn M. (2000). *Confessions of an Interest Group : The Catholic Church and Political Parties in Europe.* Princeton, NJ : Princeton University Press.

Warren, Mark E. (2004). What Does Corruption Mean in a Democracy ? *American Journal of Political Science*, 48, 328-343.

Webb, Paul (1994). Party Organizational Change in Britain : The Iron Law of Centralization ? In Richard S. Katz & Peter Mair (Ed.) *How Parties Organize.* London : Sage.

Webb, Paul (2002). Political Parties in Britain : Secular Decline or Adaptive Resilience ?. In Paul Webb, David Farrell and Ian Holliday (Ed.) *Political Parties in Advanced Industrial Democracies.* Oxford : Oxford University Press.

Weber, Max (1920)（梶山力訳『プロテスタンティズムの倫理と資本主義の精神』未來社、一九五五）。

Weil, Patrick & John Crowley (1994). Integration in Theory and Practice : A Comparison of France and Britain. *West European Politics*, 17, 110-125.

Wertman, Douglas A. (1993). The Christian Democrats : A Party in Crisis. In Giofranco Pasquino & Patrick McCarthy (Ed.) *The End of Post-War Politics in Italy*. Boulder, CO : Westview Press.

Wessels, Bernhard (1997). Germany. In Pippa Norris (Ed.) *Passages to Power : Legislative Recruitment in Advanced Democracies*. Cambridge : Cambridge University Press.

Wildavsky, Aaron (1986). *Budgeting*. New Brunswick : Transaction Books.

Wilensky, Harold L. (1975). *The Welfare State and Equality*. Berkeley, CA : University of California Press.

Williams, Robert (Ed.) (2000). *The Politics of Corruption I : Explaining Corruption*. Cheltenham, UK : Edward Elgar Publishing Ltd.

Williams, Robert & Alan Doig (Ed.) (2000). *The Politics of Corruption IV : Controlling Corruption*. Cheltenham, UK : Edward Elgar Publishing Ltd.

Williams, Robert & Robin Theobald (Ed.) (2000). *The Politics of Corruption II : Corruption in the Developing World*. Cheltenham, UK : Edward Elgar Publishing Ltd.

Williams, Robert, Jonathan Moran & Rachel Fanary (Ed.) (2000). *The Politics of Corruption III : Corruption in the Developed World*. Cheltenham, UK : Edward Elgar Publishing Ltd.

Winkler, Edwin A. (1999). The Electoral Economy of SNTV in Japan and Taiwan. In Grofman et al. (Ed.) *Elections in Japan, Korea, and Taiwan under the Single Non-Transferable Vote*. Ann Arbor : The University of Michigan Press.

Yavuz, M. Hakan (2003). *Islamic Political Identity in Turkey*. Oxford : Oxford University Press.

Zielbauer, Paul (2002). Conservatives win Austrian Election : Haider's Far-Right Party Takes a Beating. *The New York Times*, Monday, November 25.

Zuckerman, Alan (1975). *Political Clienteles in Power : Party Factions and Cabinet Coalitions in Italy*. London : Sage Publications.

河崎健（二〇〇四）「二〇〇二年ドイツ連邦議会選挙と投票行動——中長期的な政党支持構造の変化に着目して」『選挙研究』一九、一七〜二七頁。

蒲島郁夫（一九九八）『政権交代と有権者の態度』木鐸社。

蒲島郁夫（一九九九）「九八年参院選——自民党はなぜ負けたか」『レヴァイアサン／特集：ポスト政治改革の政党と選挙』木鐸社。

小林良彰（二〇〇〇）「併用制」猪口孝ほか編『政治学事典』弘文堂。

水澱征矢雄（一九九六）「イタリア共産党と派閥」西川知一・河田潤一（編）『政党派閥——比較政治学的研究』ミネルヴァ書房。

水崎節文・森裕城（一九九八）「得票データからみた並立制のメカニズム」『選挙研究』一三、五〇〜五九頁。

水島治郎（二〇〇二）「西欧キリスト教民主主義」日本比較政治学会編『現代の宗教と政党』早稲田大学出版部。

石川真澄（一九九四）『戦後政治史』岩波新書。

川人貞史（一九九九）「政治資金と選挙競争」『レヴァイアサン／特集：ポスト政治改革の政党と選挙』木鐸社。

浅野正彦（一九九八）「国政選挙における地方政治化の選挙運動」『選挙研究』一三、一二〇〜一二九頁。

村上信一郎（二〇〇一）「キリスト教民主主義に未来はあるのか——キリスト教民主党の崩壊とカトリック教会」日本政治学会編『政治学年報』岩波書店。

池田謙一（二〇〇四）「二〇〇一年参議院選挙と〝小泉効果〟」『選挙研究』一九、二九〜五〇頁。

渡辺容一郎（二〇〇四）「二〇〇一年イギリス保守党党首選挙と党員」『選挙研究』一九、六一〜七一頁。

立花隆（一九七四）「田中角栄研究——その金脈と人脈」『文藝春秋』一一月号、九二〜一三一頁。

《著者紹介》
スティーブン・R・リード (Steven R. Reed)

1947年　米国生まれ。
Wabash College 卒業。University of Michigan 大学院博士課程修了。
アラバマ大学助教授，ハーバード大学准教授，アラバマ大学教授へ経て，
現　在　中央大学総合政策学部教授。
著　書　『日本の政府間関係——都道府県の政策決定』木鐸社，1990年。
Making Common Sense of Japan, The University of Pittsburgh Press, 1993.
『政治学辞典』実証理論担当，弘文堂，2000年。

MINERVA 政治学叢書④
比較政治学

2006年2月20日　初版第1刷発行　　検印廃止
2010年4月20日　初版第2刷発行

定価はカバーに
表示しています

著　者　スティーブン・R・リード
発行者　杉　田　啓　三
印刷者　坂　本　喜　杏

発行所　株式会社　ミネルヴァ書房
607-8494　京都市山科区日ノ岡堤谷町1
電話代表 (075) 581-5191番
振替口座 01020-0-8076番

冨山房インターナショナル・清水製本

ISBN 978-4-623-04498-6
Printed in Japan

人名索引

あ　行

アタチュルク，ムスタファ・ケマル (Mustafa Kemal Atatürk)　118
アデナウアー，コンラート (Konrad Adenauer)　205-207
アトリー，クレメント (Clement Richard Attlee)　175
アネチアリコ，フランク (Frank Anechiarico)　142
アラゴネス，エンリケータ (Enriqueta Aragones)　39
アンソラベーレ，ステファン (Stephen Ansolabehere)　41
ウィルソン，ハロルド (James Harold Wilson)　170, 176, 188
ウェイマン，フランク・W (Frank W. Wayman)　25
ウェーバー，マックス (Max Weber)　114
ウェルチ，スーザン (Susan Welch)　152
ウォーレン，マーク・E (Mark E. Warren)　145
エアハルト，ルートヴィヒ (Ludwig Erhard)　205-207

か　行

カッツ，リチャード・S (Richard S. Katz)　69
キーウィート，D・ロデリック (D. Roderick Kiewiet)　152
ギジ，グレゴール (Gregor Gysi)　202
キノック，ゴールデン (Neil Gordon Kinnock)　182, 183
グロフマン，バーナード (Bernard Grofman)　41
ゲーリング，ジョン (John Gerring)　150, 151
ケニー，クリストファー (Christopher Kenny)　22
ゲリー，エルブリッジ (Elbridge Gerry)　13
コール，ヘルムート (Helmut Kohl)　208-211, 218, 219
ゴールデン，ミリアム (Miriam Golden)　151, 152
コールマン，ケン (Ken Kollman)　14
コックス，ギャリー (Gary Cox)　48, 49
コンバース，フィリップ (Philip Converse)　35

さ　行

サッカー，ストローム (Strom C. Thacker)　150, 151
サッチャー，マーガレット (Margaret Hilda Thatcher)　173, 179-184, 190, 191
サミュエルズ，デイヴィッド (David Samuels)　12
ジェーコブス，ジェイムズ (James B. Jacobs)　142
シェーン，ハラルド (Harald Schoen)　199
シャーマン，ローレンス・W (Lawrence W. Sherman)　149, 150
シュガート，マシュー・ソルバーグ (Matthew Soberg Shugart)　8
シュトラウス，フランツ-ヨーゼフ (Franz Josef Strauß)　209, 216, 217
シュミット，ヘルムート (Helmut Schmidt)　200, 208-211
シュレーダー，ゲアハルト (Gerhard Fritz Kurt Schröder)　200, 211
シラー，カール (Karl Schiller)　207
スカロー，スーザン・E (Susan E. Scarrow)　58, 154
スタドラー，ドンリー (Donley Studlar)

11
ストローム，カーレ（Kaare Strom）　56
スナイダー，ジェイムズ（James M. Snyder Jr.）　24
スナイダー，リチャード（Richard Snyder）　12

た　行

ターゲペラ，ライン（Rein Taagepera）　8
ダウンズ，アンソニー（Anthony Downs）　36, 56
立花隆　147
田中角栄　147
チッバー，プラディープ（Pradeep K.Chhibber）　14
チャーチル，ウィンストン（Winston Leonard Spencer Churchill）　174, 175
チャン，エリック（Eric C. C. Chang）　151, 152
ツォン・ランツェ（Zeng Langche）　152
ディーニ，ランベルト（Lamberto Dini）　244
ティリー，チャールズ（Charles Tilly）　252
デ-スワーン，アブラム（Abram De Swaan）　56
デュヴェルジェ，モーリス（Maurice Duverger）　13
テュルジョン，マシュー（Mathieu Turgeon）　43
ド・ゴール（Charles André Joseph Marie de Gaulle）　29

は　行

バーデン，バリー・C.（Barry C. Burden）　38, 39
ハイダー，イェルク（Jörg Haider）　99
パウエル，イーノック（Enoch Powell）　189
パスクィーノ，ジャンフランコ（Gianfranco Pasquino）　36
鳩山一郎　13
パリージ，アルトゥーロ（Arturo Parisi）　36
パルダム，マーティン（Martin Paldam）　44
ハルフ，バーバラ（Barbara Harff）　106
パルフリー，トーマス（Thomas R. Palfrey）　39
ハンセン，ジョン・マーク（John Mark Hansen）　49
ヒース，エドワード（Edward Heath）　169, 179, 189
ピーターズ，ジョン・G（John G. Peters）　152
ヒューム（ダグラス-ヒューム），アレックス（Alec Douglas-Home）　169
ビン・ラーディン，オサーマ　120
フィーニ，ジャンフランコ（Gianfranco Fini）　232, 233
フォーゲル，ハンス-ヨッヒェン（Hans-Jochen Vogel）　209
フット，マイケル（Michael Foot）　181, 182
ブラント，ヴィリー（Willy Brandt）　207, 208
ブレ，アンドレ（Andre Blais）　43
ブレア，トニー（Tony Blair）　19, 171, 173, 184, 187, 200, 211
ブレイディ，ヘンリー・E（Henry E. Brady）　41
ベルスコーニ，シルヴィオ（Silvio Berlusconi）　233, 234, 245, 246
ホール，リチャード・L（Richard L. Hall）　25
ボッシ，ウンベルト（Umberto Bossi）　233

ま　行

マックバーネット，マイケル（Michael McBurnett）　22
マトランド，リチャード・E（Richard E. Matland）　11
マンガー，マイケル・C（Michael C. Munger）　48, 49
水島治郎　128

ミッテラン，フランソワ（François Mitterrand） 66
ミヘルス，ロベルト（Robert Michels） 62, 68
ミューラー，ヴォルフガング（Wolfgang C. Muller） 56
メア，ピーター（Peter Mair） 69
メージャー，ジョン（John Roy Major） 183, 184
メリル，サミュエル（Samuel Merrill, III） 41
モーロ，アルド（Aldo Moro） 242

ら 行

ライカー，ウィリアム（William H. Riker） 56, 79
ラシュディ，サルマン（Salman Rushdie） 191
ラムズドルフ，オットー（Otto Graf Lambsdorff） 217
リード，スティーブン R.（Steven R. Reed） 8
ルイス-ベック，マイケル（Michael S. Lewis-Beck） 44
レイプハルト，アレンド（Arend Lijphart） 134
ローゼンストーン，スティーブン・J（Steven J. Rosenstone） 49

事項索引

さ　行

た　行

な　行

は　行

ま　行

や　行

ら　行